《经济学动态》编辑部○编

中国社会科学院经济研究所学术研讨会观点集

2021

中国社会科学出版社

图书在版编目（CIP）数据

中国社会科学院经济研究所·学术研讨会观点集.2021／《经济学动态》编辑部编.—北京：中国社会科学出版社，2022.12
ISBN 978-7-5227-1007-5

Ⅰ.①中⋯　Ⅱ.①经⋯　Ⅲ.①中国经济—经济建设—文集
Ⅳ.①F124-53

中国版本图书馆 CIP 数据核字（2022）第 216534 号

出 版 人	赵剑英
责任编辑	李斯佳　王　曦
责任校对	朱妍洁
责任印制	戴　宽

出　　版	中国社会科学出版社
社　　址	北京鼓楼西大街甲 158 号
邮　　编	100720
网　　址	http://www.csspw.cn
发 行 部	010-84083685
门 市 部	010-84029450
经　　销	新华书店及其他书店
印刷装订	北京君升印刷有限公司
版　　次	2022 年 12 月第 1 版
印　　次	2022 年 12 月第 1 次印刷
开　　本	710×1000　1/16
印　　张	20
插　　页	2
字　　数	305 千字
定　　价	109.00 元

凡购买中国社会科学出版社图书，如有质量问题请与本社营销中心联系调换
电话：010-84083683
版权所有　侵权必究

目　录

从全局高度准确把握构建新发展格局（代序）………… 黄群慧（1）

新阶段·新理念·新格局

如何理解和认识"新阶段、新理念、新格局"………… 高培勇（11）
新发展格局构建的现代化理论逻辑 ……………………… 黄群慧（15）
地方政府债务与经济增长 ………………………………… 林毅夫（23）
以提升人力资本为核心　扩大中等收入群体 …………… 刘世锦（27）
数字化转型与绿色化转型 ………………………………… 隆国强（35）
深化国有企业改革　发挥国有经济战略支撑作用……… 彭华岗（40）

迈向新征程的中国经济

略论中国申请加入CPTPP后的铺垫性改革 ……………… 常修泽（47）
当前我国扎实推动共同富裕的重点和难点 ……………… 陈宗胜（50）
浅谈经济社会发展的新阶段、新理念和新格局问题…… 金　碚（53）
结构效率、结构性改革与"农民社会" ………………… 刘尚希（57）
关于应用经济学论文写作方法的几点思考 ……………… 吕　政（61）
理性认识碳中和进程 ……………………………………… 潘家华（63）
加快发展商业信用　打通国内大循环的堵点 …………… 王国刚（66）
共同富裕与普惠型财富管理 ……………………………… 胡　滨（69）
城乡权利开放与农民共同富裕 …………………………… 刘守英（72）

百年变局下的中国经济增长 …………………………… 沈坤荣（74）
户籍人口与常住人口的城镇化率差距扩大成因 ………… 杨开忠（76）
新发展阶段社会主义市场经济的创新发展 ……………… 张晓晶（79）

习近平新时代中国特色社会主义经济思想

中国特色社会主义政治经济学的哲学基础 ……………… 郭冠清（85）
共同富裕的时代内涵与制度基础 ………………………… 胡怀国（91）
认清中国经济的新格局 …………………………………… 平新乔（95）
深化马克思主义时代化研究的几点思考 ………………… 齐　兰（100）
市民误译为资产阶级的语言学问题 ……………………… 沈　越（104）
思想的理论化问题 ………………………………………… 杨春学（112）
习近平经济思想学理化研究的几点思考 ………………… 张怡恬（115）
用中国经验丰富和发展社会主义市场经济理论内涵 …… 周　文（118）

完善宏观经济治理与健全现代化经济体系

深化体制机制改革　推动自贸区高效发展 …………… 佟家栋（127）
新发展格局的几个问题 …………………………………… 龚六堂（132）
城乡融合与新发展格局战略联动 ………………………… 郭冬梅（135）
"双碳"目标和经济增长 …………………………………… 张自然（138）
对我国2035年经济目标和美国通货膨胀的一点看法 …… 汤铎铎（140）
金融供给侧改革如何助力中国城市转型
和高质量发展 …………………………………………… 周颖刚（143）
如何定位三次产业在我国未来经济增长中的作用 ……… 王弟海（147）

构建新发展格局与全面深化改革

中国股票市场与实体经济的背离现象及其政策含义 …… 李石强（155）
中国特色的政企关系及其变化规律 ……………………… 聂辉华（158）
完善政策性金融体制　建立中小企业金融
支持的长效机制 ………………………………………… 刘澜飚（163）

三次分配是人类文明与国家治理的内在要求 …………… 宋丙涛（166）
构建高水平开放型经济背景下的
自由贸易试验区建设 …………………………………… 谢　谦（170）
理解公共服务的投入与效率 …………………………… 王　震（174）
构建新发展格局的历史逻辑 …………………………… 赵学军（178）

建立现代财税体制

完善均衡性转移支付　促进经济高质量发展 ………… 储德银（185）
人口老龄化背景下中国税制改革的思考 ……………… 龚　锋（189）
从支出绩效看现代财税体制建设的成效与挑战 ……… 李　明（193）
财政政策和货币政策协调联动 ………………………… 谭小芬（197）
关于化解地方政府债务问题的思考 …………………… 武　鹏（202）
宏观政策协调、污染治理与绿色发展 ………………… 严成樑（207）

共同富裕、乡村振兴与社会保障

我国的区域发展不平衡情况分析 ……………………… 刘学良（213）
医疗保险政策改革的几个关键问题 …………………… 张川川（217）
将经典理论与中国实践相结合 ………………………… 封　进（221）
共同富裕的时代价值与现实推进 ……………………… 文雁兵（224）
关于扎实推动全体人民共同富裕的一些思考 ………… 蒋永穆（228）
数字经济发展的劳动力市场特征 ……………………… 高文书（231）
需要重视对财产差距的研究 …………………………… 邓曲恒（234）

金融服务实体经济与风险处置

加强中国金融学的理论创新 …………………………… 曹廷求（239）
金融如何支持实体经济及相关金融风险处置 ………… 王　博（242）
以金融支持企业创新 …………………………………… 田　轩（244）
高质量的会计信息是金融服务实体经济的关键 ……… 靳庆鲁（248）
金融服务实体经济与风险处置 ………………………… 周铭山（250）

新型城镇化与区域协调发展

提高城镇化集聚效应 协调城市群发展 …………… 陈昌兵（255）
结构与网络视角下的中国"双循环"新格局 ………… 李 敬（257）
中国未来高质量发展要实现"双重城市化" ………… 刘瑞明（261）
加快推进城镇化有助于改善收入分配和促进消费 …… 罗 知（264）
关于城镇化区域协调发展的三点看法 ………………… 隋福民（267）
新阶段我国区域协调发展与空间布局战略 …………… 姚树洁（271）
粤港澳区域经济一体化发展的思考 …………………… 张建武（276）

高水平对外开放与合作共赢

共同富裕、数字经济与对外开放 ……………………… 黄先海（281）
加强对结构性问题和中国特色现象的研究 …………… 丁一兵（285）
重大战略问题与全球价值链贸易理论 ………………… 倪红福（287）
中国发展特征下的国际经济学研究转变 ……………… 孙浦阳（290）
贸易自由化与技术进步：一个新机制 ………………… 王立勇（292）
高度重视大宗商品进口价格过快上涨 ………………… 魏 浩（295）

创新发展与数字中国建设

数字经济学的学科建设重点 …………………………… 郑新业（301）
工业互联网建设和制造业数字化转型 ………………… 蔡跃洲（304）
人工智能商业模式创新与公共政策 …………………… 杜 创（309）
数字经济赋能经济高质量发展 ………………………… 龚 强（312）

后 记 …………………………………………………………（315）

从全局高度准确把握构建新发展格局

（代序）

黄群慧

加快构建以国内大循环为主体、国内国际双循环相互促进的新发展格局，是以习近平同志为核心的党中央统筹把握中华民族伟大复兴战略全局和世界百年未有之大变局，审时度势作出的、立足当前、着眼长远的重大现代化战略部署，是事关全局的系统性、深层次变革，对于我国实现高质量发展，对于促进世界经济繁荣，都具有重大意义。2020年4月，习近平总书记在中央财经委员会第七次会议上首次提出构建新发展格局；2021年1月在省部级干部学习贯彻党的十九届五中全会精神专题研讨班上，习近平总书记进一步对加快构建新发展格局做出系统论述；2021年7月，习近平总书记主持召开中央全面深化改革委员会第二十次会议，审议通过了《关于加快构建新发展格局的指导意见》。习近平总书记关于加快构建新发展格局的系列重要论述立意高远、博大精深、体系完整、逻辑严谨，是习近平经济思想的重要内容，是中国特色社会主义政治经济学的重大理论成果，要从全局高度准确把握和深入贯彻。

（一）构建新发展格局的根本依据、理论逻辑与重大意义

正确认识中国特色社会主义事业的历史方位和发展阶段，是我们党明确阶段性中心任务和制定路线方针的根本依据。在全面建成小康社会、开启全面建设社会主义现代化国家新征程后，中国进入一个新

发展阶段。

把握新发展阶段是贯彻新发展理念、构建新发展格局的现实依据。进入新发展阶段，中国经济实力、科技实力、综合国力和人民生活水平都跃上了新的台阶，人均国内生产总值超过了 1 万美元，成为经济总量第二、制造业总量第一的超大规模的经济体，无论是供给能力，还是需求潜力，都具备了以国内大循环为主体、支撑并带动国际循环的条件和基础。与此同时，随着需求结构和生产函数的重大变化，"卡脖子"技术供给、市场体制机制不完善等造成的供需脱节、循环不畅等问题也日益突出，原来建立在劳动力等要素低成本优势基础上的出口导向工业化战略、市场资源"两头在外"参与国际大循环发展模式已经越来越不适应新发展阶段了。再加之在百年未有之大变局下国际环境日趋错综复杂和不确定，2008 年国际金融危机、新一轮科技革命和产业变革、中美贸易摩擦、新冠肺炎疫情、俄乌冲突等一系列重大变局因素影响广泛深远，经济逆全球化趋势更加明显，全球贸易格局、产业链供应链布局面临巨大冲击，这要求进一步畅通国内大循环、提升经济发展的自主性和可持续性，新发展阶段需要一个更加强大和有韧性的国民经济循环体系。因此，加快构建新发展格局正是我国适应新发展阶段各方面重大变化的主动选择。

构建新发展格局是新发展阶段的经济现代化战略路径选择，这是由经济现代化理论逻辑决定的。从现代化理论来看，中国作为一个现代化的后发国家，要实现赶超成为一个现代化国家，必须根据自身社会、经济、自然和历史文化条件，充分利用自身的比较优势，探索适合自身国情的经济现代化路径和战略。新发展阶段是我们党带领人民迎来从站起来、富起来到强起来历史性跨越的现代化新阶段，在这个阶段中国已经基本实现工业化，开始从工业化后期向后工业化阶段过渡，是最终实现现代化的"冲刺"阶段，是日益接近质的飞跃的量的积累和发展变化的过程。在这个新的发展阶段，改革开放以来基于劳动力等要素低成本的比较优势的现代化赶超战略已经不适应现代化进程需要，关键核心技术受限、内需亟待开拓等弊端日益明显，极大制约了国内国际经济循环，需要寻求基于新的比较优势的、打破关键核心技术依附的新的经济现代化路径。新发展阶段中国经济具有超大规模经济体的比较优势，需要利用好大国经济纵深广阔的比较优势，使规模经济和集聚经济充分发挥作用，尤其是发挥好市场这个全球最稀缺的资源优势，通过扩大内需和内外双循环相互促进不断提高自主创新能力，实现高水平自立自强，将比较优势转为竞争优势，从而实现从成本驱动的数量增长模式向创新驱动的高质量发展模式的转变，加快形成以国内大循环为主体、国内国际双循环相互促进的新发展格局。

加快构建新发展格局，具有重大的现实意义和深远的历史意义。面对全球经济政治出现的巨大变化和我国现代化进程出现的阶段性新特征，统筹百年未有之大变局和中华民族伟大复兴战略全局，以习近平同志为核心的党中央做出了加快构建新发展格局的重大战略部署。这是一项事关我国发展全局的重大战略任务，既是供给侧结构性改革的递进深化，也是我国经济发展战略的整合提升，是把握未来发展主动权的战略性布局和先手棋，是新发展阶段要着力推进的重大历史任务。对于中国这样一个人口众多和超大市场规模的社会主义国家而言，新发展阶段是我国现代化进程的关键冲刺阶段，面临前所未有的挑战和风险，我们必须通过加快构建新发展格局，确保国内大循环畅通无阻，实现高水平自立自强，形成强大的国内经济循环体系和稳固的基本盘，以及对全球要素资源的强大吸引力，同时以国际循环持续提高国内大循环效率和水平，从而实现我国经济的更高质量、更有效率、更加公平、更可持续、更为安全的发展，确保中华民族伟大复兴进程不被迟滞和中断。因此，加快构建新发展格局对推进我国经济高质量发展、实现中华民族伟大复兴的中国梦，意义重大而深远。

（二）构建新发展格局的科学内涵、关键所在与本质特征

以国内大循环为主体、国内国际双循环相互促进，是新发展格局的基本内涵，要科学把握新发展格局的基本内涵，需要注意以下几个方面的问题。其一，强化全面性认识。一方面，以国内大循环为主体，绝不是关起门来封闭运行，而是通过发挥内需潜力，使国内市场和国际市场更好联通，不能片面强调"以国内大循环为主体"，主张在对外开放上进行大幅度收缩；另一方面，我国已经超越了主要依靠外资外贸拉动经济增长的阶段，构建新发展格局需要从成本驱动、出口导向、高速度工业化转向创新驱动、内需导向、高质量工业化，不能固守"两头在外、大进大出"的旧思路。其二，强化全局性认识。必须充分认识到构建新发展格局是新发展阶段下我国经济发展战略和路径的重大战略调整，是国家长治久安的重大战略部署，是包括生产、流通、分配、消费等多个环节的全国统一的大循环、大市场，不能只考虑建设本地区、本部门、本区域的小市场和小循环，搞低层次物流循环。其三，强化协同性认识。构建新发展格局要求将强化需求侧管理与深化供给侧结构性改革有效协同起来，不能因认为构建新发展格局主要是扩大内需、形成国内大市场，而忽略对供给侧结构性改革的深化；亦不能因认为构建新发展格局只是供给侧结构性改革的进一步深化，而忽略了加强需求侧管理，对扩大内需的长期性认识不足。其四，强化系统性认识。不能将新发展阶段、新发展理念和新发展格局割裂考虑，要充分认识进入新发展阶段、贯彻新发展理念、构建新发展格局是由我国经济社会发展的理论逻辑、历史逻辑、现实逻辑决定的。把握新发展阶段是贯彻新发展理念、构建新发展格局的现实依据，贯彻新发展理念为把握新发展阶段、构建新发展格局提供了行动指南，构建新发展格局则是应对新发展阶段机遇和挑战、贯彻新发展理念的战略选择。这就要求我们必须将新发展阶段、新发展理念和新发展格局"三新"有机地、系统地放在一起理解其深刻内涵。

构建新发展格局的关键在于经济循环的畅通无阻。经济活动本质是一个基于分工和价值增值的信息、资金和商品（含服务）在居民、企业和政府等不同的主体之间流动循环的过程，这个过程可以分为生产、分配、流通、消费等各个经济循环环节。一个正常的经济合理增长的经济循环，需要生产要素和产品能够在各个环节之间以及各个环节内部循环流转畅通。构建新发展格局，要求以国内大循环为主体，这是新发展格局的核心要义，而内需主导、内部可循环又是国内大循环的关键所在，因此，构建新发展格局必须坚持扩大内需这个战略基点。当前，国内经济循环不畅、制约扩大内需的直接原因，主要是我国内需体系不完整，还需进一步完善，畅通国内经济循环就要加快构建完整的内需体系，进一步释放内需潜力。而完善内需体系、加快构建完整的内需体系，具体需要从构建现代化市场体系、现代化产业体系、收入分配体系和新型消费体系四个方面入手完善内需体系、畅通国内经济大循环。尤其是国内供给和需求之间不通畅的关键矛盾在于供给方不能充分适应需求的转型升级，造成供求之间无法正常适配形成经济循环，这需要深化供给侧结构性改革，抓住供给侧结构性改革的这个主线和战略方向。当然，国内大循环畅通也需要国际大循环促进循环效率和水平的提升。

构建新发展格局最本质的特征是实现高水平的自立自强。新发展格局所要求的以国内大循环为主体，并不仅仅意味着在经济增长的数量上以国内循环量占比为主，这不是新发展格局的本质要求。测度分析表明，实际上从GDP数量上看，中国的经济循环量早已经是以国内大循环为主体，国内经济循环的主体地位基本确立。习近平总书记指出，"新发展格局的本质特征是高水平的自立自强，必须更强调自主创新"，这意味着构建新发展格局是以国内高水平自主创新为主驱动经济循环畅通无阻的发展格局。进入新发展阶段，我国经济国情发生了巨大变化，基于劳动力低成本的比较优势正在逐步减弱，旧的生产函数组合方式已经难以持续，亟待通过破坏式创新实现新的生产函数组合。经济全球化也正遭遇强势逆流，低成本出口导向工业化战略难以为继，关键的核心技术受制于人，经济安全风险加大，我国经济循环中出现了许多新的堵点和瓶颈，科技创新能力薄弱已经成为中国经济高质量发展的"阿喀琉斯之踵"。无论是从促进经济循环畅通无阻来看，还是从进一步推进经济增长培育经济新动能来看，都需要通过深化供给侧结构性改革，通过制度创新培育高水平自主技术创新能力，突破产业发展瓶颈，全面优化升级产业结构，提升创新能力、竞争力和综合实力，形成更高效率和更高质量的投入产出关系，实现经济循环畅通无阻和在高水平上的供需动态平衡。

（三）构建新发展格局的战略布局、重大举措和政策体系

从构建新发展格局战略布局看，主要内容包括：其一，坚持创新在现代化全局中的核心地位，把科技自立自强作为国家发展的战略支撑，把经济发展的着力点放在实体经济上，加快发展现代产业体系，加快建设科技强国、制造强国、质量强国、网络强国、数字中国。其二，坚持扩大内需这个战略基点，加快培育完整内需体系，使建设超大规模的国内市场成为一个可持续的历史过程，把实施扩大内需战略同深化供给侧结构性改革有机结合起来，以创新驱动、高质量供给引领和创造新需求。其三，加快推进重要领域和关键环节的深层次改革，建设高水平社会主义市场经济体制，坚持实施更大范围、更宽领域、更深层次对外开放，形成畅通国内大循环、促进国内国际双循环的动力机制。其四，加快促进城乡区域协调发展，协调推进新型工业化、城镇化、信息化、农业现代化同步发展，加快推进生态文明建设，优化国内大循环产业布局、空间布局和促进绿色低碳循环发展。其五，坚持总体国家安全观，将安全发展贯穿到各个领域和各个环节，增强在复杂环境中动态维护国家安全的能力。

从构建新发展格局重大举措来看，主要内容包括：其一，建立供给侧结构性改革与需求侧管理有效协同的宏观治理机制，持续完善宏观经济调控体系。在坚持以供给侧结构性改革为主线、以国内经济大循环为主体、市场在资源配置中起决定性作用的原则下，加快形成一种供给与需求动态平衡、改革与管理有效协同、国内循环与国际循环相互促进、市场机制与政府作用有效结合的经济运行机制。其二，强化国家战略科技力量和企业技术创新能力，以提升产业基础高级化和产业链供应链现代化水平为抓手，深入实施产业基础再造工程，加大推进新型基础设施建设，不断做强做优做大我国数字经济，发展战略性新兴产业和现代化服务业。其三，深入实施扩大内需战略，通过完善生产、市场、分配和消费体系，积极推进国内统一大市场建设，畅通国内大循环，促进国内国际双循环，全面促进消费，增强消费对经济发展的基础性作用，优化投资结构，发挥有效投资对优化供给结构的关键作用。其四，建设更高水平的社会主义市场经济体制和开放型经济新体制，充分发挥市场在资源配置中的决定性作用，更好地发挥政府作用，坚持"两个毫不动摇"，促进非公有制经济健康发展和非公有制经济人士健康成长，营造各种所有制主体依法平等使用资源要素、公开公平公正参与竞争、同等受到法律保护的市场环境，激发各类市场主体活力，建立现代产权制度，奠定现代社会主义市场经济和现代经济增长的所有制基础。其五，促进城乡、区域、产业的融合发展，实现新型工业化、以人为核心的新型城镇化和乡村振兴的战略协同，全面推进绿色生产和消费转型，实现绿色经济稳定高效增长。其六，进一步全面统筹发展和安全，尤其是筑牢经济安全基础，一方面是维护以供应链为核心的实体经济和产业发展安全；另一方面是维护金融安全，守住不发生系统性风险底线。要统筹这两方面的安全，推进金融供给侧结构性改革，金融要回归到支持实体经济的本质。以此为关键着力点，坚持总体国家安全观，实施国家安全战略，防范和化解我国现代化进程中的各类重大风险。

从加快构建新发展格局政策体系来看，要逐步形成稳中求进的政策体系。党的十八大以来，习近平总书记反复强调稳中求进的工作总基调，稳中求进工作总基调已经是我国治国理政的重要原则，也是做好经济工作的方法论。构建新发展格局需要稳中求进的政策体系，"稳"是主基调、是大局，构建新发展格局工作"稳"的重点放在稳住经济运行的政策方面，保证经济运行不出现系统性风险；"进"是在"稳"的基础上关于构建新发展格局各个关键领域积极进取的政策。"稳"和"进"是有机统一、相互促进的。稳中求进的政策体系包括七个方面的总体要求：宏观政策要稳健有效、微观政策要持续激发市场主体活力、结构政策要着力畅通国民经济循环、科技政策要扎实落地、改革开放政策要激活发展动力、区域政策要增强发展的平衡性协调性、社会政策要兜住兜牢民生底线。具体而言，稳中求进的政策体系内容重点在以下几个方面：一是通过积极财政政策和稳健的货币政策协同联动，跨周期与逆周期宏观政策有机结合，以扩大内需为战略基点，紧扣结构性问题，做到宏观经济政策更加精准有效；二是微观政策要正确把握产业政策与竞争政策的关系，深化改革开放，顺应数字经济发展趋势，持续发力激发市场主体活力，提振市场主体信心，营造各类所有制企业竞相发展的良好环境；三是深化供给侧结构性改革，围绕着力畅通国民经济循环、突破供给约束堵点、不断强化完善结构政策，尤其是加快科技政策扎实落地，构建科技、金融、产业相互促进良性循环的现代化产业体系，形成以高水平科技自立自强为特征的新发展格局；四是正确认识和把握实现共同富裕的战略目标和实践途径，统筹推进经济发展和民生保障，提高区域发展政策的平衡性协调性，社会政策要兜住兜牢民生底线，推进区域发展政策与社会民生政策有效协同。

（作者单位：中国社会科学院经济研究所）

新阶段·新理念·新格局

如何理解和认识
"新阶段、新理念、新格局"

高培勇

"经济学动态·大型研讨会"开始于2017年,"经济研究·高层论坛"开始于2018年。这两个论坛的特别之处就是以期刊名称命名,并且由两个杂志社负责承办,意在凸显我们学术期刊发挥学术研究的窗口和学术交流的平台的特殊功能。

感谢四年多来参加各届论坛的各位嘉宾,大家的到来,是对这两个论坛的认可,对两个刊物的认可,对经济研究所乃至中国社会科学院的经济学研究的认可。同时,感谢四年多来参与论坛筹办工作的两个杂志社的同事与经济研究所的同事,以及本院其他单位的同事,包括其中已经退休的同事。

本届论坛的主题是"新阶段、新理念、新格局——迈向新征程的中国经济",该如何理解和认识"三新",有几个问题可能需要注意。

第一,新阶段和新时代是怎样一种关系。不少人把新时代和新阶段混为一谈了。习近平总书记在党的十九大报告中指出,新时代是"决胜全面建成小康社会、进而全面建设社会主义现代化强国的时代"。这样一种表述已经非常清楚地界定了新时代和新阶段之间的不同点。当我们意识到新发展阶段就是,我国全面建成小康社会、实现第一个百年奋斗目标之后,乘势而上开启全面建设社会主义现代化国家新征程、向第二个百年奋斗目标进军的阶段,我们必须讲,新发展阶段既是社会主义初级阶段当中的一个阶段，也覆盖于中国特色社会主义新时代当中。因此，很有必要把新发展阶段的时间分界线界定在今年——2021年，也就是说，新发展阶段是从2021年开始的。我们做理论研究的人，举凡涉及"新"的概念的时候，必然要从相对意义去理解其典型特征以及系统性差异。

新阶段、新理念、新格局是作为一个整体提出的，当明确了新发展阶段的时间分界线是2021年时，2021年也就是我们理解新理念、新格局的时间分界线了。这一点不是一般的重要，而是实在太重要了。因为只有以2021年为时间分界线，才能把新发展阶段区别于既往的显著特征和系统性差异说清楚、讲明白。比如，有别于既往，新发展阶段的发展目标是全面建设社会主义现代化国家；新发展阶段面临的发展环境发生了深刻复杂变化，不稳定性、不确定性显著增加；新发展阶段仍然是重要的战略机遇期，但是把握机遇和识别挑战的难度在增加。这些都只能从2021年与以往的比较当中才能说清楚。

第二，只有以2021年为时间分界线，才能将新发展阶段所必须贯彻的新发展理念和2015年党的十八届五中全会所提出的新发展理念之间的差异或变化讲清楚、说明白，才能理解为什么我们今天特别强调要完整、准确、全面地贯彻新发展理念。"创新、协调、绿色、开放、共享"的新发展理念，是2015年党的十八届五中全会提出的，到今天这十个字的表述没有发生变化，但是在新发展阶段贯彻这十个字和以往有什么区别？习近平总书记"七一讲话"中关于"三新"的表述是这样的："立足新发展阶段，完整、准确、全面贯彻新发展理念，构建新发展格局"。在新发展阶段贯彻新发展理念，要特别强调坚持三个维度：其一是从根本宗旨把握，其二是从问题导向把握，其三是从忧患意识把握，这是有别于以往的不同之处。原来我们的表述是"四更"：要实现更高质量、更有效率、更加公平、更可持续的发展。随着进入新发展阶段，这一表述已经变为"五更"，添加了：更为安全。这也是相对于2021年之前的一个突出变化。

第三，只有以2021年为时间分界线，才能将在新发展阶段构建新发展格局的出发点和落脚点讲清楚、说明白。比如，习近平总书记讲，构建新发展格局的最本质特征是实现高水平的自立自强，这实际上讲的是它绝非局限于经济领域、止步于国民经济循环层面的畅通。畅通是构建新发展格局的目的之一，但不是最本质的特征。所以我们必须跳出就经济论构建新发展格局，就畅通论构建新发展格局的思维局限，要从全局高度准确把握和积极推进构建新发展格局。此外，有别于既往，在新发展阶段构建新发展格局一直被强调是一项事关全局的系统性、深层次变革。这意味着它绝非局限于经济领域、止步于宏观调控层面的对冲性操作。如果把构建新发展格局理解为一种宏观调控举措，理解为一种逆周期调节性质的对冲性操作，就难以把构建新发展格局和我们在1998年、2008年反亚洲金融危机、反国际金融危机的这种差异讲清楚、说明白。

第四，"三新"间的内在联系，要分别从它们所揭示的实质内容加以把握。"三新"分别讲的是不同的事情，新发展阶段明确了我国发展新的历史方位，新发展理念明确了我国现代化建设的指导原则，新发展格局明确了我国经济现代化的路径选择。新发展阶段，新在发展目标上，新在发展环境上，新在机遇和挑战所发生的深刻变化上。讲发展目标，实际上讲的是高处不胜寒。讲发展环境，讲的是不稳定性、不确定性显著增加。讲把握机遇和迎接挑战，讲的是难度在增加。这些实际上所折射的一个基本事实是，进入新发展阶段的中国，安全的分量在加大，安全的意义在凸显，我们必须统筹发展和安全。新发展理念之新，新在必须完整、准确、全面加以贯彻，必须把发展和安全一起谋划。新发展格局之新，新在大不相同于以往的出发点和落脚点上，其核心要义在于统筹发展和安全的战略考量。

当今天围绕着这"三新"来展开一系列相关经济问题的讨论和论述时，其前提和基础是能够比较准确地把握和理解这"三新"的基本内涵。只有从新发展阶段和新时代的区别和联系中加以把握，只有立足于以 2021 年为时间分界线来加以把握，只有从这"三新"之间的内在联系上去加以把握，我们才可能把迈向新征程的中国经济所涉及的相关问题说清楚、讲明白。这是我们经济理论界应该承担的一项重要职责。

（作者单位：中国社会科学院）

新发展格局构建的现代化理论逻辑

黄群慧

习近平总书记在省部级主要领导干部学习贯彻党的十九届五中全会精神专题研讨班开班式上指出：进入新发展阶段、贯彻新发展理念、构建新发展格局，是由我国经济社会发展的理论逻辑、历史逻辑、现实逻辑决定的。习近平总书记进一步指出，构建新发展格局明确了我国经济现代化的路径选择。那么，构建新发展格局这个经济现代化路径又具有怎样的理论逻辑呢？这需要我们从经济现代化理论角度深入学习研究和准确领会把握。

现代化理论是关于现代化现象特征和规律的、经过一定逻辑性表述的理性认识。虽然关于现代化的一个比较普遍的解释是人类社会从传统社会向现代社会转变的历史过程，但具体可以包括发达国家经历工业革命以来的深刻变化过程以及发展中国家追赶世界先进水平成为发达国家的过程。面对复杂的现代化现象，现代化理论已经发展成为具有众多流派的庞杂的知识体系，其中值得强调的有三个方面的理论共识。

第一，现代化动力论。根据马克思主义经济基础决定上层建筑的著名论断，社会变迁的动力是经济增长和结构变革，对应到现代化过程中，现代化过程的驱动力就是经济现代化。在经典的现代化理论看来，经济现代化的核心过程就是工业化，甚至可以把经济现代化等同于工业化，这意味着现代化的实质就是由工业化驱动的现代社会变迁的过程。而经济学理论认为，工业化是工业驱动的一个国家或地区人均收入提高和产业结构从农业主导向工业主导的演进过程，其实质是国民经济中一系列重要的生产要素组合方式连续发生由低级到高级的突破性变化，进而推动经济增长的过程。也就是说，经济现代化就是一个经济体从传统步入现代的经济持续增长的过程，而工业化、经济增长实际上构成了发展经济学乃至整个经济学的核心议题，从这个意义上看，众多经济理论都可以理解为经济现代化理论和现代化动力理论。

第二，现代化阶段论。现代化是一个可以划分为不同阶段的过程，现代化理论中对现代化阶段著名的划分有罗斯托关于传统社会、为起飞创造前提、起飞、向成熟推进、大众高消费、追求生活质量的现代化"六阶段"，以及钱纳里关于经济现代化的前工业化、工业化前期、工业化中期、工业化后期以及后工业化的工业化"五阶段"。另外，世界银行单纯按照人均国民收入把各经济体划分为低收入、中低收入、中高收入、高收入四种类型，这实际上可以认为是一个经济体经济现代化进程的四个阶段。而且从中等收入进入高收入阶段，往往十分困难，被认为现代化进程中存在"中等收入陷阱"。

第三，现代化模式论。现代化是一个具有多种路径也就是多种模式的过程，也是一个具有路径依赖的过程。由于不同国家的资源禀赋和社会历史文化前提差异，虽然成为发达国家的现代化目标趋同，但发展的路径和模式可以有多种，尤其是后发国家的现代化模式与先进国家不同，后发国家可以有"后发优势"而实现所谓"赶超"。以驱动因素为例，经济现代化分为市场驱动为主、政府驱动为主、政府与市场共同驱动的三种模式，英国、美国和法国大体归为市场驱动为主型，德国、日本大体可归为政府与市场共同驱动型，苏联和计划经济体制下的中华人民共和国大体可以归为政府驱动为主型。改革开放以后，中国推进了市场化改革，中国经济现代化从单纯政府驱动为主型转向政府和市场共同驱动型。

习近平总书记在讲话中强调，加快构建以国内大循环为主体、国内国际双循环相互促进的新发展格局，是《中共中央关于制定国民经济和社会发展第十四个五年规划和二〇三五年远景目标的建议》提出的一项关系我国发展全局的重大战略任务，需要从全局高度准确把握和积极推进。构建新发展格局的关键在于经济循环的畅通无阻，构建新发展格局最本质的特征是实现高水平的自立自强。从上述现代化理论的三个方面共识来看，构建新发展格局的现代化理论逻辑可以归结为三条主线。

（一）基于现代化阶段论，构建新发展格局是中国社会主义现代化进程进入到新发展阶段的必然要求，是与现代化新阶段相适应的经济现代化路径

"十四五"时期是我国全面建成小康社会、实现第一个百年奋斗目标之后，乘势而上开启全面建设社会主义现代化国家新征程、向第二个百年奋斗目标进军的第一个五年，我国将进入新发展阶段。习近平总书记指出：新发展阶段是社会主义初级阶段中的一个阶段，同时是其中经过几十年积累、站到了新的起点上的一个阶段。新发展阶段是我们党带领人民迎来从站起来、富起来到强起来历史性跨越的新阶段。

从现代化阶段论理论看，新发展阶段是社会主义事业的新阶段。由于中国人民经过几十年的积累，迎来了从站起来、富起来到强起来的历史性跨越，这意味着新发展阶段也是中国的现代化进程进入到一个新发展阶段，这个新发展阶段是全面建设现代化国家新征程。如果基于现代化"六阶段"划分，这个新阶段意味着中国社会实现了起飞，完成了向成熟推进，开始从大众高消费转向对生活质量追求的现代化阶段。大多数文献认为，中国已经处于大众高消费阶段，新发展阶段意味着中国已经开始转向对生活质量追求的阶段。实际上，从经济增长角度看，我们可以把起飞前准备、起飞和向成熟推进这三个阶段界定为经济高速增长阶段，而大众高消费和追求生活质量这两个阶段可认为是高质量发展阶段，新发展阶段意味着中国已经实现了从高速增长转向高质量发展，步入高质量发展阶段。如果基于传统工业化"五阶段"的划分，从人均国内生产总值、三次产业产值、城市化率、制造业占比、第一产业就业占比等指标综合评价，中国已经步入

工业化后期，新发展阶段意味着中国开始从工业化后期向后工业化阶段过渡，这个新发展阶段是新型工业化、城镇化、信息化和农业现代化"同步发展"的高质量工业化阶段。这实质意味着新发展阶段是最终实现现代化的"冲刺"阶段，这个阶段是"日益接近质的飞跃的量的积累和发展变化的过程"。

在新发展阶段这个实现现代化的"冲刺"阶段，中国经济需要跨越现代化进程中的三个关键节点，一是在 2025 年前后跨越"中等收入陷阱"成为高收入国家；二是在 2035 年基本实现现代化，成为一个中等发达国家；三是在 2050 年建成富强、民主、文明、和谐、美丽的现代化强国。虽然基于潜在增长率预测，中国能在三个时间点实现三个目标，但是这显然"不是一个自发、被动、不用费多大气力自然而然就可以跨过的阶段"，这个新发展阶段需要围绕经济高质量发展寻求相应的新发展路径和现代化战略。而加快构建以国内大循环为主体、国内国际双循环相互促进的新发展格局，则是在与这个新发展阶段相适应、以新发展理念为指导的新的经济现代化战略。在这个新发展阶段，中国经过了"富起来"阶段已积累了比较雄厚的物质基础，综合国力已居世界前列，形成了超大规模的大国经济基础，无论是从生产供给角度看，还是从 14 亿人巨大的市场潜力看，都具备了国内经济大循环的基本条件。不仅如此，中国改革开放以来低成本出口导向的工业化战略对中国实现经济赶超发挥了巨大作用，但在新发展阶段这种战略的核心技术受限、内需亟待开拓等弊端日益明显，已经不适应新发展阶段的需要。再综合考虑经济全球化面临的挑战和发展趋势，加快构建在更高开放水平上实现国内经济大循环为主体的"双循环"新发展格局，成为新发展阶段的经济现代化路径必然选择。

（二）基于现代化模式论，构建新发展格局是中国基于自身资源禀赋和发展路径而探索的、以自立自强为本质特征的、突破核心技术"依附性"、具有"替代性"的一种经济现代化模式

中国作为一个现代化的后发国家，要实现赶超成为一个现代化国家，必须根据自身社会、经济、自然和历史文化条件，充分利用自身的"后发优势"，探索适合自己国情的经济现代化模式。如果借用俄籍美国经济学家格申克龙的"大突破"理论，中国特色的经济现代化模式一定具有"替代性"，也就是中国现代化模式与先进国家的所谓标准或者理想的现代化模式存在不同之处，这些不同之处就是对先进国家经济现代化模式相应内容的"替代"。

所谓后发国家的现代化模式具有"后发优势"，一方面表现在可以广泛学习先进国家的现代化经验，汲取其教训，从而基于自身发展进行创新，在现代化模式上实现广泛的"替代"；另一方面表现在引进、消化、学习、吸收先进国家的技术，从而减少技术创新和技术进步的成本和时间，有别于先进国家的现代化模式和路径。当然，这两方面"后发优势"被有效地利用、探索出具有"替代性"现代化模式、实现经济赶超的前提是，后发国家政府对自身国情、国家经济落后状况有正确的认识以及有强烈的意愿推进国家经济现代化进程。应该说，迄今为止的中国经济现代化进程表明，中国成功利用了"后发优势"，使市场在资源配置中起决定性作用，更好地发挥政府作用，在中国共产党领导下走出了一条具有中国特色的社会主义经济现代化道路，中国的现代化进程进入到追求生活质量的经济高质量发展新阶段。

但是，后发国家在推进经济现代化进程中要有其"后发劣势"，虽然利用了先进国家的经验和技术，但也会产生对先进国家在技术、贸易和资本等方面的"依附关系"。在基于全球价值链分工的今天，其全球生产分工地位往往也被锁定在价值链中低端。在先进国家确定的世界经济规则和支配的国际经济秩序中，后发国家往往处于不平等的地位。当后发国家现代化进程发展到一定程度，国际竞争力日益增强、经济规模迅速扩大和国际经济地位得到显著提升以后，后发国家与先进国家之间会发生全面贸易摩擦，从而制约后发国家的经济现代化进程。在发展经济学中激进学派用"依附性"来描述世界经济体系中发展中国家的这种"依附关系"。虽然，激进学派的理论招致很多批评，且在当今全球化背景下并不一定正确，但是全球现代化史表明，在一定程度上，"依附性"问题在大多数发展中国家是存在的。如果后发国家现代化进程发展到一定阶段，不能够有效地通过自主技术创新突破这种"依附关系"，其现代化进程有可能停滞或者被完全中断。实际上，众多发展中国家无法成为高收入国家，从而在所谓"中等收入陷阱"中无法自拔，在一定程度上也正是这种"依附关系"不能突破的一种体现，或者说必然结果。

对于中国现代化进程而言，中国经济发展也面临创新瓶颈，科技创新能力薄弱已经成为中国经济高质量发展的"阿喀琉斯之踵"。虽然中国科技创新能力不断提升，已经成为研发人员投入第一大国、经费投入第二大国，但是以"工业四基"为代表的产业基础能力高级化和产业链现代化水平亟待提升，存在大量的"卡脖子"技术，技术体系中相当多的关键核心技术依赖于国外。这种核心技术"依附性"不能有效突破，直接制约我国新发展阶段的经济高质量发展和我国现代化进程推进。在2018年中美贸易摩擦、2020年新冠肺炎疫情冲击以及经济全球化强势逆流背景下，更加凸显了这种核心技术"依附性"突破的必要性和急迫性。习近平总书记指出："新发展格局的本质特征是高水平的自立自强，必须更强调自主创新"，这意味着构建新发展格局是一种立足于畅通国内经济大循环为主、寻求突破核心技术"依附性"的经济现代化模式，在一定程度上是对低成本出口导向型工业化发展模式的扬弃。当然，构建新发展格局，绝不能否定开放和全球化，而是要实行高水平对外开放，重视以国际循环提升国内大循环效率和水平，塑造我国参与国际合作和竞争新优势，改善我国生产要素质量和配置水平，推动我国创新能力提升和产业转型升级。也就是说，构建新发展格局，是要在经济全球化下实现核心技术"依附性"突破、具有中国特色的经济现代化模式。

（三）基于现代化动力论，构建新发展格局是一种围绕经济循环畅通无阻、充分利用大国经济优势的经济现代化战略

生产力决定生产关系，经济基础决定上层建筑，经济现代化是国

家整体现代化的驱动和基础。虽然不能够直接把经济发展完全对等为经济现代化过程，但如何促进经济增长和经济结构优化，推动从传统经济结构向现代经济结构转变，无疑是经济现代化战略的核心。构建新发展格局作为我国新发展阶段实现经济现代化的路径，也是新发展阶段的经济现代化战略。

新发展格局的关键词是"经济循环"。经济活动本质是一个基于经济分工和价值增值的信息、资金和商品（含服务）在居民、企业和政府等不同主体之间流动循环的过程。从经济思想史看，用循环流动描述经济活动最早可以追溯到法国经济学家魁奈1758年出版的《经济表》中。马克思在其《资本论》中提出社会再生产理论，将社会再生产过程描述为由生产、分配、交换和消费等环节构成的经济循环，给出了产业资本循环从货币转换为商品、从购买商品到生产出新商品、从新商品再转换为货币的三个过程和公式。列昂惕夫在此基础上提出要以循环流动理论——"可再生产性"论取代"稀缺"论，以此作为经济学理论的基石。因此，从经济循环角度来刻画新发展格局，一方面抓住了经济运行的本质特征，另一方面也进一步丰富和发展了当代马克思主义政治经济学。

构建新发展格局的关键则在于经济循环的畅通无阻，从而连续不断地实现社会再生产的过程，保证经济持续增长和经济结构不断优化。这也是中国在新发展阶段经济现代化战略的核心要求。当前阻碍中国经济循环畅通的因素，既有供给侧结构性因素，也有需求侧内需潜力得不到有效释放问题，还有百年未有之大变局下国际环境不确定不稳定明显加大的影响。这要求从战略和政策上实现：通过深化供给侧结构性改革来提高供给体系对国内需求的适配性与加强需求侧管理来扩大对供给的有效需求相结合；经济增长动力在更高水平对外开放基础上的内外平衡，国内国际双循环互相促进；在经济效率与经济安全之间的统筹平衡，实现更有效率、更为安全的产业体系和区域布局。

构建新发展格局要求以国内大循环为主、国内国际双循环相互促进。从现代化战略角度来看，其理论逻辑基础在于大国工业化的特性。库茨涅兹在《各国的经济增长》中按人口将所有样本国分为22个大国和35个小国，实证分析结果是在同样的人均国内生产总值水平下，大国工业尤其是制造业占比份额比较大；钱纳里等在《发展的格局：1950—1970》揭示了大国和小国在发展格局上的差异：虽然大国和小国在发展格局上可以归结出许多不同，但大国经济发展的最一般特征是由于人口众多、市场容量巨大，可以体现出更多的内向化倾向。如果说库茨涅兹的研究支持了改革开放以来中国快速工业化进程造就了世界第一制造大国的事实，那么钱纳里等的研究则为构建国内大循环为主的新发展格局战略提供了理论依据。改革开放之初中国虽然具有庞大的人口，但由于人均收入很低，还不能说具备了庞大的市场容量，那时候中国积极参与国际循环，市场和资源"两头在外"，采用出口导向工业化战略具有合理性。现在，中国人均收入已经超过了1万美元，具有4亿多中等收入群体，这无疑已经是一个十分庞大市场，再加之制造业增加值已经是美国、日本和德国之和，在这样供需条件下构建以国内大循环为主的新发展格局就十分合乎逻辑了。当然，国内大循环为主并不意味着忽视国际循环，而是要求国际循环要以国内大循环为依托，二者相互促进。

最后还要指出的是，经济现代化可以包括工业化、城市化、信息化和农业现代化等方面，作为现代化战略，新发展格局战略中畅通国内经济大循环，从内容上可以表现为信息化和工业化深度融合、工业化和城镇化良性互动、城镇化和农业现代化相互协调，从现代化进程上也就是工业化、信息化、城镇化和农业现代化的同步推进，这是当今时代现代化进程的内在要求和基本规律，也是在新发展阶段以新发展理念为指导的经济高质量发展战略的必然要求。

（作者单位：中国社会科学院经济研究所）

地方政府债务与经济增长

林毅夫

非常高兴在这么一个高端的学术平台上跟大家汇报交流我、文永恒和顾艳伟合作的"地方政府债务与经济增长——基于地方投资平台债务的分析"课题的最新研究成果,探讨地方政府债务与经济增长,尤其是地方投资平台债务对我国经济增长到底产生什么样影响的问题。

从一个大家高度关注的现象出发,2010年以来,在我国经济增长率节节下滑的同时,地方投资平台债务再次迅速上升,但私人部门投资却不断下降,针对经济增长下滑、投资平台债务增加和私人投资下降三者的关系,学界存在两种截然不同的观点。

流行的产权理论观点认为,地方投资平台在地方金融市场上进行融资挤出了私营企业信贷资源,但没有挤出国有企业信贷资源。由于国有企业的效率通常被认为低于私营企业,地方投资平台债务增加在挤出私营企业投资的同时,还在客观上造成了低效率国有企业在经济中比重增加的"国进民退"的后果,降低了资源配置效率,对经济增长造成负面影响。当然,从逻辑来讲以上观点没有问题,但是要解释这种现象,首先必须对地方投资平台的本质是什么有更好的认识。

我国的预算法不允许地方政府有财政赤字,地方政府也没有货币发行权,地方投资平台成为地方政府进行积极财政政策的一项制度创新。地方投资平台由地方政府担保向银行贷款进行投资,发挥了地方准财政政策的功能。绝大多数的平台项目投资于基础设施项目，这些项目要经由上级发改委和银行审批，以此来执行对地方准财政政策的监督。另外，地方投资平台也构成中央政府财政政策和货币政策发挥作用的一个渠道。中央政府在需要采取积极政策来稳定经济时，国家发改委审批的地方投资平台项目会比较多，同时中央政府也会通过执行较为宽松灵活的货币政策增加银行资金，来支持投资项目。地方投资平台投资的项目如果还不了债最后变成银行坏账，由国有银行兜底，国有银行的所有者是财政部，所以，等于由财政部也就是国家财政兜底。因此，地方投资平台的投资也有准中央政府财政政策的功能。

基于这一认识，我们提出了另一种观点，即超越凯恩斯主义假说。在经济衰退时，以消除基础设施瓶颈为目的的积极财政政策在短期会创造对资本品的需求，并增加就业、家庭收入和消费需求，投资需求和消费需求的增加会刺激资本品生产部门和消费品生产部门的投资，具有稳增长保就业的作用；基础设施投资完成以后瓶颈得以消除，交易费用的下降会导致各部门投资回报率上升，从而长期的投资意愿也会增强。新结构经济学将这种不同于挖个洞、补个洞的消除基础设施增长瓶颈的反周期的积极财政政策措施取名为超越凯恩斯主义的积极财政政策。而我国中央政府的积极财政政策绝大部分经由地方投资平台的基础设施项目来执行，具有超越凯恩斯主义的特征，并配套较为宽松灵活的货币政策。因此，地方投资平台的项目和贷款增加不仅未挤压私营企业的投资资金，还会经由刺激对私营部门产品的需求而提高私营企业的投资回报和意愿。

针对这两种观点，可进一步提出有待检验的假说。就地方投资平台债务—增长关系假说，按照盛行的产权理论，地方投资平台债务上升不利于促进经济增长；但按照超越凯恩斯主义或者新结构经济学的假说，地方投资平台债务上升不但能够在短期内促进经济增长，而且经由消除基础设施瓶颈，这一效应在长期也显著存在。针对具体作用机制假说，产权理论认为地方投资平台债务上升对私人部门投资具有挤出效应，而超越凯恩斯主义认为，地方投资平台债务上升能够提高私人部门投资回报率，并对私人部门投资具有挤入效应，而且这种促进效应在长期内也显著存在。

就这两个竞争性假说而言，可采用实证计量检验做验证，利用中国 28 个省份 2006—2017 年的面板数据，考察地方投资平台债务与地区经济增长的关系。将地方投资平台债务定义为各省份投资平台债务余额与当地 GDP 之比，将因变量设定为各省份实际经济增长率。在控制了影响经济增长的其他因素后，进一步将自变量均滞后一期以缓解自变量和因变量之间的互为因果干扰，利用双向固定效应模型的计量结果发现，地方投资平台债务越高的省份，其经济增长越快。为进一步确认因果关系，我们构造了地方投资平台债务的工具变量，研究结果显示，地方投资平台债务上升能够显著刺激经济增长。为进一步考察地方投资平台债务对长期经济增长的影响，我们将未来 1—5 年的平均经济增长率作为因变量重新进行估计发现，地方投资平台债务上升对经济增长的促进效应在长期也显著存在。此外，我们考察了地方投资平台债务促进经济增长的机制，重点考察了地方投资平台债务对非国有企业的资本回报率和投资增长率的影响，研究结果表明，地方投资平台债务上升在显著提高非国有企业资本回报率的同时，还能显著促进其投资增长率，从而不存在挤出效应。总体来看，上述研究结果支持了新结构经济学的理论假说。

总之，研究结果发现，我国地方政府受限于不能有赤字财政的法规，地方政府的积极财政政策以通过地方投资平台筹措资金的变通办法来进行，大部分投资平台所举债务投向基础设施领域。而地方投资平台债务用于基础设施投资，在经济衰退期上升，短期能够刺激投资，增加就业、收入和消费，起到稳增长、保就业的作用；在长期能够释放潜力，促进经济增长，具有超越凯恩斯主义的财政政策效果。据此，我们建议在因存在基础设施瓶颈而制约了经济增长潜力释放的地方，在经济衰退期可以执行以消除基础设施瓶颈为目标的超越凯恩斯主义的积极财政政策。并且，当前地方投资平台债务的风险主要在于"短债长投"所造成的期限不配套的问题。为克服此问题，建议修改预算法，允许地方政府在需要执行超越凯恩斯主义的反周期基础设施投资时，通过发行长期的地方建设公债来进行。

（作者单位：北京大学国家发展研究院）

以提升人力资本为核心
扩大中等收入群体

刘世锦

最近大家都很关注共同富裕问题，我想就其中的扩大中等收入群体问题做一些讨论，题目是"以提升人力资本为核心，扩大中等收入群体"。

扩大中等收入群体规模之所以重要，首先与能否跨越"中等收入陷阱"、进入高收入社会相关。世界银行和国务院发展研究中心2013年在题为《2030年的中国：建设现代、和谐、有创造力的高收入社会》的报告中指出，在1960年的101个中等收入经济体中，到2008年只有13个成为高收入经济体，约87%的中等收入经济体在将近50年的时间跨度里都无法成功突破"中等收入陷阱"而进入高收入阶段。陷入"中等收入陷阱"的国家多数是阿根廷、巴西、墨西哥等拉丁美洲国家，也有马来西亚等亚洲国家。这些国家在20世纪70年代就达到中等收入水平，但此后几十年无法突破瓶颈，稳定地进入高收入国家行列。对这些国家而言，人均GDP 1万美元就像是一道魔咒，跨越了还要倒退回来。与此形成鲜明对照的是采用"东亚模式"的日本和亚洲"四小龙"，它们用了10年左右的时间就实现了从中等收入经济体到高收入经济体的跃升。

陷入"中等收入陷阱"的原因甚多，其中一个重要变量就是收入差距过大，没有形成足够规模且稳定的中等收入群体。反之，日本、韩国和中国台湾在跨越"中等收入陷阱"的过程中都保持了较低的收入差距。

第二次世界大战以后的工业化的历史经验表明,摆脱传统社会的低水平增长陷阱,启动现代增长进程是一场苦战,但与此后由中等收入阶段转向高收入阶段相比似乎还要容易一些。如果把现代经济增长看成一个火箭发射入轨过程,摆脱传统社会低水平增长陷阱是一次启动,摆脱中等收入陷阱、成功转入高收入社会则是二次启动。二次启动的难度显然大于一次启动。几十个经济体进入现代经济进程,而只有少数经济体跻身于高收入社会的事实提供了有说服力的佐证。坦率地说,我们对二次启动的难度何在并不是很清楚,而这也恰恰是研究扩大中等收入群体的难点和重点所在。

李实等把改革开放以来的收入差距变化大体分为两个阶段。第一阶段,1978—2008 年,收入差距逐步扩大。这一阶段可以分为三个时期。第一个时期,1978—1983 年,收入差距并没有扩大,反而有所缩小。由于农村改革率先启动,农村土地联产承包制的实施,带来了农民收入的快速增加,城乡之间收入差距一度从 1978 年的 2.6 倍下降到 1983 年的 1.8 倍,并带动了全国收入差距的缩小。全国收入差距的基尼系数在 1981—1983 年下降了近 3 个百分点,直到 1986 年才上升到 1981 年的水平。第二个时期,1984—1994 年,出现了收入差距全面而持续的拉大。20 世纪 80 年代中期,城镇的市场化改革启动,增长加快,而农村改革的第一波增长效应下降,城乡之间的收入差距再次拉大,同时城市内部和农村内部的收入差距也开始拉大。第三个时期,1995—1997 年,收入差距出现了短期下降,主要是由于政府大幅提高了农产品收购价格,对农民收入增长起到了积极作用。此后随着涨价效应的减弱,又重回收入差距扩大的轨道,到 2008 年达到一个高位。世界银行专家估计,1981 年中国全国收入差距的基尼系数为 0.310,到 2008 年上升到 0.491。

第二阶段,2008 年以后,收入差距高位徘徊或有所下降。从 2008 年以后,国家统计局公布的全国收入差距的基尼系数出现了逐年下降的势头。但2005年以后又有小幅回升，如2015年为0.462，2017年为0.467。全国收入差距出现变化的一个重要原因是城乡之间收入差距的缩小。最新研究发现，城乡收入差距在全国收入差距中所占的比重从2007年的40%下降到2013年的15%。这一时期城乡收入差距趋于稳定，且某些时段有所回落，主要得益于若干因素的影响，如农村劳动力向城镇的持续转移，刘易斯拐点出现后农民工工资水平的上升，新农保、新农合、最低社会保障等社会保障体系在农村的建立和完善等。

回顾改革开放以来收入差距的演变历程，可以引出两组重要概念。

一组是"增长型收入差距变动"和"衰退型收入差距变动"。所谓"增长型收入差距变动"是指收入差距变动与经济增长同时发生，而且收入差距变动成为经济增长的动因；更具包容性的情景是，各个阶层的收入均有增长，只是增速不同引起收入差距变动。相反，"衰退型收入差距变动"是指收入差距变动与经济衰退同时发生。这里的衰退也可以区分为绝对衰退和相对衰退，前者是指经济规模的收缩或负增长，这种情况少有发生；后者则是指经济增速虽然维持了正增长，但显著低于潜在增长率。

另一组是"增效型收入差距变动"与"减效型收入差距变动"。前者是指收入差距变动有利于提高效率，如资源由低效领域向高效领域的流动，通过改进激励机制降低成本、增加产出，通过创新拓展新的增长空间等。而"减效型收入差距变动"则是指收入差距变动带来效率下降，如腐败、行政性垄断所引起的收入差距效应。"增效型收入差距变动"与"减效型收入差距变动"的一个根本性区别是，前者创造社会财富，后者只是在转移社会财富。在现实生活中，二者有时是同时发生的，如改革开放初期的双轨制就是在提供部分市场激励的同时也产生了不少腐败。

把上述两组概念结合起来，便可以形成多种组合。一种典型且较为理想的组合是增效型与增长型收入差距变动的组合，效率提升成为增长的主因，各个阶层都能增长，差距主要表现在增速的不同上，经济增速达到或非常接近潜在增长率。另一种比较极端的组合是减效型与绝对衰退型收入差距变动的组合，收入差距变动伴随的效率下降使经济处在收缩状态。

在这两种组合之间，还会看到诸多更接近现实的组合。增效型与减效型通常是同时并存的，区别在于哪种类型居主导位置。一种典型情景是，尽管不同程度存在减效型因素，但增效型依然为主，经济增长接近潜在增长率水平。另一种情景是，减效型因素超过增效型因素，经济增长处在远离潜在增长率的相对衰退状态，如拉丁美洲一些增长长期停滞的国家，中国改革开放前的某些时期。

中国改革开放以来，大体是属于增效型主导、经济增长接近潜在增长率水平的收入差距变动状态。改革开放初期，农村改革驱动了低收入阶层增效增收而使收入差距有所收缩。此后出现的收入差距扩大大体上与中国经济的高速增长相对应，表明更多是增效型收入差距扩大在起作用。减效型因素也普遍存在，如行政权力相关联的腐败、行政性行业垄断、不公平的市场准入和市场竞争、基本公共服务分享不均，都不同程度地拉低了经济增长水平。问题的复杂性在于，作为转型期的经济体，增效和减效有时是混在一起的，并非泾渭分明，如多种形态的双轨制。

经济增长过程中的收入差距变动是否具有规律可循，在学术界存有争议。一度流行的库兹涅茨曲线认为，随着经济增长和收入水平的提高，收入差距呈倒"U"形变化，即先低后高，达到某个峰值后，再由高到低。但是这一假说的逻辑不甚清晰，也缺少实证基础。如果这样的倒"U"形变动确实存在，一种可能暗含的逻辑是，在现代增长过程的初期，处在高生产率部门的人群收入率先加快增长，在收入差距拉大的同时也推动了经济增长。但达到一定高度后，增长将会减缓。如果此后低收入人群生产率提升，带动其收入增长相对加快，就会在收入差距缩小的同时也为经济增长提供新的动力。简单地说，第一阶段先富起来的那部分人拉大收入差距；第二阶段后富起来的另一部分人将缩小收入差距。这两个阶段均具有增效型带动增长型收入差距变动的特征。

不过,这种比较理想的格局并不具有必然性。另一种可能出现的情景是,第一阶段先富起来的那部分人增长乏力后,低收入人群无法提高生产率,难以启动后富起来的第二阶段。于是,经济可能陷入收入差距居高不下、增长相对衰退的状态。还有一种可能的情景是,全面压制先富阶层,在"劫富"的同时,也使其不再具有增效积极性,这样收入差距有可能缩小,但不可避免重蹈改革开放前的平均主义加普遍贫穷的困境。

从这样的角度来看,现阶段中国应当力争的是第一种情景,避免后两种情景。尽管出现第三种情景的可能性较小,但走回头路的社会基础亦不应低估。更具挑战性的是如何避免第二种情景。在此意义上,扩大中等收入群体的重要性、紧迫性就更显而易见。

邓小平同志在改革开放初期提出:"一部分地区、一部分人可以先富起来,带动和帮助其他地区、其他的人,逐步达到共同富裕。"经过40多年的发展,中国已经进入实现共同富裕目标的第二阶段,也就是通过另一部分人也富起来,带动全体社会成员的共同富裕。从前面的讨论可以看出,第二阶段的难度和不确定性都要大于第一阶段。总体上,试图后富起来的群体在人力资本、发展机会和发展条件上差于先富起来的群体,而且向前走或向后退的可能性都是存在的,落入中等收入陷阱的国家已有先例。从国内看,前段时间受新冠肺炎疫情冲击,部分地区劳动者收入和消费水平下降,有数据显示,中等收入群体规模出现阶段性收缩。

在这个时间节点上,有必要提出一个中等收入群体倍增的目标,在已有的4亿中等收入群体的基础上,再用十年到十五年的时间,推动这个群体再增加4亿—5亿人,达到8亿—9亿人,占到总人口的60%左右。提出并实施这一目标可以有如下一些考虑。

首先,中等收入群体倍增对扩大内需、提高生产率和社会政治稳定都是不可替代的,中等收入群体的规模和实现倍增的时间都具有重要意义。规模不足或时间拖后都将直接影响经济增长速度和稳定性。对此缺少认识很可能付出全局性代价。其次，提出目标本身就是有意义的，有利于达成全社会共识，调动各方面的积极性和创造性，而这正是中国的制度优势之所长。

实现这一目标具有可行性。根据我们研究团队的测算（参见中等收入群体倍增研究课题组报告《实现中等收入群体倍增的潜力、时间与路径》），假定2019—2030年实际GDP平均增长5.0%左右，平均通胀率为2.5%，名义GDP年均增幅为7.5%，居民可支配收入名义增速与名义GDP增速匹配，同时根据不同收入群体内城乡居民分布的加权计算，低、中和高收入群体收入增速分别为7.7%、7.1%和6.9%，到2030年，我国中等收入群体比重上升至51.0%，低收入群体比例下降至45.5%，高收入群体比例则上升至3.3%。中等收入群体规模达7.5亿人，与2018年相比有3.7亿人由低收入阶层上升至中等收入阶层。按照大体相同的变动速度，在2035年以前，有可能使中等收入群体规模达到8亿—9亿人，实现倍增的目标。

另一个相关议题是实现这一目标所涉及的重点人群。从我们团队的研究成果来看，到2030年有可能进入中等收入群体的有3.7亿人，主要对应的是2018年家庭年收入介于4万—6万元、6万—8万元和8万—10万元的低收入家庭，也就是我们需要重点分析的潜在中等收入群体。这个群体中城镇居民占比为57%，乡村居民占比为31%，外来务工人员占比为11%。其中的外来务工群体从数量和定义上更接近进城农民工群体。农民工是指在异地以非农就业为主的农业户籍人口。国家统计局数据显示，2017年我国农民工数量达到2.87亿人，外出农民工为1.72亿人，外出农民工中进城农民工为1.37亿人。外来务工群体的定义为"来自农村地区、户口不在本城镇社区的人员"，2018年外来务工群体占比为9.7%，人口数在1.35亿人左右。从数量上看，外来务工群体大体接近进城农民工。

进入共同富裕第二阶段后，扩大中等收入群体战略和政策的核心是促进机会均等，着力提升低收入群体的人力资本，缩小不同群体之间的人力资本差距,以增效带动增长的方式缩小收入差距。一个简单的逻辑是,在剥去种种社会关系的外衣后,人们之间能力的差距远没有现实世界中收入分配和财产分配差距那么大。如果能够创造一个人力资本公平发展的社会环境,人们的积极性、创造力普遍而充分地发挥出来,公平和效率就可以互为因果,在提升社会公平的同时促进经济增长。

依照这种思路,下一步实施中等收入群体倍增战略应以提升进城农民工人力资本为重点,采取多方面针对性、可操作性强的政策措施,力争在不长的时间内取得明显成效。

第一,对农民工及其家属在城市落户实行负面清单制度。目前中小城市和部分省会城市已取消落户限制,对仍有限制的城市改为实行负面清单制度,即由规定符合何种条件能够落户改为不符合何种条件不能落户。积极创造条件加快缩短负面清单。对北上广深和其他特大型城市的城市核心区与非核心区、都市圈内的中小城镇等实行差异化政策,采取不同的负面清单,适当放宽后者的落户限制。

第二,建设面向以农民工为主的安居房工程。以大城市尤其是几大都市圈、城市群为重点建设安居房,着力解决能够稳定就业、对当地发展做出贡献、就地缴纳社保的低收入农民工住有所居、安居乐业的问题。以40—60平方米的小户型为主,降低建造成本,把安居房价格控制在与农民工购买力相适应的水平。降低购买资格门槛,不歧视无户籍、无学位人口。由政府主导筹措土地资源、设计运行规则、加强监管,在政策框架内实行市场化运营,形成商业可持续机制。

第三,与农村人口进城落户、提供安居房相配套,加快推进教育、医疗、社会保障等基本公共服务的均等化,健全财政转移支付同农业转移人口市民化挂钩机制,继续推进并扩展义务教育等基本公共服务随人员流动可携带的政策,打通农村社保、医保和城镇居民社保、医保的衔接。实行以居住证为主要依据的农民工随迁子女入学政策。

第四,提供就业基本公共服务,鼓励吸收农民工就业。对有劳动能力和就业需求的进城农民工，持居住证可在常住地公共就业服务机构享受就业基本公共服务。全面加强农民工职业教育培训，逐步将职业教育培训作为一项基本公共服务加以提供。推行农民工新型工匠培训计划。鼓励各类技工院校、职业学校、就业训练中心等参与农民工职业技能培训，给予一定的财政补贴。鼓励企业对农民工开展职业技能培训，并在财税、信贷等方面采取必要的激励措施。对于吸收农民工就业、安居较多的城市，国家在财政补助、基础设施投资等方面给予相应支持。

第五，加快推进农村集体建设用地入市和宅基地流转，增加农民工的财产性收入。落实党的十八届三中全会的要求，推动农村集体建设用地进入市场，与国有土地同价同权、同等入市。创造条件允许宅基地使用权向集体组织外部流转。积极稳妥务实地解决好小产权房问题。农地入市、宅基地流转获取的收入应优先用于完善相应地区农村人口的社保体系，使他们与城里人一样不再依赖于土地保障，在提高土地利用效率、增加收入的同时，由更为有效和稳定的社会安全网托底。

第六，促进机会公平。进一步打破不当的行政性管制，疏通社会流动渠道，防止社会阶层固化。改变有些地方对低收入农民工的歧视性做法，在大体相当的条件下，在就业、升学、晋升等方面，给低收入阶层提供更多可及机会。

（作者单位：国务院发展研究中心）

数字化转型与绿色化转型

隆国强

中国过去40多年创造经济奇迹，一个很重要的经验就是顺应时代的潮流。未来迈向新征程，我们同样要顺应时代的潮流。就像孙中山先生讲的：天下大势，浩浩荡荡，顺之者昌，逆之者亡。干任何一件事，顺势而为就相对容易，事半功倍；逆势而为的话，则事倍功半。

过去几十年，大势是什么？经济全球化是大势。正是因为我们顺应了经济全球化的大势，中国成为全球化进程中少数几个获益较多的发展中经济体，这是世界银行评估的结论。经济全球化虽然遭遇了逆流，但依然是大势，不可能逆转。

未来我们还会有新的大势，什么大势呢？大家可以总结出很多，我今天想着重强调的两个大势，一个是数字化转型趋势，另一个是绿色化转型趋势，这是21世纪人类社会面临的两大趋势。

数字化是当今时代的大势，是技术革命推动的趋势。回顾历史，我们经历了一轮一轮的技术革命，从农业革命到工业革命。今天我们进入了信息化时代，这是以数字技术革命驱动的。每一轮技术革命都会推动全球格局的洗牌。英国把握了工业革命的机遇，因此超越了中国、印度这些农业文明大国，一举成为"日不落帝国"。工业革命以后，又先后出现了电力革命、化学革命、半导体革命等，法国、美国、德国、日本这些国家依靠抓住一轮技术革命带来的机遇实现了经济腾飞。

信息技术革命呈现出强劲的发展态势，带来了深刻的变化。比如在国际贸易领域里，增长最快的都跟数字化有关。在货物贸易里增长最快的是 IT 产品，服务贸易里增长最快的是数字贸易。数字化使原来不可跨境交易的服务、必须要面对面交易的服务变得可以跨境交易了，现在数字贸易占服务贸易的比重已经超过 60%。我们看到，数字技术迭代得特别快，从 PC 互联到手机端移动互联，接着下一步叫万物互联，大家说这是互联网 1.0、2.0、3.0。关于芯片，人们老在讲后摩尔时代，觉得到达了极限，后来发现迟迟没到，当硅基的芯片快到极限的时候，大家又发现新的碳基芯片，还有量子芯片。技术进步推动了数字化持续深化，尽管数字化已经深刻改变了我们的生产生活方式，但是如果我们将其放在更长的历史进程来看，可能还处在初期阶段。

与此同时，我还想强调绿色化转型趋势。中国人自古就有天人合一的理念，但认识到与做得到并非一码事。工业革命以后，大部分工业国都走过了先污染后治理的道路。工业污染很严重的时候，就产生了可持续发展的理念。1972 年在国际文件里首次出现了可持续发展理念，短短 50 年，这一理念逐渐深入人心，而且从理念变成了倡议，变成了规则，变成了行动。特别是 2020 年 9 月，习近平主席庄严地宣布中国要力争在 2030 年之前实现碳达峰，2060 年之前实现碳中和。中国是当期碳排放最多的国家，中国的碳减排直至实现碳中和关乎保护地球人类共同的家园、关乎人类命运共同体的建设，更关乎中国自身发展方式的转变。中国过去靠牺牲资源环境的发展方式本身是不可持续的。但是也要看到，发达国家从碳达峰到碳中和用了 40 年、50 年甚至 60 年。中国从 2030 年到 2060 年只有 30 年的时间实现碳中和。对中国来说，要用比发达国家更短的时间来实现碳中和，挑战毫无疑问是巨大的。

看到这些挑战的同时，我想强调另外一个方面，无论是数字化转型，还是绿色化转型，本身包含重大的战略性、历史性的机遇。历史上列强的崛起靠的是把握技术革命的机遇。未来一个国家要想后来居上，最关键的也是把握新一轮技术革命带来的机遇。我们现在面临后发劣势，因而应在时代转型的过程中力争抢到先机。我们在传统的技术领域里去追赶，越接近前沿技术，追赶的难度越大。要想真正变成一个新的大国、引领世界发展的大国，不能仅靠在传统领域实现追赶，而是在新的领域里、新的赛道里能够领先。而数字化转型和绿色化转型恰恰给了我们开辟新赛道的机会。

比如说，绿色转型需要能源结构的转型、产业结构的转型，甚至消费方式的转型，这会带来很多新技术、新产品、新服务，甚至新的商业模式。光伏、风能不是我们中国人发明的，但是我们迅速地把它产业化，通过技术进步和规模经济把新能源成本降到比传统能源更有优势。现在我国成了世界上最大的光伏设备、风能设备生产国，也是光伏发电、风能发电最大的经济体。再比如汽车，在传统汽车领域，我们好不容易追赶成为世界上最大的汽车生产国和消费国，但是我国的传统汽车和最先进的汽车相比，在质量、性能、品牌上还是有差距的，而且越往后越难追赶，而新能源汽车就开辟了一个新的赛道。2020年受新冠肺炎疫情影响，传统汽车销售大幅度下降，但是新能源汽车逆势上涨，中国如此，其他的经济体也是如此。很多国家已经宣布，到2030年或者再晚一点要停止销售传统汽车。新能源汽车表面上看是汽车动力变了，但深入看看已经投放市场的新能源汽车就会发现，它不仅仅是动力变了，还有大量数字技术的应用，它是绿色转型和数字化转型有机融合的产物。我国的厂家特别注重数字化体验，新能源汽车里有超大的屏幕、高质量的音效、自动泊车等种种数字化功能。所以有些人开玩笑说，开车一天累了，下班的时候把车往停车场一停，不下车回家，而是在车里听听音乐，看会大片，休息休息，把汽车变成了一个家庭娱乐系统。数字化技术在汽车上的应用推动了汽车向自动化、智能化、网联化的发展。新能源汽车除了消遣，以后可能还会有很多人在里面办公（移动远程办公），这样汽车就变成了一个移动的办公场所。从新能源汽车的转变，大家可以看到它是绿色化转型和数字化转型的融合，这就给我们开辟了新的赛道。中国在传统汽车上竞争力不够，但是新能源汽车出口增长很快，可以说我们已经跑在前面。但是我也说，产业竞争是一场马拉松比赛，前几圈跑在前面，是优势，但要保持领先优势，一刻也不能松劲。传统的汽车制造商其实在新能源汽车里也都做了大量的技术储备，正在开始大幅度转型做新能源汽车，我们要把领先势头保持住就需要继续去努力。

从实践层面来说，我们要把握好这些机遇，需要采取一系列的政策措施来推动它。我最后想强调一点，无论是数字化转型，还是绿色化转型，特别是数字化、绿色化和全球化这三个大潮叠加在一起，我们要准确理解未来经济发展就会有很多理论问题需要去研究。我们要用传统的理论去理解未来的经济恐怕会有很大偏差，实践走在理论的前面，理论创新必须要加快步伐。比如面对数字化转型，我们提出来，数据是数字经济一个新的生产要素，这是一个重大判断，也是一个很深刻的判断。但是，数据这个生产要素和传统的生产要素（劳动力、资本、土地）有什么区别？传统生产要素使用时具有独占性，一方使用这块土地，别人不能同时使用，但数据不一样，多人可以同时调用。要发挥好数据资源的作用就要让数据流动起来，这就会涉及信息安全、个人隐私保护等一系列新问题。在企业层面上，数字经济和传统经济也不一样，很多数字经济活动边际成本近乎为零。规模不断扩张的超大平台企业可能就是数字经济的一个典型业态，这和传统经济里的企业就不一样，传统企业规模大了会出现规模不经济的问题。在宏观经济层面，今天我们一直说以信息技术为代表的新技术革命迅猛推进，但是全球增速一直保持低位。历史上每一轮技术革命都在推动全球经济繁荣，可是这一轮技术革命却没有伴随传统的统计数据所表征的快速增长。一个可能的原因是，数字经济带来更多的是效率的提升。比如，共享单车普及了，自行车总销售量反而更少，但是每辆自行车的利用率提高了。共享经济都会带来资源利用效率的提高。所以当很多微观的新特征汇聚成宏观经济的时候，沿用传统的经济理论恐怕是解释不了的。绿色经济也是如此，原来仅仅从环境保护的角度看它，有环境经济学、资源能源经济学等。但是如果作为一个新的发展范式，绿色发展也呼唤新的经济理论。

总之，数字化与绿色化在实践层面给我国现代化带来新的战略机遇，我们要牢牢把握发展新机遇。在理论层面，数字化和绿色化也为经济学界的同人们提出了理论创新的要求，把握好了，经济理论当出现一场新的革命。

（作者单位：国务院发展研究中心）

深化国有企业改革
发挥国有经济战略支撑作用

彭华岗

国有经济是国民经济的主导力量,发挥着战略支撑作用,要准确把握中国经济就必须深入研究国有经济、国有企业。大家都知道,自改革开放以来,深化国有企业改革一直都是经济领域改革的一项重要任务,大概经历了四个阶段:从党的十一届三中全会到党的十四大,主要是以放权让利为主要内容的改革;从党的十四大到党的十六大,主要是以制度创新和结构调整为主要内容的改革,包括建立现代企业制度、"抓大放小"、"三年脱困"等;从党的十六大到党的十八大,以完善国资监管体制为主推进改革;党的十八大以来,步入新时代全面深化国企改革时期。习近平总书记亲自谋划、亲自部署、亲自推动国资国企改革,特别是2020年6月,习近平总书记主持中央深改委第十四次会议审议通过国企改革三年行动方案,各相关部门、各地方、广大国有企业迅速将思想、行动统一到党中央决策部署上,主动谋划,积极行动,社会各界也给予高度关注和积极评价,形成巨大改革合力和浓厚改革氛围,呈现出上下贯通、协同联动、齐抓共进、务实高效的良好局面,掀起了深化国企改革的新热潮,解决一大批长期想解决而没有解决的难题,许多重要领域和关键环节实现一系列重大进展,取得一系列重要成果。经过40多年的持续深化改革,特别是通过新时代全面深化国有企业改革,国有企业确确实实发生了重大的深刻变化,跟过去已经完全不一样了。据此,我重点介绍一下国有企业在四个方面的深刻变化。

第一，国有企业和政府之间的关系发生了深刻变化。主要有两个标志性的事件：一个是公司制改革全面完成。过去，国有企业是政府的附属物，政府和国有企业的关系是无限责任；公司制改革后，国有企业成为按照公司法注册的一家有限责任公司，作为独立的法人实体以全部法人财产对外承担责任。这就从法律上、制度上进一步厘清了政府与企业的权责边界，国有企业变成了独立的市场主体，在市场中有进有退。另一个是国有资产管理体制持续健全。2003年成立国资委，在机构设置上将国有资产出资人职能同政府公共职能分离，《中华人民共和国企业国有资产法》《企业国有资产监督管理暂行条例》等从法律层面确立国资监管机构履行政府出资人职责定位。党的十八大以来，通过简政放权、放管结合、优化服务，剥离行使公共管理职能的部门专门针对国有企业、企业国有资产的管理事项，基本实现公共管理职能和出资人职能分离，深度推进政企分开、政资分开、所有权与经营权分离。同时按照管资本为主健全国有资产监管体制的要求，形成"三位一体"的职能配置、"三个结合"的监管合力、"三化监管"的综合优势，充分尊重企业作为独立市场主体的法人财产权和经营自主权，不干预企业生产经营活动。"三位一体"就是国资委履行中央企业出资人职责、全国国有资产监管职责和中央企业党的建设工作三项职责；"三个结合"就是管资本与管党建相结合、履行出资人职责与履行国资监管职责相结合、党内监督与出资人监督相结合；"三化监管"就是专业化监管、体系化监管、法治化监管。

第二，国有企业的运营机制发生了深刻变化。国有企业摆脱了行政化管理思维和方式，按照市场经济规律和企业发展规律构建起反应灵敏、运行高效、充满活力的市场化经营机制。首先，中国特色现代企业制度更加成熟定型。改革开放40多年来，国有企业经历了党委领导下的厂长（经理）责任制、厂长（经理）负责制、建立现代企业制度等长期的改革探索，直至2016年，习近平总书记开创性地提出了坚持"两个一以贯之",把加强党的领导和完善公司治理统一起来,建立中国特色现代国有企业制度。通过不断完善中国特色现代企业制度,建立起权责法定、权责透明、协调运转、有效制衡的公司治理机制,有力促进国有企业公司治理与中国国情更加契合、与市场经济更加融合,制度优势持续转化为治理效能。其次,三项制度改革取得重大实质性进展。很长时间以来,国有企业给人的印象都是"能上不能下、能进不能出、能高不能低"。本轮改革,我们将三项制度作为一项具有标志性的事项动真碰硬,下决心全面取得实质性成果。为此,我们全面推行经理层成员任期制契约化管理,推进传统的"身份管理"向市场化的"岗位管理"转变,真正压紧压实经理层的经营责任,能胜任就上、不能胜任就下。我们全面深化薪酬分配制度改革,建立健全按业绩贡献决定薪酬的分配机制,实行全员业绩考核,灵活开展多种形式的中长期激励,坚决破除平均主义、高水平"大锅饭",真正实现收入能高能低、能增能减。最后,国有企业内部管理现代化水平显著提升。过去,国有企业有行政级别,靠行政命令进行管理。通过深化改革,以企业章程为基础的内部制度体系已经确立,企业完全照章办事、依法合规管理。同时,国有企业通过开展对标世界一流企业管理提升活动,充分运用现代管理理念,积极推动管理的数字化、智能化升级,不断提升现代化管理能力和管理水平。

第三,国有企业的布局结构发生了深刻变化。过去,一提国有企业就会有人说是"垄断"。如今,国有经济布局和结构更加合理,国有企业的组织形态更加多元。国有资本布局和结构优化主要表现在,国有资本持续向关系国家安全、国民经济命脉的重要行业和关键领域集中,向提供公共服务、应急能力建设和公益性等关系国计民生的重要行业和关键领域集中,在关系国家经济、科技、国防、安全等领域的控制力、影响力不断巩固和增强;通过战略性重组和专业化整合,有效解决了重复投资、恶性竞争、力量分散等问题,"1+1>2"的协同效应不断显现,行业格局得到优化,中央企业产业链条更加完善,培育了一批规模效益突出、产业引领能力强的一流企业,对行业和产业的控制力增强，党的十八大以来已有20组、38家中央企业实现重组。清理退出"两非""两资"、处置"僵尸企业"、治理重点亏损子企业，从"退"的环节推动国有资本从不具备竞争优势、产能过剩的行业和领域退出，国有资本布局结构进一步调整优化。国有企业产权结构优化主要表现在，我们积极稳妥推进混合所有制改革，积极引入多元股东，调整优化国有企业股权结构。现在的国有企业实际上就是国有及国有控股企业，绝大多数已经实现多元化资本，不是独资的国有资本。目前，中央企业混合所有制户数占比超过70%，上市公司成为中央企业混改主要载体，中央企业总资产的67%、营业收入的65%、利润的86%都来自上市公司。混合所有制改革促进了各种所有制资本取长补短、相互促进和共同发展，有效提高了国有资本配置和运行效率。

第四，国有企业承担的社会职能发生了深刻变化。过去国有企业自己办学校、医院，主要是在建企业时，有的地方没有政府或者政府很薄弱，一切都得靠企业。经过多年改革，认为企业应是独立的市场主体，必须把办社会职能彻底剥离出去。截至目前，国有企业"三供一业"和市政社区管理等分离移交、教育医疗机构深化改革、厂办大集体企业改革、退休人员社会化管理主体任务完成率均超过了99%，有力解决了以企建市、政企不分、社企合一等长期困扰国有企业改革发展的难题，使国有企业卸下了沉重的历史包袱，更好地集中资源做优做强主业，更加公平地参与市场竞争。应该说，通过深化改革，国有企业办社会的历史问题已经彻底翻篇。与此同时，国有企业逐渐建立起常态化、长效化新机制，积极主动履行社会责任。如中央企业在统筹推进疫情防控和经济社会发展工作中积极发挥顶梁柱和国家队作用，坚决打好污染防治攻坚战，发展绿色产业，在ESG体系建设中发挥表率作用，这都表明国有企业履行社会责任方式发生了根本变化，能力和影响力也在显著提升。

改革为国有企业高质量发展夯实了基础、注入了动力，让国有企业实现脱胎换骨的变化，面貌焕然一新，使国有企业在国民经济中的重要支柱作用、在构建新发展格局中的主力军地位更加巩固。这更加坚定了我们继续通过深化改革做强做优做大国有资本和国有企业的信心和决心，继续通过深化改革更好发挥国有经济战略支撑作用的信心和决心，同时也更加坚定了我们继续通过深化改革走好中国式现代化新道路的信心和决心。当然，改革永远在路上。国有企业仍然存在一些深层次问题，国有企业高质量发展仍然面临不少难点，这都需要我们进一步解放思想，将国企改革抓紧抓实。

（作者单位：国务院国有资产监督管理委员会）

迈向新征程的中国经济

略论中国申请加入CPTPP后的铺垫性改革

常修泽

（一）问题的提出

2021年9月16日，中国政府正式提出申请加入"全面与进步跨太平洋伙伴关系协定"（Comprehensive and Progressive Agreement for Trans-Pacific Partnership，简称CPTPP），对此，国际上和国内各界反响都比较强烈，超出人们预计。我认为，中国政府提出正式申请加入CPTPP是真诚的行动，旨在在国际上获取一个更大的战略主动权。既然是一个真诚的行动，学术界也应该做真诚的研究，从而有效地推进。

推进此事包括两个方面：一方面，CPTPP批准方如何考察、审核、决定，这是批准方考虑的问题。CPTPP有十多个国家，目前是日本主导，批准方如何运作，我们还要观察。另一方面，从作为申请方的我们这边来说，怎么办？是消极坐等、无所作为，还是积极进取，有所作为？在CPTPP问题上，我们是坚持"韬光养晦""不当头"的，现在的情况是，在提出加入申请之后怎么办？我认为应"有所作为"，这对我国来说很重要。

（二）从"开放促改革"的高度研究此问题

中国改革主要依靠"内生性动力"，这是中国改革的第一动力。同时，用开放促进改革，也有助于增加改革的外部"倒逼性推力"。2001年，中国加入WTO后，按照入世承诺及其规则，中国修改了

3000多条法律法规，采取了一系列有力度的改革举措，形成一波很大的"倒逼性改革"的浪潮。

在"入世"恰好20年之后，2021年我国又正式提出申请加入CPTPP。我看了CPTPP组织的条款，与WTO相比，感觉它比WTO的规则更严格，更高端，是21世纪最新的经贸国际化、市场化的引领者之一，属于人类文明的新成果。加入CPTPP不只意味着中国自主性对外开放的大门将越开越大，而且有可能掀起新一波"开放倒逼改革"的浪潮。

基于此，我认为，在新的历史时期，从改革推进的大方略考虑，既要继续激发整个社会改革的"内生性动力"，又要学会利用加入诸如CPTPP之类组织所形成的"开放倒逼改革"的外力。"主体性内生动力"与"开放性外部推力"这两股力量的紧密结合和相辅相成是中国体制改革的有效路径。尤其是现在中国的改革处在一个关键的时期，怎么样借助这一外力来促进内部的改革，是一个很现实的问题。

（三）铺垫性改革的五个方面

铺垫性改革究竟应该推进哪些？建议抓以下五点。

第一，国企改革问题。加入CPTPP对这方面的挑战是很严峻的。因为CPTPP规则里有一个条款，就是排除"非商业性支持"，政府要"中立化"。对我们来说，就是政府不能对国企搞补贴之类的非商业性的支持。国企问题是我国特别是东北地区改革开放的关键因素，各方面虽做出了很大努力，但仍然存在较多问题，如相当一批国企存在亏损问题。加入CPTPP还能延续诸如补贴等非商业性的支持吗？

第二，公平竞争问题。这是市场经济的基本规则。经过这些年的努力，我国现在的准入负面清单已经由93项减少到33项，但是现在我们还有一些隐性的壁垒。如何打破各种垄断，如何推进行政主导的选择性产业政策向市场导向的功能性产业政策转变等问题，都需研究。在这方面，政府应改善营商环境、落实公平竞争，切实"反垄断"。

第三，保护知识产权问题。CPTPP条款关于保护知识产权的规定更严格、更完善。比如著作权享用年限，即使在著作权人去世70年后继承人仍可享用，我们国内在这方面有明显差距。知识产权的保护不仅对国外，而且对国内都有重要价值，例如科技人员职务发明成果产权如何界定和保护？有待解决。

第四，劳工权益问题。现在中国有三种劳动形态，怎么保护劳动者权益？例如，据了解，网约车司机与平台没有劳动合同，类似这样第三种劳动形态没有劳动合同的屡见不鲜，这些怎么保护，都要研究。

第五，企业社会责任问题。特别是诸如落实企业保护环境等社会责任问题关乎绿色发展。为此，我提出了"四线推进减碳"思路，即通过综合运用"规制线、技术线、结构线和产权线（市场线）"来减碳。最近各地搞"运动式减排"，强行用行政手段拉闸限电，这样能持续吗？如何用产权机制、市场机制来进行绿色保护，还没有完全"破题"。

（作者单位：国家发展和改革委员会宏观经济研究院）

当前我国扎实推动
共同富裕的重点和难点

陈宗胜

当前大家都非常关心共同富裕，那么共同富裕的重点和难点是什么？这是一个很重要的问题，我想跟大家一同探讨一下。当前有以下几种观点。

第一种观点认为，现在中等收入阶层的收入太低，因此要提高中等收入阶层的收入水平。然而我认为，当前更重要的是提高中等收入阶层的比重，而不是继续提高其收入水平。不可否认，现在中等收入阶层的收入水平的确需要提高，未来也还会不断提高，但是提高其收入水平解决不了其比重的问题，并不会带来贫富差距格局的改善。有观点认为提高中等收入阶层的比重要解决农民进城问题。现在按照我们的城市化比重，已经是把这一块划到城市里了，也即60%的城市化率已经包含了2亿农民工。如果仅仅针对进城农民这一块，要提高其收入，重点也在于要提高其中的低收入阶层的收入。

第二种观点认为，我国现在总体收入差距太大，在国际上的收入分配差距整体排名靠后，主要原因在于发展民营私有经济，是民营私有经济使收入差距扩大了。民营私有经济是不是促使收入差距扩大了呢？的确，这是收入差距扩大的一个原因，但不是主要原因。从逻辑上看，如果民营经济能推动收入差距扩大，首先，其将促使中国城市的收入差距扩大，但是中国城市的收入差距并不大，基尼系数始终在

0.4以下。其次，其要促使中国城市内部收入差距超过农村内部收入差距，但是中国长期以来是城市内部差距低于农村内部差距。即便城市内部差距高于农村内部差距，其对整体收入分配格局也很难产生多大影响。所以，民营私有经济并不是我国收入差距扩大的主要原因。

第三种观点认为，现在共同富裕面临的主要问题是发展问题，我赞成这种观点。现在推动共同富裕首先要解决富裕水平的问题，要增加财富，但是增加财富在我们当前阶段要公平地增加。其间的重点既不是全民增加，更不是过去城市导向的发展，现在要解决的是农村经济的发展，使农村居民这一中国低收入阶层最主要的组成群体的收入水平更快地提高。下面，我将具体围绕这一问题展开论述。

从收入分配结构来看，中国城乡差距过大的问题是一个长期的持续的问题。第一，中国城乡内部差距大致都是适度的，基尼系数都在0.4以下。第二，城镇内部差距长期低于农村内部差距，这使中国产生低差别的城镇化，这是一个优点。第三，居民总体收入差距的确过大，基尼系数最高曾达到了0.491，但是现在已经下降了，2020年的基尼系数是0.466。基尼系数数据显示中间有波动，下降幅度也不是很大，但总体上仍是持续下降了，好在这一点是没有问题的。

城乡差距扩大是中国共同富裕面临的最大问题。一是各省份城乡收入差距全面地扩大，全国31个省份的城乡收入比都超过了2，还有的超过3乃至超过4，只有天津等少数几个省份是较低的。二是持续时间长，不仅从改革开放到现在在扩大，改革开放以前就已经在扩大。过去三大差别中的脑体差别消除了，但是城乡差别、功能差别始终存在。三是差距对比比较明显，现在每个大城市周围都有几百平方千米的低收入圈层，这个对比非常明显。四是城乡收入差距扩大是构成总体收入差距扩大的最重要原因，其对总体收入差距的贡献占比达到了50%—60%。所以城乡收入差距不缩小，总体收入差距是不可能下降的。我们与世界比较时，总体收入差距排名靠后就是因为我们的城乡收入差距比较大，如果把中国的收入差距拉低到世界平均水平，则中国的总体收入差距将会下降30%。如果城乡收入差距不扩大，则中国的总体收入差距也并不会扩大。

从城乡收入差距扩大的主要方面来看，不是城市收入过高，而是农村收入过低。第一，2020年，李克强总理说有6亿人口的月收入也就1000元，这些人口主要在农村。第二，农村居民的平均收入大多低于全国平均收入，这个比例能达到80%。第三，农村各阶层的收入占全国收入比重是越来越低的，从2013年开始到2019年是逐渐下降的，且每个收入层次都在下降。

我前面说的都是收入差距，可是城乡差距更重要的在于基础设施的差距和社会公共服务品的差距，我们千万不要忽略了这一点。没有基础设施和公共服务品的共同富裕，共同富裕就实现不了。前些年我国农村地区开展了"厕所革命"。大家可以到烟台去看看，农民买了厕所、买了马桶，但是由于没有水而没法用。烟台在全国属于富裕地区，其他地区的公共设施情况恐怕更成问题。我们不能光看那些富裕的地方，要看全国大多数不那么富裕的地方。所以总体来说，共同富裕的难点重点都在农村。

（作者单位：南开大学中国财富经济研究院）

浅谈经济社会发展的
新阶段、新理念和新格局问题

金 碚

我想围绕今天会议的主题，谈谈经济社会发展的新阶段、新理念和新格局问题。

第一个概念，新阶段。如何划分经济发展阶段？取决于认识和观察的视野，即首先要确定观察事物的时间长度，然后再按一定的标准来进行阶段划分。如果是从人类文明史的长过程来看，以经济增长为主要标准来划分，那么，可以说现在人类发展的本质没有变，仍然处在工业化阶段，显著区别于此前的阶段。工业化阶段和此前的人类发展阶段有什么不同？前工业化的人类文明几千年，经济几乎是不增长的。据学者研究推算，在工业化之前的人类发展史阶段，全世界的年均经济增长率大约不足0.1%，有人估计甚至只有0.01%。在人类文明史阶段，中国经济发展曾经长时间居于世界前列。但是，如果按今天的标准，那时的经济增长率仍然是很低的。那时中国经济增长最快的时代是宋朝，年均增长率也不过约0.5%。因此，工业化之前的数千年，经济增长基本是停滞的。这就是人类文明几千年的常态，经济增长的意义轻微。工业革命之后，人类发展进入工业化阶段，如果以经济增长率为标准，那么这是一个真正的"新阶段"。进入工业文明阶段，全球的年均经济增长率大概增加到1%—2%。其中，在工业化先行的国家，年均经济增长率可以达到5%—6%，更高的可以达到两位数以上。这就是人类发展的工业化阶段，极大地改变了世界的整体面貌。

那么，工业化完成以后会怎样呢？一般认为，那时经济增长这个最显著的发展现象会消失，人类发展又会回归经济增长率很低的状态。用我们现在的概念，就叫"达峰""中和"。达峰的意思就是到顶了，不仅是碳消耗要达峰，到那个阶段，很多东西都得达峰、持衡。包括人口要达峰、持衡，人类的食物、用品等都会达峰。现在世界至少还有7亿多人吃不饱肚子，所以还要拼命增加食品生产；而到了人人都能吃饱以后，就不用再增加食物，这就是物质消耗达峰，人口持平。所以工业化社会的经济高速增长，直到达峰、持平，就是这个发展阶段的最基本、最突出的一个特点。与此直接相关，经济增长需要投入资源，高增长就要有大量的资源投入，而且可以用机器生产的方式使几乎所有的物质都可以成为"资源"，投入实现经济增长的生产过程。从这一角度来看，我们现在仍然处于工业化阶段。讨论任何问题，研究新阶段，我们须持现实观念，要增加生产，不能太浪漫。在工业化阶段，不能轻易地说不要煤了，不要油了，不要气了。如果没有资源投入，没有物质消耗，就没有实体经济（实际上就是以实物投入为前提的经济增长）。简言之，我们仍然处于工业化阶段，在工业化这个大阶段中的所谓"新阶段"实际上是指高质量的工业化阶段，而不能说工业化阶段已经过去，经济增长已经不重要了。对人类发展来说，后工业化阶段尚未到来，工业化的新阶段则是对高质量的追求。

第二个概念，新理念。既然人类仍然处于工业化阶段，那么，发展的理念是否依然如故呢？按照以往的发展理念，一般认为经工业化后，人类发展的文明形态会趋于一元化，也就是说，经济发达到最后各国都会一样，走基本同样的道路。各种具有广泛影响力的强势意识形态观念大都具有"唯我独尊""唯吾独真"的特征，即只承认自己所执念的文明观念和意识形态具有最崇高的真理性和正当性，而反对或忽视其他文明形态的意识形态真理性和正当性。20世纪70年代开始的中国改革开放事业使中国共产党摆脱各种观念桎梏和教条约束，一切从实际出发，创造了人类文明新形态，成为对过往意识形态教条和僵化模式崇拜的第一个幡然彻悟者，认识到人类对世界的真理性认识和正当性主张并不意味着可以无视世界的多元化和文明形态的多样性，不可强求人类发展的同质化模式。必须承认，不同国家和不同民族都可以有各自的文明形态、制度特征和历史文化，走适合自己国情的发展道路。这是真正的思想解放。从此，我们不再宣称要"解放全人类"，而是主张各国要根据自己的国情做好自己的事情。人类发展的文明形态必然具有各国特色。中国实行的社会主义制度也是中国特色社会主义，绝不能照搬其他国家的模式，也非其他国家可以照样模仿。

第三个概念，新格局。在这样的新理念下，实际上就是承认，在各国制度体系中，经济运行的规则也不是完全相同的。这就给经济学家提出了一个问题：具有差异的规则空间可以接轨吗？既然理念不一样、体制不一样、企业的性质不一样，如国有企业再怎么改也不可能改得跟民营企业一样，那么，整个经济格局就不是经济学家所想象的那样，即不会是微观经济学所刻画的那个格局。微观经济学刻画的经济体系格局和经济全球化模式在现实中实际上是不存在的。所存在的是，不同的文明形态、不同的经济体制、不同的行为表现，共存于共同的世界，形成人类命运共同体，即呈现为异质化的经济全球化形态，而不是经济学所刻画的同质性经济全球化格局。因此，现在人类遇到的最大问题就是，整个世界处于规则博弈的时代，最大的冲突是规则冲突，人类最需要解决的问题是，不同规则如何接轨，如何协调？中国经济有自身的特色。我们并不要求其他国家都跟我们同样，其他国家也不能要求我们跟他们同样。所以问题是，在这样的规则系统、世界格局里，全球的制度规则如何安排？还能相互接轨而形成一个共同体吗？这是人类遇到的巨大挑战。我们明白世界可以而且必然是和而不同的经济全球化格局。但美国还没有想明白，它还抱守着执念，坚持认为同一个世界就应该是所有国家经济形态相同，如果不一样就是对世界的威胁。也就是说，必须微观同质，才能公平竞争，否则世界就不安全，就只能"脱钩"。可见，只有接受新理念，才能形成新格局。

我们今天讨论新阶段、新理念、新格局，实际上是人类面临的新挑战。经济学家，特别是理论经济学家，要把这个问题研究明白：世界格局的衍化将向何处去？人类能否接受和而不同的人类命运共同体新理念和新格局？

（作者单位：中国社会科学院工业经济研究所）

结构效率、结构性改革与"农民社会"

刘尚希

从企业来看,结构效率优先于运营效率。从整个经济体系来观察,同样如此。通过市场机制实现的资源配置效率、使用效率是在既定结构下实现的。结构效率与微观的 X 效率有一定的同构性,但不在一个层面,是基于整个社会而言的。结构效率与投入产出效率、帕累托效率也不同,前者是基于技术关系的,后者是基于个体效用偏好的。这里所说的结构不是经济结构,而是与个体选择直接相关的国家治理结构。经济活动总是嵌入一定的国家治理结构之中,不同的治理结构衍生出不同的行为自由度与其规则的可预期性,这决定了经济的运行效率和可成长性。我国经济结构不断优化升级,成为世界工厂,但国家治理结构的变迁却遇到了瓶颈,从而让结构效率的提升接近了天花板,使经济增速不断放缓。

国家治理结构是政府、市场、社会三者之间关系的综合,延展开来包括政府与市场关系、政府与社会关系、市场与社会关系、中央与地方关系。以此而形成的治理结构从根本上决定了结构效率,进而决定配置效率、使用效率。从世界经济发展史和中华人民共和国发展史来观察,不难发现,分权型治理结构与结构效率正相关,集权型治理结构与结构效率负相关。从当下中国面临的经济、社会、所有制二元结构难题来看,与国家治理结构的现代化转型直接关联。在一定程度上,二元结构难题的破解程度反映出国家治理现代化的进展,亦即反映出全面深化改革总目标的实现程度。二元结构难题、治理结构转型与结构效率是三位一体的问题，提高结构效率，实现可持续发展，取决于二元结构难题或国家治理结构转型的解决进程。

从下面的两组数据来观察分析，当前结构效率提升受阻，潜在增长率和全要素生产率下降，根源在于二元结构导致人口城市化进程扭曲，大多数人口被拴在农村土地和农村集体所有制之中。市场化给予农民外出打工的自由，由此大大提升了结构效率，带来了中国经济增长奇迹，但离村的劳动力总是被一根"脐带"连着，无法真正脱离农村集体所有制这个"母体"，一些被城市化的发达区域，即使变成了城区，农地不复存在，农村的特征也彻底消失，却依然保持着农村集体所有制，即所谓的"城中村"，成为市民中的"农业户口"人群，与漂泊的农民工群体一起构成了新市民阶层。

在以城市化为载体的"农民社会"向"市民社会"转型的过程中，传统的农民演变出了至少四种形态："城中村"的农民、"离村"农民工、"离土不离乡"农民、从事农业的农民。城乡关系，包括城乡收入分配、城乡就业失业、城乡居民人口、城乡社会保障、城乡教育医疗养老、城乡治理等，无论在统计上，还是在社会基本权利的法律认定和公共服务的提供上，都变得极其复杂和极不确定。这种承载社会转型的城市化"双轨制"以及城市非农的民营经济发展面临的无形障碍，导致个体选择的不可预期性很大，结构效率越来越低。

从第一组数据来看，我国2021年的城镇化率是64.7%，但按户籍计算，市民只占46.7%。也就是说，我国的农民按户口来算还有53.3%。从经济学的角度来定义，我国2021年的农业增加值占比只有7.2%，不再是一个农业国家。但从社会学的角度来定义，我国农民数量占比依然很高，仍然是一个以农民为主体的社会，证实了"农民社会"的存在。如果把经济放到整个社会体系去观察，我们当前经济的发展以及新发展格局的构建都是在一个以"农民社会"为底色的基础之上，对供给和需求、国内国际双循环、质量和效率、可持续发展都会产生深刻的影响。如果说市场化的放权、分权改革调整了政府与市场关系、中央与地方关系，推动了我国工业化，带来了资源配置效率、使用效率的快速提升。那么，过去多年市场化改革带来的结构效率已经接近天花板，通过市场机制实现的资源配置效率、使用效率也就难以进一步提升。市场在资源配置中的决定性作用是以结构效率的提高为前提的，结构性改革不可或缺。城乡二元结构和城市化人口的"双轨制"妨碍了社会资本的形成，如社会的自组织力、诚信和行为底线等也阻碍了人力资本积累的速度和平等化，不确定性扩大，公共风险水平上升，从而遏制了结构效率的进一步提升，使市场机制的作用受到愈加严格的约束。

与此相关联的另一组数据是中央与地方的财政收支比例。从财政收入来看，中央收入占45%左右，地方约占55%，中央收入占比由20世纪90年代55%的高点逐年下降。从财政支出来看，中央支出的占比不到15%，地方支出的占比超过85%，这个比例还在保持上升趋势。近几年来，中央收入越来越多的份额用于对地方的转移支付，2021年的规模接近10万亿元，越来越多的省份依赖于中央的转移支付。国家有四本预算，包括一般公共预算、政府性基金预算、国有资本经营预算、社保基金预算，合计起来有超过90%的支出在地方。这表明，国家预算安排的公共资源主要是由地方政府来配置，而且更多是在市县。这是纵向的国家治理结构特征在财政上的映射。

为什么更多公共资源下沉在市县，在地方？这与前面谈到的城市化"双轨制"、城乡二元结构是相关联的，实质上是国家治理结构的一个投影。在"农民社会"，由于大多数居民按照户籍来说是农民，我国近些年来持续加大对农村的转移支付力度，促进基本公共服务均等化，大量财政资金就会向地方倾斜。当前我国已经进入新发展阶段，发展的整体性特征日益显现，辖区间的外溢性问题越来越多，也越来越显性化，以至于经济和社会相互之间的外溢性也越来越大，不断对冲结构效率。在这种情况下，国家治理结构的央地关系维度就需要与时俱进、调整优化，即需要事权和支出责任适度上移，以提升结构效率。事权、支出责任过多由地方承担会导致地方治理"小马拉大车"，存在治理效能下降的风险，使结构效率和资源配置效率下降。不难发现，当前的央地事权与支出责任划分与我国新发展阶段的整体性特征所带来的变化趋势是不吻合的。

财政体制的变迁滞后于经济转型、人口流动和城市化，其更深层次的问题是基于"农民社会"大背景的社会转型滞后于经济转型，制约了财政体制的改革空间。而社会转型则嵌入到了国家治理结构中的两个维度——政府与社会关系、市场与社会关系之中。在这个意义上，财政体制中的事权、支出责任划分和转移支付受制于国家治理结构。当然，作为国家治理基础的财政并非完全是被动的，也有形塑或者促进国家治理结构调整的边际空间，问题是要用好这个空间。

当前面临的许多结构性问题是不利于构建新发展格局的，比如历史上"农民社会"背景下形成的城乡分治体制，需要以社会转型为切入点来推动国家治理结构的现代化进程，逐步改变城乡二元结构。长期的城乡分治体制产生了三个"二元"，即公有制"二元"、经济"二元"和社会"二元"。这三个"二元"相互叠加，深度影响社会的平等和经济的平等。而社会的平等和经济的平等之间又是相互作用、相互影响的，既可以形成一种良性循环，社会平等促进经济平等，经济平等促进社会平等；也可以起相反的作用，社会不平等加剧经济不平等，经济不平等加剧社会不平等，两者相互强化，就会产生更严重的结构性扭曲。这种结构性扭曲是造成当前潜在增长率、全要素生产率下行的根源，表现为结构效率越来越低。

所以，如果把经济问题放到农民社会这一背景下去观察分析就会发现，我们当前不仅要推进经济改革，还要推进社会改革，重点要抓好结构性改革，促进人口的城市化、市民化，加快推进国家治理的现代化进程。

（作者单位：中国财政科学研究院）

关于应用经济学论文写作方法的几点思考

吕　政

　　国内一高校学报编辑部特约我作为该刊经济学栏目的匿名审稿者。三年来我先后审读了100多篇经济学方面的文章。文章选题都是围绕现实经济生活中值得研究的重要问题展开的，作者大多是大学和研究机构的学者。

　　以我个人的见解来衡量，在我审读的100多篇论文中，90%以上的文章达不到发表的要求，不具有可读性，对实际经济工作以及教学与研究没有任何参考价值。其主要问题是：其一，文献综述蜻蜓点水，缺乏概括性和准确到位的述评，多数是为了体现文章结构的完整性而成为一种摆设。其二，对文章主题需要探讨的问题，没有调查就进行研究，对现实经济生活中的实际问题缺乏感性认识，更没有较为深刻的揭示和归纳，定性分析远远不够。其三，把模型和数学推导作为文章的主体部分，且不惜篇幅，以此代替建立在统计数据基础上的定量分析。其四，缺乏对研究对象的实证分析，没有能够揭示经济现象、经济问题的相互关系和运行机制，即缺乏对这些经济现象和问题产生的原因和机理的深入探讨。

　　不客气地说，这些文章看似有完整的框架，但实际上是没有血肉的骷髅。这些问题既是文风与方法论的问题，更是学风问题。理论脱离实际，片面追求西方经济学论文的范式，似乎没有数学公式和模型就写不成经济学论文,把复杂的、具体的经济关系简单化和抽象化。把经世济民的应用科学变成了云里雾里的玄学。

写经济学论文的任务是研究社会再生产过程中生产关系以及上层建筑与经济基础的关系,从各种数量关系中揭示和分析其内在的联系和相互关系,从而得出规律性的认识,在此基础上提出对策主张。

例如,2021年下半年以来,出现全国性的电力短缺,这是一个实证性很强的现实问题,需要研究的重点是:其一,我国电力供求的现状和发展趋势是什么?其二,现阶段电力短缺是由于电力需求显著增长吗?是电力供给能力建设不足吗?是煤炭价格上涨导致火力发电企业不得不减少发电出力以降低亏损吗?是地方政府为了落实减碳任务导致火力发电机组行政性关停吗?是由于持续降雨及洪水导致山西和陕西等地区煤炭开采大量减产吗?是世界经济复苏以及能源大宗产品价格上涨的传导引起的吗?等等。其三,我国新能源发展的速度和规模都位居世界前列,新能源对缓解电力短缺的作用、前景和机制是什么?其四,在产业结构调整过程中,提高低能耗、高附加值产业比重对降低能源消耗强度的作用和途径是什么?其五,电力价格市场化改革的目标、路径和机制是什么?其六,电价市场化对电力消费不同主体、不同地区的影响有哪些?如何平衡和协调它们相互之间的关系?这些问题不是靠理论假设、数学推导和计量模型能够回答的问题。而是需要以统计数据为基础,采用实证研究的方法,从揭示生产力与生产关系的矛盾上条分缕析地研究和探讨。

我们必须树立中国经济学的理论自信,也应当包括经济学研究方法论的自信,即坚持从中国的实际出发,发扬理论结合实际的优良学风,脚踏实地去研究现实社会经济提出的各种问题。

(作者单位:中国社会科学院工业经济研究所)

理性认识碳中和进程

潘家华

我就一个当前政策引致争议的长远战略问题，也就是碳中和进程问题，分享一点自己的观察和研判。2021年下半年，在能源供给产能没有削减、需求没有陡然攀升的情况下，出现拉闸限电关停，对国计民生产生了较大的影响。对这些影响的归因，众多说词是"双碳"。作为一个长期从事国际、国内气候政策的研究人员，谈一点我的认知："双碳"背不了这个锅，原则上可以说与"双碳"没关系。

为什么说没关系呢？我们说的碳中和目标时间节点是2060年，还有40年，不是2021年，也不是2025年，即使是2030年，也只是一个"达峰"的阶段性且不具刚性约束的目标。意味着碳中和是一个长期的进程，不是一朝一夕，不是也不可能一蹴而就。立即叫停化石能源投资，行政限制高耗能项目，把长远战略目标指向操作为"立竿见影"，是我们对碳中和的理解出了问题、行为方式出了问题。对于现阶段经济社会发展有需要、有助于长远的碳中和目标的投资项目，即使是一些高耗能、大规模的化石能源投资，例如大规模的煤化工项目，如果经济运行期或经济寿命30年乃至40年，2060年前可以退出，现在该投就投，煤炭该用就用，为什么今天就不准用了？目标年是2060年，不是现在，为什么把这笔账算在碳中和的头上呢？

许多声音说，零碳清洁能源投资规模大，补贴成本太高，不稳定，靠不住。零碳风光电力的属性就是这样，从不靠谱到顶梁柱，也不是一天两天就能做到的。用发展的眼光看，光伏发电从2010年的补贴后2元一度电到2021年的不用补贴低至1毛钱一度电，陆上风电现在也大约2毛钱一度电。如果这样快速大幅度降成本，源网荷储提升整体竞争力，慢慢挤出化石能源，也需要一个过程，不会一步到位。所以我感觉现在一些分析中使用的"碳绑架"这个概念好像不成立。为什么会这样呢？我感觉应该是利益驱动，甚至不能排除"利益绑架"，至少是利益驱动。为什么说利益驱动呢？我们的能源都具有高度自然和行政垄断属性，资本密集度高，多为规模巨大的国有企业，担负着国计民生的重任。他们在运作中间有没有自己的利益？比如技术上自然垄断地位强的电网部门可能称新能源对电力供给冲击太大，这些不稳定的风光是"垃圾电"，严重影响电网运行稳定性。从2020年的电源结构看，煤电占2/3，水电占17%，核电占6%，风、光加在一起也就只有10%左右。2020年德国的可再生能源在电力结构中的占比达到46%，2030年占比将达到80%。德国可再生能源以电力为主的电源结构可以行稳致远，表明我们的电网也应该有这样的潜力。

煤炭电力出力不够是因为动力煤短缺。实际上，五大电力都有自己的煤矿，都有自己的生产基地，进入经济增长趋缓的新常态，加上污染防控，多年来压缩小煤矿，民营的小规模煤矿几乎全部给封了、关了。但这些灵敏的市场反应能力退出后，只有大型的电力、能源集团行政指令安排生产，而一些行政部门将2060年的压缩目标提前而严控煤炭产能，市场供给短缺，国有企业的考核指标也有利润要求，压缩产能减少亏损，涉及的显然是利益问题。

不仅仅是这样，还有一个问题，我把它叫作"口号"，也可能具有"绑架"内涵。在国家向国际社会提出碳中和目标、中央出台各种导向性政策的背景下，似乎整个社会不讲"碳"，好像准备的发言稿就没有政治站位，如果不限高耗能，不限化石能源，好像就是不讲政治。我们现在还没有准备好，碳中和是胜利的彼岸，那条河横在那儿，当前游泳技术不过关，把大家赶下水去，只能是呛水甚至淹死。

因而，当前的碳中和是要让企业和社会赋能、架桥、造船，这样才能渡河到彼岸。如果全社会上下一致，口号一喊，"一刀切"，这个不准上，那个要关停，结果就只能是电力供给出现政策误导性短缺。

最后再说一点生态文明转型问题。在工业文明范式下的生产和发展，生产资料多呈现集中和垄断占有，规模化大生产。但在碳中和时代，生产与发展范式会产生根本性的转变。这一点在能源领域表现尤为突出。石油、煤炭、天然气等化石能源都呈点状分布。工业技术探测到化石能源矿藏点，大规模投资，垄断占有和经营，进而通过产业链控制到终端消费。但是，例如风和光等可再生能源遍布地球，太阳辐射可以照到所有地球表面，辐射能量有空间差异，风和光是一个多或少的区别，不同于化石能源矿藏有或无的分异。如果在居民屋顶装上光伏，生产资料的占有、电力生产和消费是一体的，电动汽车充电也都是一体的，不同于工业化方式生产消费的二元格局。工业文明的规模化经济可以表现为分散化、就近化，生产与消费的一体化，发展格局范式产生革命性的变化。

（作者单位：中国社会科学院生态文明研究所）

加快发展商业信用
打通国内大循环的堵点

王国刚

党的十九届五中全会强调要"加快构建以国内大循环为主体、国内国际双循环相互促进的新发展格局"。中国的金融体系必须适应新发展格局的需要，以打通国内大循环堵点、构建新发展格局为深化金融供给侧结构性改革的基本取向。

长期以来，我们研讨的金融理论和金融实践主要从货币政策、银行体系、资本市场等方面展开。一些人认为，这些内容构成了完整的金融体系，各国金融体系的差异仅在于银行导向或市场导向。但不论从理论来看，还是从实践来看，对实体经济而言，这些内容均属外源融资范畴，与此相对的是内源融资。

1984年，梅耶斯和麦基里夫提出了内源融资范畴，认为实体企业的内源融资由留存利润加上折旧和摊销所构成，只有在内源融资难以满足再生产（包括简单再生产和扩大再生产）需求的条件下，实体企业才会展开外源融资。

从实践来看，远的不说，仅以2008年国际金融危机后的美国实体企业融资结构为例，就可看出内源融资与外源融资的效应。众所周知，2008—2014年，美联储先后进行了四轮的量化宽松政策，向经济金融运行投放了大量资金，但这些资金主要在美联储与美国商业银行等金融机构之间打转。从美联储公布的数据来看，2008年美国实体企业的银行贷款从 2007 年的 4576 亿美元减少到 615 亿美元，2009—2010 年的两年间进一步减少到 -4989 亿美元和 -2996 亿美元；美国实体企业的股权融资进入 21 世纪以后就长期为负，2008—2010 年分别为 -2897 亿美元、-400 亿美元和 -2009 亿美元。由此提出了一个问题，美国实体企业靠什么融资渠道维持再生产？从数据来看，美国实体企业的内源融资长期占资金来源的 70% 以上，在 2008—2010 年更是达到 80% 以上（其中，2009 年达到 130%）。因此，可以说，美国实体企业的资金来源以内源融资为主。与此相比，中国的实体企业内源融资占比较低，规模以上工业企业的内源融资长期在 40% 左右。这决定了它们不得不依赖外源融资维持和扩展再生产。依赖外源融资的主要成因不在于这些实体企业生产的商品较少或卖不出（否则，中国经济增长率将受到严重制约），而在于货款难以足额及时回流。与此对应的财务指标是，规模以上工业企业的应收账款数额持续增加。

在货款难以如期回流的条件下，中小微企业缺乏足够的资金每月按期支付员工工薪，由此，拖欠工薪就成为货款被拖欠的派生现象。2006 年 1 月 31 日，国务院出台的《关于解决农民工问题的若干意见》强调要"严格规范用人单位工资支付行为，确保农民工工资按时足额发放给本人，做到工资发放月清月结或按劳动合同约定执行。建立工资支付监控制度和工资保证金制度，从根本上解决拖欠、克扣农民工工资问题"。此后十多年，国务院多次出台专门文件强调要保障农民工工资支付，但始终未能从根本上解决这一难题。2020 年 7 月 5 日，国务院出台了《保障中小企业款项支付条例》，明确规定："机关、事业单位和大型企业不得要求中小企业接受不合理的付款期限、方式、条件和违约责任等交易条件，不得违约拖欠中小企业的货物、工程、服务款项"。国务院出台的这一系列文件反映了中小微企业货款被拖欠这一堵点的历时之久和严重程度。"十四五"规划强调，要"健全防范和化解拖欠中小企业账款长效机制"。

小微企业融资难是中国经济运行中的一个痼疾。长期以来，我们将视野集中于商业银行等金融机构的贷款方面，忽视了小微企业融资难的基本成因是货款回流受阻。保障货款回流是市场经济运行的一个基础性问题，它在几百年前就已出现了。基本成因是企业间的批发性交易难以实现"钱货同时两讫"，要保障它们交易的顺畅，就需要有适合的金融工具，由此，商业信用机制应运而生。13世纪意大利人发明了商业本票、商业汇票等，被称为一场革命。毋庸赘言，要打通货款回流的堵点，破解小微企业的融资难点，构建国内大循环新格局，就必须加快发展商业信用机制。

（作者单位：中国人民大学财政金融学院）

共同富裕与普惠型财富管理

胡 滨

  我想讨论一个当前我们在金融研究中值得高度关注的问题，就是习近平总书记提出的要扎实推进共同富裕的问题。中国金融业如何支持和推动共同富裕呢？我们前期做了一些研究，从财富管理的视角出发，研究如何推动中低收入群体财产的保值增值，如何增加中低收入群体的财产性收入。

  金融助力共同富裕的发力点。习近平总书记提出实现共同富裕的目标以后，在《求是》杂志撰文就扎实推动共同富裕提出了一系列的要求和战略举措，其中重要的一条就是增加农村土地、城市居民住房以及金融资产的财产性收入。如果我们从财富的视角把当前中国的人口结构再细看一下，在金融财富管理市场，金融机构普遍关注的是高净值、高收入客户的财富管理问题。往往忽略了中低收入阶层的财富管理问题。但是如果我们要推动共同富裕的话，其关键应当在于如何扩大中等收入的群体，如何能够提高低收入群体的收入。因此，金融业扎实推动共同富裕的一个重要发力点就是要在中低收入群体财富的管理问题，特别是在中低收入群体的金融资产的保值增值方面下功夫。针对当前一些金融机构重视高收入群体的财富管理业务而忽视中低收入群体的金融服务，应当引导广大金融机构将金融资源着重配置到普惠金融领域，特别是中低收入阶层的财富管理领域。

  基于上述思路，我们提出建设普惠性的财富管理市场的发展构想。普惠性的财富管理市场主要是面对中低收入阶层的财富管理市场，其核心特征是市场准入门槛比较低，金融服务的可及性比较强，针对中低收入群体的这类普惠型产品透明度比较高，交易结构标准化，简单易懂，老百姓看得懂，而且这一类普惠性财富管理产品是低风险的产品，并且要求对消费者的保护力度更加强化。

在金融机构财富管理的各类产品中，符合普惠性特征的最主要的产品是银行的理财产品和公募基金产品，银行理财产品也分层次，有些针对高净值客户的理财产品，但是我们这里说的是那些起点一元以上，面对普遍中低收入阶层的银行理财产品和公募基金产品，这些产品是普惠型财富管理产品的主力，但总体来看，此类产品占金融资产比例不高，在居民财富管理当中比例更低，因此下一步我们要大力发展这个市场。

当前，普惠型财富管理市场主要存在的问题包括：一是重销售轻服务。金融机构普遍以产品销售为导向，轻视销售之后的持续投顾服务，甚至存在诱导投资者"赎旧买新"、频繁交易以获取更多手续费的现象。二是存在伪普惠产品。在利益驱使下部分财富管理机构和服务人员将高风险产品包装成普惠型理财产品销售给非合格投资者，产品风险严重超过此类投资者的风险承受能力。三是产品同质化。目前，我国的普惠型财富管理的产品以银行理财及公募基金产品为主，产品体系尚不够丰富，产品设计与功能定位差异小，难以满足细分群体的特色需求。四是销售渠道单一。从银行理财和公募基金这两类主流普惠型财富管理产品在不同销售渠道的存续规模分布来看，银行和基金公司占据绝对主导地位，独立基金销售机构和券商的市场销售份额占比很少，参与普惠型产品的积极性和主动性不足。五是投资者风险意识和金融认知水平仍需提高。一些投资者的金融风险意识和财富管理知识不足，在投资理财过程中常常只关注收益，不评估风险，极易受到误导和欺诈而遭受财产损失。一些普通投资人对自身的风险承受能力缺乏准确的判断，加之仍有较强的"刚兑"思维，在投资过程中往往存在过度投机和盲目跟风问题。

针对普惠型财富管理市场的可持续发展，我们有以下几点建议：第一，正面鼓励和积极引导金融机构发展普惠型财富管理产品，发挥各自专业优势，创新服务方式，拓展服务渠道。第二，注重科技赋能，推动跨业合作，推进各类财富管理机构加快进行数字化转型。第三，加强投资者教育，重点提高中低收入群体的金融知识水平和风险认知能力，重视培育全民的金融素养。第四，统一销售端的监管标准和行业准入，支持更多的机构参与普惠型财富管理市场建设。第五，完善投资者保护体系建设，提高违法违规惩处力度，守住不发生系统性金融风险的底线。

（作者单位：中国社会科学院金融研究所）

城乡权利开放与农民共同富裕

刘守英

我们整个中国在过去 40 多年里，城乡收入差距不断拉大的过程是在城市化进程加快的阶段中进行的，所以很多人说只要加快城市化的进程，农民工的问题就一定能解决，事实证明不是这样的。我国城乡收入差距最大的阶段是 1998—2010 年，就是城市化速度最快的阶段。这里提出一个很重要的问题，我们在下一个现代化强国建设阶段，到底怎么样来解决共同富裕里最重要的城乡的问题。

我的一个最重要的观点是，从整个进程来看，不同阶段城乡差距的变化，跟农村对农民权利开放和城市对农民权利开放，以及城市对城市居民权利开放是密切相关的，但不同权利开放的过程的影响是不一样的。第一个阶段是 1978—1983 年，之所以差距能够缩小，很重要的原因是农民在城市的权利在改革的过程中不断扩大，包括包产到户的改革、收购体制的改革，也就是农业经营剩余的权利，农民可以从事多种经营的权利，所以这一块权利的开放使农民在农村的收入机会增加，这两项改革对农民收入的增加做出了重要的贡献。同时这个阶段的城市还没有开始改革，也就是说城市的权利开放的改革还没有推进，所以这时候差距是缩小的。

第二个阶段是 1984—1996 年，农民在农村的权利开放主要是农民可以从事非农活动的权利，另外是农产品收益的权利。同时城市对农民权利的开放主要限于小城镇。

另外看这个阶段的城市，城市权利开放的过程开始扩大，但是这些权利的开放主要是针对城市居民，乡镇企业的发展，还有统购统销的改革使农民获得更大收益的权利，但是农民在城市的权利主要在小城镇，户籍制度的改革也开始扩大，这时候居民的权利通过体制改革转向城市以后，就是部分地区跟国际的接轨，包括国有企业的改革，还有民营经济的改革等，都是在不断扩大城市居民的权利。

这样做带来的结果是什么呢？尽管农民在农村地区有从事非农经济活动的权利，但是这种机会跟城市地区改革以后带来的机会无法相提并论，尽管农民收入增加，但是城市居民的收入增长更快。

第三个阶段是 1997—2008 年，在这个阶段农民在农村的权利要落实"多予、少取和放活"。同时，农民在城市的权利只是农民工权益开放简单的松动，但是其在城市地区的权利实际并没有开放。城市对城市居民权利的开放在这一时期大大扩大，城市化的进程不断扩大加快，但是城市和农村居民转移性收入、财产性收入这些差距越来越大，所以城乡居民收入进一步拉大。

第四个阶段是 2010—2019 年，农民在农村的权利不断扩大，另外农民在城市的权利也在不断扩大，但是在此期间城市权利的改革开始放慢，所以城乡之间收入差距是在缩小的。

最后一个简单的结论是什么呢？第一，解决中国共同富裕的问题必须要从城乡两分到城乡融合，最重要的是要改变整个乡村两个份额下降的反常状态。第二，城乡要素的双向流动。千万不要指望通过乡村振兴把农民弄回去以实现共同富裕，农民只有在城市的收入财产增长才能真正实现农民的共同富裕。第三，在下一个阶段一定要实现农民的城市权利，包括平等就业、子女教育、居住、自由迁徙、公共服务和保障接续。第四，乡村开放才能真正实现乡村振兴，包括农业回报和产业革命、村落形态等。

（作者单位：中国人民大学经济学院）

百年变局下的中国经济增长

沈坤荣

当今世界正面临百年未有之大变局，新冠肺炎疫情暴发并向全球蔓延，全球经济波动衰退，进一步加剧了百年变局之中变的速度。为此，应深刻认识错综复杂的国际环境带来的新矛盾和新挑战，立足新发展阶段，贯彻新发展理念，以畅通经济双循环为主轴构建新发展格局，推动经济高质量可持续发展。百年变局下的中国经济增长可以从多个视角展开研究。下面仅仅以中国的地方政府行为与经济增长为视角来分析。

我作为首席专家曾经承担"我国经济增长的潜力和动力研究"的国家社会科学基金重大项目，试图从多视角对中国经济增长的动力机制进行研究。包括投资拉动、税收竞争、土地财政、金融风险、环境治理、人口流动等。我们认为，对于中国经济增长而言，必须要关注地方政府的行为。离开地方政府行为研究视角去研究中国经济问题，只能是"隔靴搔痒"，无法透视中国经济增长的基本逻辑。例如，从经济增长路径来看，中国经济要走大国发展道路，这是中国作为一个幅员辽阔的大国所客观决定的。大国发展道路的关键在于分权，中央政府负责政策的顶层设计，由地方政府具体负责政策的执行。事实上，改革开放以来中国获得的高速经济增长在很大程度上就是由地方政府驱动的，离开地方政府行为的视角，便无法透视中国经济增长的基本逻辑。

在改革开放后的很长一段时间，地方政府行为主要体现为市场互补功能，总体而言正面效应大于负面效应。比如，地方政府为吸引经济增长的生产要素展开税收竞争，虽然短期内牺牲了税率，但是长期却扩大了税基，带来了中国生产总值与财政收入的长期高速增长。但颇为遗憾的是，随着中国经济逐步迈向追求高质量发展的新常态，地方政府行为引起的区域竞争却愈演愈烈，合理的约束机制被不断突破。市场功能在很大程度上被地方政府所取代，在一些关键领域，地方政府总是游走在管控的边缘，所产生的负面效应似乎已经超过正面效应。尤其有三点值得重视。

一是在环境治理方面，地方政府以自我为中心的思维愈发突出。中国作为一个发展中大国，地区间发展阶段的差异性使地方政府间的协作愈发困难。由于不同地区无法在环境治理上达成联防联控的共识，激烈的地方政府竞争加剧了污染的空间转移，不仅降低了污染治理的效率，更是影响了整体经济质量的提升。

二是在金融资源方面，地方政府对金融资源的争夺逐渐演变为隐性债务扩大的竞争。我国多层次、多元化的资本市场尚不够完善，这为地方政府无序竞争和隐性债务提供了空间。金融资源的扩张与争夺使地方政府债务（包括隐性债务）高企。

三是在土地出让方面，分税制改革以后，地方政府财政长期依赖于土地出让收入。地方政府围绕土地出让展开的竞争推高了房价，降低了人民的幸福感与获得感。

因此，由中国的客观现实到中国的理论研究，一定要把握住中国情境下最为特色的细节，应直面中国经济的鲜活现实。这种现实就是不完善的市场与强有力的政府。在这样的背景下，如何矫正地方政府之间异样的博弈，是决定中国经济未来能否走向高质量发展阶段的关键。

（作者单位：南京大学经济学院）

户籍人口与常住人口的城镇化率差距扩大成因

杨开忠

城市是双循环的中心,所以城市化是形成双循环新发展格局的关键所在。众所周知,2014年《国家新型城镇化规划(2014—2020年)》提出了两大政策目标:"到2020年,常住人口城镇化率达到60%左右,户籍人口城镇化率达到45%左右。"也就是说,户籍和常住人口城镇化率差距到2020年要缩小到15个百分点。为实现这一目标,我国采取了一系列放宽放开城市落户条件和完善户籍附着的集体财产收益权、宅基地使用权等政策体系的措施,2016年《国务院关于深入推进新型城镇化建设的若干意见》和《推动1亿非户籍人口在城市落户方案的通知》发布以来,还由国家发改委按年度发布新型城镇重点任务来推动落实。然而,与政策预期方向相反,户籍人口城市化率与常住人口城市化率差距非但没有缩小反而扩大了,2020年(18.49%)相对于2015年(16.2%)扩大了2.29个百分点。

为什么会出现上述"怪现象"呢?过去人们主要从城镇落户条件来找原因,最近则把目光进一步扩展甚至聚焦到影响农业转移人口落户城镇意愿的农村户籍附着的集体财产收益权、宅基地使用权等财产权上来了。作为因应对策,国家也已经允许落户城市的农业转移人口保留原农村户籍附着的财产权益。这无疑有助于提高农业转移人口在城镇落户的总体意愿,在一定范围内缩小户籍人口和常住人口城镇化率差距。事实上2021年也比2020年缩小了0.47个百分点。但我个人认为，农民在城镇落户的总体意愿不会因保留其农村户籍附着的财产权而发生根本变化，户籍人口城市化率与常住人口城市化率差距将长期显著存在。究其原因，就是我国进入城乡融合发展阶段。这集中表现在城乡区位效用均等化和城镇生活圈化。

首先，城乡区位效用均等化。空间经济学告诉我们，一个人或家庭选择在哪里生活取决于区位效用的对比，由可获得的收入减去生活成本再加上空间品质/地方品质来决定，其中，生活成本的主要构成是住房成本和交通成本特别是其中的通勤成本。由于三个方面的因素，我国城乡区位效用正在加速均等化：一是城乡居民收入差距持续缩小，城乡居民人均收入比由2009年的3.33∶1下降为2021年的2.50∶1，未来还将继续缩小。二是城乡生活成本差距持续扩大，城镇因住房价格和通勤成本高昂而使生活成本高企，城乡生活成本差距因此显著。三是随着基本公共服务均等化和生态系统服务在满足居民美好生活需要中的重要性上升，城乡生活舒适性和品质差距快速趋于缩小。

其次，城镇生活圈化。随着城乡区位效用均等化、村村实现通公路、机动化以及越来越多的个人、家庭和企业开始在日常生活意义上整合利用城乡各自的优势，城市与乡村之间职住分离和通勤不断发展，住在农村而工作在城镇、住在城镇而工作在农村的人以及城乡各一宅的城乡两栖者越来越多，既是农村也是城镇的人——"城乡人"不断发展壮大。未来这个趋势还会加强。

在上述城乡区位效用均等化和城镇生活圈化两种城乡融合力量作用下，农民在城镇落户自然会降低，越来越多的人可能会入"城镇生活圈"但不落户城镇，从而可能导致未来还会出现户籍人口城市化率与常住人口城市化率差距扩大的现象。《"十四五"新型城镇化实施方案》提出，到2025年，全国常住人口城镇化率稳步提高，户籍人口城镇化率明显提高，户籍人口城镇化率与常住人口城镇化率差距明显缩小。从上述分析来看，这个目标可能面临很大挑战。

城乡融合，特别是其中的城镇生活圈化将使传统的城乡人口划分、市民化等观念、统计和政策部分失灵。这里想强调的是要实现三个变革：第一，变革城镇观，树立城镇功能地域实体观，建立城镇生活圈统计划分标准，把城镇生活圈化率作为城镇化水平重要标准。第二，适应城镇生活圈化中"城乡人"不断发展壮大的趋势，深化城乡户籍改革，变革市民观。第三，建立城镇生活圈驱动的城镇治理现代化体系，变革城镇治理观。

（作者单位：中国社会科学院生态文明研究所）

新发展阶段社会主义市场经济的创新发展

张晓晶

谈一点理论思考,即"新发展阶段社会主义市场经济的创新发展"。新发展阶段的内涵至少有三个方面。第一,从百年目标来讲,第一个百年目标完成,进入第二个百年目标,这是进入了新的阶段,迈向了新的征程。第二,从百年未有之大变局、从国际层面来讲,我们面临机遇和挑战都是前所未有的,但是都有新的内涵。第三,也是我认为最重要的,是从社会主义发展进程来把握新发展阶段。其一,新发展阶段是社会主义初级阶段中的一个特定历史阶段,同时也是经过几十年积累站到了新的起点上的一个阶段。其二,新发展阶段是我国社会主义发展进程中的一个重要阶段,是日益接近质的飞跃的量的积累阶段,是实现社会主义从初级阶段向更高阶段迈进的阶段。尽管我国将长期处于社会主义初级阶段,但它不是一个静态、一成不变、停滞不前的阶段,而是"一个阶梯式递进、不断发展进步、日益接近质的飞跃的量的积累和发展变化的过程"。社会主义初级阶段绝不是一个自发、被动、不用费多大气力就可以自然而然地跨过的阶段,而是一个动态、积极有为、始终洋溢着蓬勃生机活力的过程。这意味着要完成"接近质的飞跃的量的积累",最终实现质的飞跃,推动中国特色社会主义向更高阶段迈进,就必须"积极有为"。一方面,发展是第一要务,大力解放和发展社会生产力是解决我国社会主义初级阶段主要问题的关键,只有这样才能逐步实现对发达资本主义国家的超越,真正彰显中国特色社会主义制度的优越性。另一方面,社会主义理想的初心和实质就是实现所有人的权利平等、共同富裕和社会公正。社会主义从初级阶段向高级阶段迈进意味着对这些社会主义的价值内涵和规定性有着更高、更明确的要求和更为实践化的表达。

新发展阶段对社会主义市场经济的创新发展提出了什么样的要求?或者说如何建设社会主义市场经济2.0版?我想至少有两个方面的问题是值得高度重视的。

第一,新发展阶段对社会主义与市场经济的有机结合提出了新要求。过往的社会主义市场经济体制建设侧重于强调市场经济一面,过去数十年我国社会主义市场经济的发展正是在突破传统社会主义体制的前提下实现的。新发展阶段是经过几十年积累站到了新的起点上的一个阶段,这就要求我们要在强调市场经济一般规律的同时,要更加注重市场经济的"社会主义"特征和价值内涵,即一方面建立高水平、高标准市场经济体系,大力解放和发展社会生产力;另一方面更加彰显公平正义、共同富裕等社会主义的本质规定。

如果说,之前针对社会主义与市场经济相冲突的一面,要么因其尚不严重或可忽视,要么虽较严重,但可以社会主义初级阶段为理由,认为不得不如此;那么,在新发展阶段,社会主义与市场经济二者冲突所带来的问题不得不引起高度重视。这包括协调公有制经济的多元化目标与市场经济的效率原则之间的冲突;发挥市场在资源配置中的决定性作用,同时避免两极分化和贫富差距扩大;社会主义市场经济条件下如何给资本"定性"和"定位",发挥资本的积极作用并抑制其消极影响;等等。因此,今后的改革还必须直面社会主义与市场经济的冲突,实现二者在新发展阶段的有机结合。

第二,新发展阶段对统筹发展和安全、构建可靠的安全发展保障体制提出了新要求。进入新发展阶段,随着我国社会主要矛盾变化和国际力量对比的深刻调整,我国发展面临的内外部风险空前上升。在国际上,资本主义和社会主义两种制度的竞争空前激烈;全球化逻辑从跨国公司主导、效率和市场原则驱动转向突出国家色彩、安全考量以及偏离效率原则，出现"去全球化"和"去中国化"逆流，导致我国发展的外部环境大不如前，对科技自立自强、产业链供应链安全、粮食与能源安全、数据安全、重要基础设施安全均构成严峻挑战。在我国，人口老龄化、经济增速下行、分配差距拉大、资本无序扩张、金融风险累积等风险因素进一步增多。

因此，在谋划改革与发展战略时必须充分考虑安全因素，统筹发展与安全。构建新发展格局就是应对变局、把握未来发展主动权的战略性布局和"先手棋"，其关键在于经济循环的畅通无阻，最本质的特征是实现高水平的自立自强。这两个问题必须放在能不能生存和发展的高度加以认识。在新发展格局的构建过程中，要通过深化改革加强自身安全能力建设，穿透循环堵点、消除瓶颈制约，增强供给体系韧性，防患于未然。

（作者单位：中国社会科学院金融研究所）

习近平新时代中国特色社会主义经济思想

中国特色社会主义
政治经济学的哲学基础

郭冠清

任何一种经济理论体系，都是以一定的哲学思想作为基础的。英国古典经济学以英国唯物主义哲学为其哲学基础，实证主义、规范主义和实用主义等都做过西方经济学不同流派的哲学基础。20世纪的西方经济学却弥漫着证伪主义的故事。我们熟知的功利主义、个人主义、整体主义也是基于哲学基础而言的。中国特色社会主义政治经济学是当代马克思主义政治经济学，其哲学基础一定是唯物主义历史观，或称为唯物史观、历史唯物主义，而不是西方经济学或其他经济学的哲学。下面就唯物主义历史观的理解、社会主义生产力发展规律、社会主义经济基础和上层建筑的关系谈几点看法。

（一）究竟什么是唯物主义历史观

在《〈政治经济学批判〉序言》中，马克思对自己从20世纪40年代以来研究的成果做了被学术界称为"唯物主义历史观"的经典表述。马克思写道："人们在自己生活的社会生产中发生一定的、必然的、不以他们的意志为转移的关系，即同他们的物质生产力的一定发展阶段相适应的生产关系。这些生产关系的总和构成社会的经济结构，既有法律的和政治的上层建筑竖立其上并有一定的社会意识形式与之相适应的现实基础。物质生活的生产方式制约着整个社会生活、政治生活和精神生活的过程。"①

事实上，把它作为经典描述是有内生缺陷的，这不仅因为标志唯物主义历史观形成的是《德意志意识形态》而不是《〈政治经济学批判〉序言》，还因为马克思在成熟著作《资本论》中专门对它进行了修改，恩格斯在《反杜林论》中也有过专门的论述。

在《德意志意识形态》中，马克思和恩格斯从哲学批判转向政治经济学批判，将"物质生产"作为出发点，在对费尔巴哈的唯心主义历史观批判的基础上，将新的历史观即唯物主义历史观概括为："这种历史观就在于：从直接生活的物质生产出发阐述现实的生产过程，把同这种生产方式相联系的、它所产生的交换形式即各个不同阶段上的市民社会理解为整个历史的基础，从市民社会作为国家的活动描述市民社会，同时从市民社会出发阐明意识的所有各种不同的理论产物和形式，如宗教、哲学、道德等等，而且追溯它们产生的过程。"②

在《资本论》（第一卷）脚注33中，马克思对《〈政治经济学批判〉序言》中的内容做了重大修改，把"同他们的物质生产力的一定发展阶段相适合的生产关系"修改成"一定的生产方式以及与它相适应的生产关系"。马克思写道："在那本文中我曾经说过，一定的生产方式以及与它相适应的生产关系。简言之，'社会的经济结构，是有法律的和政治的上层建筑竖立其上并有一定的社会意识形式与之相适应的现实基础'，'物质生活的生产方式制约着整个社会生活、政治生活和精神生活的过程。'"③ 在1872年出版的《资本论》（第一卷）法文版中也做了同样的修改。这说明将马克思早期的著作《〈政治经济学批判〉序言》中有关唯物主义历史观的表述作为经典论述是有瑕疵的。何况，在《资本论》出版后，在马克思亲自参与编写的《反杜林论》中，对唯物主义历史观还有专门的论述："唯物主义

---

① 《马克思恩格斯全集》第31卷，人民出版社1998年版，第412页。
② 《德意志意识形态（节选本）》，人民出版社2018年版，第37页。
③ 《马克思恩格斯全集》第44卷，人民出版社2001年版，第100页。

历史观从下述原理出发：生产以及随生产而来的产品交换是一切社会制度的基础；在每个历史地出现的社会中，产品分配以及和它相伴随的社会之划分为阶级或等级，是由生产什么、怎样生产以及怎样交换产品来决定的。所以，一切社会变迁和政治变革的终极原因，不应当到人们的头脑中，到人们对永恒的真理和正义的日益增进的认识中去寻找，而应当到生产方式和交换方式的变更中去寻找；不应当到有关时代的哲学中去寻找，而应当到有关时代的经济学中去寻找。"①

(二) 社会主义的生产力发展规律

生产力是一个国家或地区经济发展的基础和条件。早在1846年12月28日马克思致安年科夫的信中就讲过：人们不能自由选择自己的生产力——这是他们的全部历史的基础，因为任何生产力都是一种既得的力量，以往的活动的产物。所以生产力是人们的实践能力的结果。在《资本论》中，马克思结合资本主义生产方式做了进一步论述："资本主义生产方式是一种特殊的、具有独特历史规定性的生产方式；它和任何其他一定的生产方式一样，把社会生产力及其发展形式的一个既定的阶段作为自己的历史条件，而这个条件又是一个先行过程的历史结果和产物，并且是新的生产方式由以产生的既定基础"②。因此，一个国家或地区分析其所处的历史阶段和确定经济发展战略时必须考虑它的生产力状况。传统政治经济学教科书把揭示人类社会发展规律的唯物主义历史观误读为"生产力一元决定论"，把基础和先决条件当作了决定因素，并试图用"生产关系反作用于生产力"来解释不能解释的事实。事实上，在生产力和生产关系之间还存在生产方式中介，亦即"生产力—生产方式—生产关系"而不是"生产力—生产关系"。生产力是生产方式产生和变革的基础，但是生产方式不是生产力的单调增函数，甚至也不是它的单调函数，生产力是生产方式的滞后变量而不是相反。

---

① 《马克思恩格斯全集》第26卷，人民出版社2014年版，第284页。
② 《马克思恩格斯全集》第46卷，人民出版社2003年版，第994页。

生产力、生产方式、生产关系的矛盾运动推动了人类社会的发展，是一个不依赖于我们的意志为转移的客观规律。在中华人们共和国成立初期，以毛泽东同志为核心的党的第一代中央领导集体，正是基于准确判断我国生产力发展状况，选择了适合生产力发展的重工业优先发展战略，帮助我国在不到30年的时间里建立起了独立的、比较完整的工业体系和国民经济体系，为我国经济的进一步发展奠定了基础。改革开放以来，中国共产党始终遵循和把握生产力发展规律，以解放和发展生产力为根本任务，推动我国经济快速发展，取得了举世瞩目的成就。

党的十八大以来，以习近平同志为核心的党中央依据我国生产力发展状况，对我国经济所处的发展阶段和我国社会主要矛盾的变化做出了科学判断，创造性地提出了"保护生产力就是发展生产力""改善生产环境就是发展生产力""绿水青山就是金山银山"等著名论断，并将社会主义制度优势和市场经济的资源配置优势有机结合起来，极大地促进了生产力发展，丰富和发展了马克思主义的生产力理论，为社会主义国家如何利用制度的优势，根据生产力发展所处的阶段选择生产方式以促进生产力发展并理顺生产关系，做出了巨大的贡献。

（三）社会主义的经济基础和上层建筑关系

经济基础和上层建筑之间的关系是唯物主义历史观的重要命题，但是由于"物质生活的生产方式制约着整个社会生活、政治生活和精神生活的过程"等，经济基础和上层建筑关系可以从生产力、生产方式和生产关系相互之间的关系中推导出来，因而它不是唯物主义历史观的元命题，但它存在于一切社会形态之中，并且贯穿于每一个社会形态的始终。对于经济基础和上层建筑之间的关系，恩格斯在《反杜林论》中有一个精彩的评述："每一时代的社会经济结构形成现实基础，每一个历史时期的由法的设施和政治设施以及宗教的、哲学的和其他的观念形式所构成的全部上层建筑，归根到底都应由这个基础来说明。"①需要说明的是，马克思恩格斯所讲的经济基础与上层建筑之间的关系，主要分析的是社会形态更替意义上的关系，而社会主义生产方式变更中的上层建筑适应经济基础的调整并不具有社会形态更替的含义，因此，我们需要研究社会主义的经济基础与上层建筑之间的关系。

社会主义的经济基础与上层建筑之间的关系，集中体现在经济和政治之间的辩证关系。列宁同志、毛泽东同志、邓小平同志、江泽民同志等在不同的时期都提出过"经济是政治的集中表现""经济是最大的政治"等相关论述。对社会主义政治与经济问题的关注可以从布鲁斯1978年出版的《社会主义的政治与经济》书名中看出。对于社会主义政治与经济之间的关系，习近平总书记指出，经济离不开政治，政治也离不开经济，这是客观事物发展的必然规律。经济政治化和政治经济化，应是经济和政治辩证统一关系和谐发展的集中体现。

政治的核心是国家，国家是政治的权力机关，国家通过制定和实施法律等强制性手段与运用财政、货币等经济手段影响经济生活。社会主义国家不仅要扮演"守夜人"的角色，而且还要在党的领导下，坚持以人民为中心的发展思想，制定发展战略，加强顶层设计，克服市场失灵，为社会主义奋斗目标砥砺前行，推动经济社会持续健康发展。因此，在社会主义国家中，国家已不是可有可无的点缀品，而是具有强大建设功能的主体，而这些都是建立在党的集中领导之下的。因此，要理解社会主义政治与经济之间的关系，需要充分理解国家的作用和党的领导的政治优势。

对于社会主义的政治与经济之间的关系，习近平总书记做了更进一步的分析："社会主义与市场经济的有机结合，为实现政治与经济的辩证统一找到一种迄今为止的最佳形式。在这一体制下，一方面是社会主义的制度优势为市场经济健康发展开辟了广阔空间，使社会主义的经济基础更加雄厚、经济内涵更为丰富，形成了显著的政治经济

---

① 《马克思恩格斯全集》第26卷，人民出版社2014年版，第29页。

化特征；另一方面，市场经济的发展也推进了政治体制的改革，并在优化经济资源配置的同时，优化了政治资源的配置，使社会主义民主政治建设不断加强，社会主义制度进一步趋于完善和巩固，经济政治化的特征和运动趋势也更加显著。"①

对于经济基础与上层建筑之间的关系，习近平总书记在庆祝全国人民代表大会成立60周年大会上的讲话中还有一段重要的论述："一个国家的政治制度决定于这个国家的经济社会基础，同时又反作用于这个国家的经济社会基础，乃至于起到决定性作用。""乃至于起到决定性作用"是对马克思主义"经济基础—上层建筑"关系基本原理的创新和发展，为理解为什么要加强党的统一领导、为什么要以新发展理念引领、为什么要将马克思主义基本原理同中华优秀传统文化相结合等提供了依据。

习近平总书记的系列相关论述，深化了我们对经济基础与上层建筑之间的关系的认识，丰富和发展了马克思主义基本原理，有力地指导了新时代中国特色社会主义建设，这是对马克思主义唯物史观的创新和发展。

（作者单位：中国社会科学院经济研究所）

---

① 习近平：《对发展社会主义市场经济的再认识》，《东南学术》2001年第4期。

共同富裕的时代内涵与制度基础

胡怀国

共同富裕是社会主义的本质要求,是中国式现代化的重要特征。下面,我想从中国式现代化的角度,简单谈谈我对共同富裕特别是共同富裕的时代内涵与制度基础的认识。

习近平总书记指出:"我国现代化是人口规模巨大的现代化,是全体人民共同富裕的现代化,是物质文明和精神文明相协调的现代化,是人与自然和谐共生的现代化,是走和平发展道路的现代化。"[1]党的十九届五中全会明确要求,到2035年基本实现社会主义现代化,全体人民共同富裕要"取得更为明显的实质性进展"。2021年是我国开启全面建设社会主义现代化国家新征程、向第二个百年奋斗目标进军的开局之年。2021年8月17日,习近平总书记在中央财经委员会第十次会议上的讲话中指出:"现在,已经到了扎实推进共同富裕的历史阶段。"[2]

我国现代化是以马克思主义为根本指导的现代化。不过,尽管马克思创立的旨在实现经济发展与人的发展有机统一的马克思主义学说或理论框架为中国式现代化提供了坚实的理论基础,尽管马克思关于"每个人的自由发展是一切人的自由发展的条件"的共产主

---

[1] 习近平:《论把握新发展阶段、贯彻新发展理念、构建新发展格局》,中央文献出版社2021年版,第474页。

[2] 习近平:《扎实推动共同富裕》,《求是》2021年第20期。

义或未来社会的理论设想为共同富裕奠定了根本的思想基础，但马克思本人并没有提出共同富裕概念。我们现在所说的共同富裕，某种程度上是马克思关于未来社会的理论设想在我国社会主义初级阶段的对应物。应该注意的是，马克思所说的共产主义（未来社会）是一种现实的运动，我们所说的共同富裕同样是一个长期的过程，是我国在社会主义发展进程中不断推进马克思主义中国化、时代化所取得的重大创新性成果。在马克思主义经典文献和党的重要文件中，共同富裕最早是毛泽东同志在社会主义革命时期提出来的，指的主要是如何通过社会主义改造实现农村居民的共同富裕；邓小平同志在改革开放和社会主义现代化建设新时期对共同富裕做出了一系列重要论述，特别是明确提出社会主义的本质是解放和发展生产力、最终达到共同富裕，深刻揭示了解放和发展生产力这一实现共同富裕的根本路径。

党的十八大以来，中国特色社会主义进入了新时代，我国社会主要矛盾发生了转化。党的十九大紧扣我国社会主要矛盾变化，做出了分两个阶段全面建成社会主义现代化国家的战略安排，并要求到2035年基本实现社会主义现代化，全体人民共同富裕迈出坚实步伐。党的十九届五中全会对全面建设社会主义现代化国家如何开好局、起好步做出了全面部署，并要求到2035年全体人民共同富裕要"取得更为明显的实质性进展"。2021年8月17日，习近平总书记在中央财经委员会第十次会议上的讲话中系统阐述了共同富裕的时代内涵，明确指出："共同富裕是社会主义的本质要求，是中国式现代化的重要特征。我们说的共同富裕是全体人民共同富裕，是人民群众物质生活和精神生活都富裕。"[1] 同时也全面阐述了在中国式现代化进程中扎实推动共同富裕的时间表和路线图，其"总的思路是，坚持以人民为中心的发展思想，在高质量发展中促进共同富裕，正确处理效率和公平的关系，构建初次分配、再分配、三次分配协调配套的基础性制

---

[1] 习近平：《扎实推动共同富裕》，《求是》2021年第20期。

度安排"①。由此可见，正是在不断推进马克思主义中国化时代化的过程中，我们不断赋予共同富裕更为丰富的时代内涵并实现了马克思主义共同富裕理论的创新发展。

我们现在所说的共同富裕显然是马克思主义话语体系中的一个概念，它既不是更多地同物资相对匮乏的传统农业社会相适应的"平均主义"或"杀富济贫"口号，也不是西方式现代化进程中仅仅"围绕着分配兜圈子"的社会保障措施和再分配政策，而是马克思主义框架下经济发展与人的发展的有机统一。其重点是适应我国社会主要矛盾变化的要求，坚持在高质量发展中扎实地、分阶段地推动共同富裕。目前，我国已经进入了全面建设社会主义现代化国家、向第二个百年奋斗目标进军的新发展阶段，我们必须立足于社会主义初级阶段的基本国情并适应我国社会主要矛盾变化的要求，一方面，努力提升发展的质量和效益，着力解决好发展的不平衡不充分问题，以高质量发展为扎实推动共同富裕提供更为坚实的物质基础；另一方面，坚持在发展中保障和改善民生，加快"构建初次分配、再分配、三次分配协调配套的基础性制度安排"②，不断促进社会公平正义和人的全面发展，使全体人民朝着共同富裕的目标扎实迈进。

习近平总书记强调指出："共同富裕是一个长远目标，需要一个过程，不可能一蹴而就，对其长期性、艰巨性、复杂性要有充分估计。"③ 我们必须为扎实推动共同富裕提供更为坚实的物质基础、更为完善的制度保证。习近平总书记指出："公有制为主体、多种所有制经济共同发展，按劳分配为主体、多种分配方式并存，社会主义市场经济体制等社会主义基本经济制度，既有利于激发各类市场主体活力、解放和发展社会生产力，又有利于促进效率和公平有机统一、不

---

① 习近平：《扎实推动共同富裕》，《求是》2021 年第 20 期。
② 习近平：《扎实推动共同富裕》，《求是》2021 年第 20 期。
③ 习近平：《扎实推动共同富裕》，《求是》2021 年第 20 期。

断实现共同富裕。"① 社会主义基本经济制度是中国特色社会主义制度的重要组成部分，是我国在中国式现代化进程中取得的重大理论创新、实践创新和制度创新，它不仅为新发展阶段推动高质量发展提供了重要的制度基础，而且为我们在高质量发展中扎实推动共同富裕提供了根本的制度保证。

我国经济制度既包括带有根本性和全局性的基本经济制度，又包括不同层次、不同领域的具体经济制度和各类体制机制。其中，基本经济制度具有长期性和稳定性，而各方面各领域的具体制度和体制机制则必须结合我国发展每一阶段的新情况、新特点而不断发展完善。就分配领域而言，初次分配无疑处于支配性地位，发挥着主导性作用；再分配则是调节分配状况的最主要手段和政策着力点；三次分配在国民分配中的比例相对较低，但其本身更具灵活性并能够更充分地反映一个社会的整体发展水平和文明程度。目前，我国在分配领域存在的问题，不仅同我国发展的阶段和条件有关，更同分配领域基础性制度安排不够协调配套有关。我们不能僵化地、孤立地看待高质量发展与共同富裕之间，以及初次分配、再分配和三次分配之间的关系，而应该紧紧围绕人民日益增长的美好生活需要和不平衡不充分发展之间的社会主要矛盾，加快构建初次分配、再分配和三次分配协调配套并同社会主义市场经济体制、现代化经济体系相适应的基础性制度安排，为新发展阶段扎实地、分阶段地推动共同富裕提供更为坚实的物质基础、更为完善的制度保证，使全体人民朝着共同富裕目标扎实迈进。

（作者单位：中国社会科学院经济研究所）

---

① 习近平：《论把握新发展阶段、贯彻新发展理念、构建新发展格局》，中央文献出版社 2021 年版，第 352 页。

认清中国经济的新格局

平新乔

这次高层经济论坛的主题是新发展时期的"三新",即"新阶段、新理念、新格局"。我这里要汇报的是个人对于我们所处的经济发展格局的认识。这当然不是指我们所要争取达到的新格局,而是指作为我们出发点的经济格局。弄清出发点是很有必要的,因为这会有利于我们认清自己所面临的约束、所面临的矛盾以及发展所要完成的任务。

我们目前处于什么格局?我认为是处于传统的产业与新兴的产业并存的格局。新兴的产业以数字经济为特征。过去的 20 年,世界见证了新的科技革命所带来的生产力格局的重大变化,以及由生产力变化所带来的生产关系的巨大变化。以数字经济、互联网技术、平台经济、5G 信息技术为代表的知识革命和技术革命,正在迅速全面地改变与改造资源配置的方式与配置结构。现在,连国际贸易都在相当程度上数字化了。2019 年,在全球贸易中数字贸易(出口)已经占到 12.9%。在中国,2019 年的数字经济已经占到 GDP 的 36.2%。2020 年,数字经济在中国 GDP 中的占比为 37%。目前,数字经济在我国 GDP 中的占比虽不到 40%,但是其对于我们 GDP 增长率的贡献是在上升的。另外,传统的产业仍占中国 GDP 的 60% 以上。当然,这里所讲的传统产业与过去讲的传统产业已经大不一样了,所谓传统产业,固然包含一部分古老的农牧业,但绝大部分传统产业已是指第二次产业革命所带来的制造业了。

我这里要强调传统产业尤其是制造业对于我们经济发展的重要性。所谓重要性是指两个方面：第一，传统产业仍是我们经济稳定的基础；第二，传统产业是未来我们提升创新竞争力的出发点。2021年以来，中国经济发生的一系列问题都是与传统产业有关的。如拉闸限电，煤炭的供应不足。在中国，拉闸限电、能源供应短缺这类问题在20世纪90年代至21世纪初是经常发生的，那是经济结构存在瓶颈的表现。从2005年以后，我国已经有十几年没有发生这类问题了，但是2021年在全国许多地方又发生了。这说明，我们的能源结构还是以传统的化石燃烧、排碳比较重的能源结构为主，而且在面临新的发展需要时，我们仍然有能源缺口。我们想用新能源替代传统能源，想排碳量少一点，污染少一点，想少用一点国内含碳量高的煤来发电，可结果是发电用煤跟不上，使发电量没有满足生产和人民生活的需要。根据中国2020年的能源消费数据，煤炭在能源消费中的占比已从20世纪80年代的72.2%下降到如今的57%。最近五年，石油在能源消费中的占比一直稳定在18%—19%，而天然气的能源消费占比已经从2004年的4%上升至目前的8.2%。包括水电、核电和风电在内的可再生能源的占比也上升至16.1%。但事实是，我们的能源消费结构仍是以煤炭为主，在发电装机容量中，燃煤发电装机容量到2020年年底才首次低于50%，占比为49.1%，说明电的问题与煤的问题是联系在一起的。

一方面是大量的传统产业，另一方面是以人工智能、数字经济、平台经济为特征的新兴产业。这种二元经济结构格局一方面意味着我们发展新兴产业还会受到传统产业的制约，另一方面也提出了新兴产业的发展如何带动、牵引传统产业升级的任务，使制造业在智能时代创造出大量新的产品和服务，也使在传统产业就业的劳动者能够在数字经济时代进行适应性学习，改善人力资本，从而改善整个社会的经济结构和效率水平。

我们从过去几十年中国经济发展的实践中发现，新兴产业对传产业的带动、牵引与促进作用一般是通过三个渠道实现的。一是通过人口的迁移与劳动力流动所产生的人力资本和物质资本的流动来实现的。这是指新兴产业的发展吸引了更多的劳动人口从传统产业集中的区域流转到新兴产业集中的地区来就业。这些流动人口在新兴产业集中的城市经历一段时间的就业和经营实践后，会积累起相当水平的人力资本和物质资本，然后返乡、返回传统产业集中的区域进行创业，甚至引入一些为新兴产业加工、制作零部件的项目，从而带动传统产业转型升级，也带动传统区域得以改造。二是通过政府财政转移支付渠道。政府从新兴产业集中的发达地区征收税收和其他财政收入，通过财政转移支付反哺农业与其他一些传统产业，促进传统产业集中的区域实现经济社会现代化。三是通过技术手段和产业模式、商业模式的更替，将新兴产业的生产方式与商业模式推广到传统产业里。比如电商进入偏僻的山村，直播带货替代传统的广告模式，分享经济、移动支付等新模式不断推广，更换传统的交易方式、支付方式和结算方式。再比如在农业这样一个非常传统的产业里，数字技术的应用和人工智能等技术手段已经普遍地应用到育种、精准施肥、科学防治病虫害以及实现土壤与作物之间的最优配置等农业生产的全过程中，数字经济会大大改善从农植物实验室到大田操作之间的路径，从而会改造传统农业，提高农业的全要素生产率。

除了以上三个渠道，在新兴产业带动牵引传统产业，实现数字经济与智能制造业相结合的过程中，还应当注意三个问题：一是尊重自发性；二是保护企业家；三是重视发挥国有企业和国有经济在数字经济和人工智能方面的技术优势和人力优势。

第一，尊重自发性。以上所讨论的新兴产业对传统产业的引导牵引作用得以发挥的渠道，是以传统产业继续存在、发展为前提的。而事实上，每一次产业革命，总会在相当程度上淘汰原来的产业与产业中的企业组织，淘汰原来的经营方式。这就是说，新老产业之间的转换会带来经济框架的变化。熊彼特就指出过经济增长与经济发展之间的区别。经济增长是指在原有的框架内经济体量的变化，而框架保持不变。所以，经济增长是以渐变即连续的变化为特征的。经济中的一些参数，如人口、某些生产要素的数量会有增减，经济对这类参数的变化也能够适应性地加以调整。而经济发展则不同于经济增长，经济发展是指经济框架的变化，是生产要素组合方式的变化，而不仅仅是生产要素数量的变化。经济发展的特点是不连续的变化，而不是连续的变化。经济发展是生产方式的突变，而且这种不连续的变化不是计划引发的，而是经济体中自发导致的。这种经济发展方面所谓的变革是从经济体制内部产生的，是取代原经济均衡点的新的突变，并且这种变化不可能是由原均衡点出发，通过无穷多的小步逐步逼近的。所以，对于新的生产方式和新兴产业所引导的工业革命，首先要尊重创造的自发性。

第二，保护企业家。在经济发展过程中如何应对不连续的生产方式的突变？要依靠企业家。我们要在数字经济与人工智能时代引领产业转型，争取在新兴产业中占领一定的领先位置，就应该尊重市场自发性，遵守市场纪律，尊重企业家，尤其应该保护民营企业家。在讲到推动新的科技革命与工业产业革命时，习近平总书记反复教导我们要保护产权，要保护企业家的创造性。这实在是至关重要的。马歇尔把企业家的职能定义为"管理"，这是远远不够的。因为这个定义忽略了真实商业环境中的风险与不确定性。企业家是实现生产要素组合的指挥者，是决策的提出者和在不确定环境里驾驭企业的真正权威。政府官员当然也可以管企业，但是由政府管理企业，就会让企业从不确定向确定的方向转变，而商业环境中如果没有不确定性，就会失去企业盈利的一切可能。企业家的本事就是不消灭不确定性，并且能够驾驭不确定性，让企业在不确定性的环境里盈利。企业家还有一个重要特点是其不可遗传性。资本的所有者与土地的所有者的地位是可以通过财富的积累而遗留给后代的，让后人更容易地拥有土地或者资本。但是企业家的地位是无法留传给其后人的，即使某个企业家成功地积累了大笔财产，这种财富也无法保证让其后人成为成功的企业家。例如，民营经济里的家族企业，其财富可以传代，但是企业家的职能有几个家族实现了传代？这就是说，企业家群体是一个国家、一个时代所独享的财富，是不可再生的！如果以错误的政策伤害了企业家，将会造成无可弥补之损失。

第三，重视发挥国有企业和国有经济在数字经济和人工智能方面的技术优势和人力优势。国有经济和国有企业在数字经济引导制造业和传统产业的过程中是具有相当优势的，尤其是与国家安全和基础设施有关的国家产业集团里，聚集了中国最优秀的数字经济和人工智能方面的科学技术人才，央企在人工智能等领域也具有技术优势。但是，具有技术优势和人才优势并不是做成新产业的充分条件。任何企业的决策都可分为技术层面和经营层面两个方面。一种新技术应不应该采用，企业当然要从技术可行性的角度进行论证，这是技术有效性的层面。但是一项新技术应该不应该在这个项目里采用，还需要从市场经营的角度进行论证，即这项技术是否在诸多可以采用的可能性边际上应该被选择在这里采用。并且，后面层次的决策是主导前面层次的决策的。因此，即使国有企业拥有中国最先进的人工智能和数字经济的技术条件，但是如果离开了市场，在国家管理的封闭环境里运行，那么就不大容易产生做成大产业、促成新兴产业革命成功的企业家，就会影响国有企业在我们经济发展新阶段的产业转型和产业升级进程中更好地发挥作用。因此，为了发挥国有企业在新兴产业中对于传统产业的拉动牵引作用，国有企业的体制必须向市场化方向改革，而这恰恰正是当前"国企改革三年行动规划"所指明的方向。

（作者单位：北京大学经济学院）

深化马克思主义时代化研究的几点思考

齐兰

马克思主义时代化与马克思主义中国化共同构成了当代中国马克思主义、21世纪马克思主义的核心内容，并且马克思主义时代化是在马克思主义中国化基础上提出的对马克思主义研究的新要求，同时也进一步推动了马克思主义中国化的研究。因此，我们在充分开展马克思主义中国化研究的同时，也要进一步加强和深化马克思主义时代化的研究。下面，我从三个方面谈一下深化马克思主义时代化研究的思考。

第一，深化马克思主义时代化研究，应拓宽国际视野，把握时代特征，充分体现马克思主义时代化研究的时代价值和世界意义。马克思主义中国化是指马克思主义基本原理与中国实际相结合的过程，所形成的理论成果是中国化、本土化的马克思主义，当然，中国化也包含着时代内容，具有时代化的内涵，但马克思主义中国化更多地在于体现中国特点、中国特色，是中国化、本土化的马克思主义。马克思主义时代化是指马克思主义基本原理与当今时代发展实际相结合的过程，所形成的理论成果超越了国家和地域范围，更多地体现世界特点、时代特征，是时代化的马克思主义，是具有世界意义的马克思主义。因此，我们不仅要立足本土，扎根中国大地，运用马克思主义基本理论和方法指导中国改革开放和现代化建设实践，形成中国特色社会主义理论，发展中国化的马克思主义；同时，我们还要放眼世界，以宽广的国际视野和深厚的人类情怀高度关注和研究当今世界发展的重大命题以及关乎全人类命运的全球性问题，形成具有时代特征的马克思主义。正如习近平总书记所强调的："既向内看、深入研究关系国计民生的重大问题，又向外看、积极探索关系人类前途命运的重大问题"[①]。因此，当代中国马克思主义和21世纪马克思主义，不仅要回答中国之问、人民之问，还要回答世界之问、时代之问。

第二，深化马克思主义时代化研究，要顺应时代变化，探讨世界发展规律，不断总结提炼新思想、新理论，以彰显马克思主义时代化研究的科学价值和引领作用。时代是思想之母，马克思主义具有与时俱进的理论品质。深化马克思主义时代化研究，就应紧跟时代步伐，把握时代潮流，洞察时代大势，引领时代发展。列宁在这一方面给我们做出了很好的示范。在一百多年前，即19世纪末20世纪初，资本主义的发展由自由竞争阶段进入垄断阶段。面临资本主义发展阶段的重大转变，列宁运用马克思主义经典作家的基本理论，结合当时时代发展实际，深入考察分析了垄断资本主义阶段的一系列新现象、新问题，创造性地提出了帝国主义理论，深刻揭示了帝国主义的深厚基础、五大特征和历史地位等。这些新思想、新概括对于当时和今天的社会主义国家认识和把握垄断资本主义的本质及其运行规律，具有重要的指导意义。当前，我们处在一个新的百年未有之大变局时期，同样需要运用马克思主义基本理论和方法，考察和分析新时期出现的一系列新情况、新问题，要对当今时代和世界发展做出马克思主义的分析和解释，并揭示发展的大趋势和规律，总结提炼出新范畴、新理论，从而丰富和发展新时代马克思主义理论，并为社会主义国家应对前所未有的新变局新挑战提供科学指引。如果说列宁的帝国主义论是20世纪马克思主义时代化发展的重大理论成果，那么，今天我们研究百年未有之大变局下世界发展实际及其变动规律所形成的理论成果，就构成了21世纪马克思主义时代化理论的重要内容。

---

① 《习近平谈治国理政》第二卷，外文出版社2017年版，第339页。

第三，深化马克思主义时代化研究，要以问题为导向进行细化专门化研究，从多个方面充实和发展马克思主义时代化理论，以提升马克思主义时代化研究的现实解释力和理论前瞻性。在此，我们结合自己针对当今世界范围内国际金融垄断资本对全球产业价值链实行主导控制这个新现象、新问题进行专门研究所形成的理论思考进行说明。当今资本主义发展进入了国际金融垄断资本主义阶段，资本主义世界经济体系的核心关系及其实质在"中心国家"对"外围国家"的主导控制的基础上，进一步深化为发达国家及其国际金融垄断资本集团对发展中国家及全球产业价值链的主导控制。与此同时，中国作为新兴大国和制造业大国的崛起，打破了原有世界经济格局和全球产业价值链的布局，因此，发达国家及国际金融垄断资本集团合围遏制中国的崛起，竭力将中国产业锁定在全球产业价值链的低端位置，并强行实施全球产业价值链的重组和"去中国化"的战略，而且通过垄断或断供关键核心技术和零部件等各种方式，打压和遏制中国高新技术产业和高科技企业的发展。面对这些既是世界性也是中国性，既是当代也是未来的重大现实问题，我们应运用马克思主义经典作家的世界市场理论、国际价值理论、垄断资本理论、帝国主义理论等，同时借鉴吸收有关经济全球化理论、全球产业价值链理论的最新研究成果，结合当今时代发展实际和中国在世界经济中的发展实际，深入考察分析发达国家及国际金融垄断资本集团对发展中国家及全球产业价值链实行主导控制的根本动因、基础条件、主要方式、作用机理、发展态势等，提炼概括出有关国际金融垄断资本对全球产业价值链主导控制的专门化理论，从而在这个方面充实马克思主义时代化的理论内容，提升马克思主义时代化研究对当代重大现实问题的解释力，并且对发展中国家尤其是中国应对发达国家及国际金融垄断资本集团实施全球产业价值链主导控制所带来的风险挑战提供理论指导和战略指引。因此，这种理论研究对于中国、对于世界都具有重要的启示意义：一是要准确把握当今百年未有之大变局的时代特征和世界发展动态背后的深层次原因；二是要深刻认识以美国为代表的发达国家及国际金融垄断资本集团所具有的现代垄断资本的本质特性；三是要深入探讨发达国家及国际金融垄断资本集团对发展中国家及全球产业价值链实施垄断控制的内在机理及其运行规律。由此可以预判，当今百年未有之大变局下的发达国家及国际金融垄断资本集团将会不断强化对发展中国家及全球产业价值链的垄断控制。尽管垄断控制的方式会变换、手段更隐蔽、链条更拉长，但垄断实质不会改变，且垄断程度还会加深。这将进一步激化当今世界经济体系中的国家之间、地区之间、利益集团之间、全球产业价值链上下游经济体之间的矛盾与冲突，不断产生世界范围内或区域范围内的产业、贸易、科技、金融等方面的摩擦和冲突，进而有可能导致政治、外交、军事等方面的冲突，乃至引发战争。因此，中国必须做好应对当今世界各种严峻风险挑战乃至极端冲突的准备：一方面，要加快科技自主创新体系的建造和产业链供应链体系的构建，增强科技创新和产业发展的自主性、安全性和可持续性；另一方面，要尽快提升科技创新竞争力和产业国际竞争力，全面提升我国经济、政治、军事等各个方面实力及综合国力，加快建设社会主义现代化强国，从而在应对当今世界各种风险挑战中赢得主动，并在推进世界经济发展和人类命运共同体建设中做出积极贡献。

（作者单位：中央财经大学经济学院）

市民误译为资产阶级的语言学问题

沈 越

在马克思的话语体系中,市民与资产阶级是两类不同的概念,市民与商品经济或市场经济相关联,是商品货币的人格化。而资产阶级则与资本主义联系在一起,是资本家阶级的同义语,也是资本的人格化。而在马克思恩格斯著作中文译本中,大量的市民术语(Bürger)却被误译为资产阶级。一方面,这既是过去资产阶级概念扩大化、阶级斗争扩大化的理论支撑;另一方面,这也是过去人们将商品经济混同甚至等同于资本主义的理论根源。

(一)来自苏俄人的误读

将市民误译为资产阶级是一个系统性错误,它来自苏俄马克思主义对原马克思主义的误读。这种误读在语言上的表现是,把马克思恩格斯德文原著中的 Bürger 这组术语选择性地一词两译为市民或资产阶级,其实它们只有市民一种基本含义,译为资产阶级是错误的。在马克思恩格斯著作俄译本中,这种错误在数量上可以说是成千上万。

苏俄马克思主义产生于革命年代,成熟于计划经济时期,这是人们把市民误译为资产阶级的社会历史背景:一方面,从社会政治上讲,苏俄人把原马克思阶级观简单化、庸俗化,有意或无意地将市民混同于资产阶级,试图用阶级斗争手段毕其功于一役,消灭的不仅是资产阶级,而且是全部有产阶级;另一方面,在建设时期为了证明计划体制的合理性、合法性,苏俄人把与商品经济联系在一起的市民经济、市民生产等范畴混同甚至等同于资本主义，以便于在理论上批判，在实践中限制甚至取缔。

早年，中国马克思主义受苏俄人影响很大，苏俄把马克思主义传入中国的同时，市民译为资产阶级的错误也随之来到中国。马克思恩格斯著作中文译本几乎是一字不差地照抄照搬了俄文译本的错误。改革开放以来，中国在实践上扬弃了苏俄马克思主义，但这个问题理论上并未得到解决。在马克思恩格斯著作中文译本中，这样的错误仍随处可见。关于这个问题，这里从语言学的角度，考据和证明将 Bürger 这类术语翻译为资产阶级的错误。

马克思恩格斯没有留下什么俄文文献。俄文译本出自后人之手，最多只有参考价值，不能作为考证的依据。故本文以马克思恩格斯亲自撰写的德文、法文和英文文献为依据，尤其是以他们的母语——德文为依据。在这三个语种的著述中，马克思恩格斯关于市民与资产阶级概念的表达方式，特别是在把布尔乔亚用语从法文引入德文时对其语义的改造，决定了他们不再可能在资产阶级意义上使用 Bürger 这类术语。关于马克思恩格斯的这个创新，无论是在国外，还是在国内，都尚未有人涉及。

（二）马恩对法文布尔乔亚语义的改造创新

世界各国语言中的"资产阶级"均来自法文的布尔乔亚（Bourgeois），但在法文日常术语中，这个词的语义要比资产阶级宽泛得多，它并非是马克思表达资产阶级概念的理想术语。

这个词来自城堡（Bourg），本义是指居住在城中的市民。在漫长的封建时代，它都没有资产阶级的意思，而是指法国封建制度下的第三等级。根据马克思恩格斯的说法，直到 19 世纪 40 年代前半期，法国历史学家、社会主义者路易·勃朗在《1830—1840 年的十年历史》一书中，用 Bourgeoisie 表达了"资产阶级统治"的意思时，它才有了资产阶级的含义。值得注意的是，在这个词汇取得资产阶级新词义时，其原有的市民含义并未消失，它其实是一个多义词。除了资产阶级这个新的词义，还可以指历史上作为资产阶级前身的第三等级，也可以指资本主义时代独立的小商品生产者和其他自由职业者，或者含糊其辞地把上述所有含义都包含在内，即通常所说的中产阶级。

布尔乔亚语义的变化，虽然符合语言演进的一般规律——随着新词义的产生，原来只有简单含义的词汇变成了多义词，但是这个多义词不能准确表达马克思恩格斯的资产阶级概念，他们在把这个词引入德文时，对其语义进行了改造，将 Bourgeois 宽泛的语义一分为二：把市民含义赋予它在德文中的同源词 Bürger，而用 Bourgeois 专指资产阶级，从而在德文中创造出表达资产阶级概念的科学用语。需要强调的是，马克思恩格斯在德文中对布尔乔亚语义的创新，是以 Bürger 承担了 Bourgeois 的市民含义为前提的，由此马克思恩格斯的 Bürger 这类术语不再可能有资产阶级的含义。

马克思恩格斯既是最早把资产阶级概念引入德国的人，又是科学地界定资产阶级的学者，这使他们可以按自己的意愿来改造布尔乔亚这个外来的法文词。在路易·勃朗的用语中，与布尔乔亚的宽泛语义相适应，他描述的阶级关系其实是泛泛的有财产者与无财产者之间的关系。马克思恩格斯在德文中收缩 Bourgeois 语义的同时，也相应缩小了无产者的范围，与资产阶级对应的不是广义的无财产者，而是大工业背景下的产业工人。在后来的政治经济学研究中，他们还进一步把资产阶级概念与雇佣劳动联系起来，用资本家概念来定义资产者，也将其视为资本的人格化。

需要提请注意的是，马克思恩格斯在用法文创作时，出于对别国语言表达习惯的尊重，他们仍然在较宽泛的意义上使用布尔乔亚。马克思恩格斯著作翻译者不了解马克思恩格斯在把其引入德文时对其语义的改造，以为法文和德文原著中的布尔乔亚的语义都只有资产阶级这一种意思，进而根据法文的布尔乔亚与德文的 Bürger 存在互译的对应关系，误以为 Bürger 也有资产阶级的意思。

（三）马恩英文著作中布尔乔亚的中产阶级含义

英国人习惯用 Middle Class 来表达不同于贵族的有产阶级。当布尔乔亚进入英文后，Bourgeoisie 便成为 Middle Class 的同义语。与法文中的布尔乔亚一样，这两个英文词的含义都比马克思的资产阶级概念宽泛，既可指资产阶级，也可指作为资产阶级前身的市民等级，还可指资本主义社会中的小商品生产者和其他自由职业者，亦即所谓的中产阶级。

马克思恩格斯在1888年首次亲自推出《共产党宣言》英文版时，在第一章"资产者和无产者"的标题下加了一个注释，对《共产党宣言》中的布尔乔亚和无产者专门做出具有经典价值的定义。他们是要告诫英文读者，不能像日常术语中那样，在十分宽泛的含义上来理解《共产党宣言》中的布尔乔亚。他们在40年前撰写《共产党宣言》时，就不是在中产阶级意义上使用布尔乔亚术语的。紧接着，他们用雇佣劳动关系来界定资产者与无产者之间的关系，并用资本家概念来定义资产者，把二者视为同义语。

马克思恩格斯的资产阶级概念，不仅仅是在外延上小于英文日常术语中的Middle Class和布尔乔亚，而且在性质上也有区别：资产阶级由雇佣剥削关系来界定，而Middle Class和布尔乔亚则是由社会地位高低或财产多寡来界定。在封建时代，社会地位标准更重要，它们指低于贵族但又高于平民的中间阶级。在现代市民社会中，所有人在法律上享有平等地位，它们则以财产多少为标准，指既不同于富豪又区别于贫民的中等收入阶层。从收入标准出发，人们可以把有稳定工作和收入的产业工人视为中产阶级，却不能把视其为资产阶级，因为他们仍然是雇佣劳动者。

与使用法文创作一样，出于对他国语言的尊重，马克思恩格斯有时也在比资产阶级宽泛一些的意义上使用Bourgeois和Middle Class。这时要判定其含义究竟是市民还是资产阶级，只要根据相应的德文文献便能确定：与Bourgeois对应的就是资产阶级，与Bürger对应的则是市民。然而马克思恩格斯著作的翻译者却往往做出相反选择，他们误以为Bourgeoisie和Middle Class只有资产阶级一种意思，进而认为与之对应的Bürger也有资产阶级的含义。这是造成把马克思恩格斯的市民术语大量误译为资产阶级的一个重要原因。

现行马克思恩格斯著作俄文译本和中文译本中，绝大部分被误译为资产阶级的市民术语，并非来自对法文和英文中 Bourgeois 的一词一义的错误，因为为数众多的德文文献没有相应的法文或英文原作可供参照，海量误译主要来自译者认定 Bürger 这类术语有资产阶级的意思而做出的主观判定。相反，我认为，应以马克思恩格斯母语文献中的 Bourgeois 和 Bürger 这两类词汇为依据，分别按照一词一义的原则，来确定法文和英文原著中 Bourgeois 究竟应该译为资产阶级还是市民。这样做至少可以大大减少因译者主观臆断带来的偏差，因为马克思恩格斯巨大的文献遗产中，70%左右都是德文，其他语种的文献加起来也就30%左右。重要的学术性文献都有德文版本，即便马克思恩格斯最初是用法文或英文写作的文献，只要稍有点重要，都至少要经过他们认可后才推出的德文译本，可以作为选定词义的依据。

（四）赋予 Bürger 以资产阶级含义在语言逻辑上造成的错乱

马克思恩格斯不在资产阶级含义上使用 Bürger 这类术语，除了上述原因，还有一个更重要的原因。在资产阶级概念产生以前，Bürger 这类术语在德文中已经具有双重的市民含义：一是狭义的市民，即资产阶级前身意义上的市民等级或第三等级的语义；二是广义的市民、国民、公民含义，即相当于法文 Citoyen 和英文 Citizen 的词义。在资产阶级概念进入德国时，如果再赋予 Bürger 这类术语以资产阶级的新含义，不仅会造成前面阐述过的理论上的错误，而且会导致语言逻辑上的错乱。因为资产阶级是自由平等的市民社会分裂为阶级后才产生的概念，或者说是法理上同权的公民分流为资产者和无产者才形成的术语，这就根本不能用同一个词既指公民又指资产者。况且在马克思恩格斯心目中，资产者和无产者都是权利平等的公民（Bürger），这种共同身份是掩盖二者不同阶级地位的外衣，这从根本上决定了它们绝不可能用 Bürger 来既指资产阶级又指公民。

前面提及，马克思恩格斯在用法文和英文创作中，出于对他国语言表达习惯的尊重，曾在宽泛含义上使用过布尔乔亚这一术语。这种做法虽不够理想，却不会造成理论上的多大错误，至少不会导致语言逻辑上的混乱。这是因为在这两个语种中还有源自拉丁文的广义的市民术语（Citoyen、Citizen），在较宽泛意义上使用布尔乔亚术语只是科学性不够，而不会把资产阶级与一般市民、公民混为一谈。

然而，在德文中却决不能在 Bürger 已有公民含义的背景下，再赋予其资产阶级意思。所以马克思恩格斯不仅从未在资产阶级意义上使用过 Bürger 这类术语，还专门批评过这种错误做法。在《德意志意识形态》中，他们花了很大篇幅来批评青年黑格尔分子施蒂纳·麦克斯，认为他仅根据德文的 Bürger 与法文的 Bourgeois 是同源词这点，就赋予其资产者含义的错误。马克思恩格斯在做了严肃的理论批评后，一针见血地指出问题根源："如果圣麦克斯不是得到德语中 Bürger 这个词的帮助，使他能随心所欲地把它一会儿解释为 Citoyen（广义市民、国民、公民），一会儿解释为 Bourgeois（资产者），一会儿解释为德国的'善良市民'（狭义市民，指当时德国正在向资产阶级转变的市民），他就决不能制造出这些'折磨心灵的'和'惊心动魄的'矛盾，至少是绝对不敢把它们公开出来。"

马克思恩格斯这里所说的"帮助"，指的是 Bürger 与 Bourgeois 的同源关系。Bürger 与 Bourgeois 均源于日耳曼语的"城堡"一词，德文中写作 Burg，法文中写作 Bourg。最初它们在语义上没有什么区别，都指城镇及其居民。但是后来因两国语言文化发展路径的不同，二者词义渐渐有了差别。这与两国文字中源自拉丁文市民术语的发展程度有密切关系。法文中 Citoyen 的词义发展充分，它与来自日耳曼语的布尔乔亚有了分工的可能和必要，前者发展成为泛指所有人的、广义的市民、国民和公民的意思，尽管在不同时代的"所有人"范围有大有小，而布尔乔亚则特指某个市民集团。与之不同，德文中 Zivil 的词义却因德意志经济文化落后而发展迟缓，广义和狭义的市民始终都由 Bürger 这类术语来表达。

在中世纪，法文中 Citoyen 与 Bourgeois 的词义大同小异，都是地域性概念。到了封建社会后期，在法国近代民族国家形成的过程中，在专制王权推动下，包括农民在内的所有法国人都取得了原来只有城市居民才享有的市民特权，Citoyen 随之发展出国民的含义。到了启蒙运动和大革命时期，从国民生而自由、生而平等的理念和行动中，Citoyen 又发展出现代公民的含义。这个词从市民到国民，再到公民的语义发展，促成了它与 Bourgeois 在语义上的分工。布尔乔亚渐渐成了专指具有专门技能且从事某种固定职业的市民，如工商业者和知识型的自由职业者。正是因布尔乔亚在法国大革命和工业革命以前就有这样特指的含义，革命后当法国先贤注意到现代市民社会发生阶级分化时，它便顺理成章地获得了资产阶级的新含义。

英文中 Citizen 的词义也经历过类似的历史演化过程，尽管英国现代化进程与法国有很大不同，但在从市民到国民再到公民的演进趋势却是一致的。

然而，德文中来自拉丁文的 Zivil 却因德意志近代经济社会发展落后于法国和英国，其词义发展不充分。尤其是在德意志民族国家形成过程中，王权羸弱，政治一体化进程缓慢，Zivil 没有发展出像 Citoyen、Citizen 那样的国民、公民的含义来，它仅仅是指与军人和公职人员不同的平民百姓。当源自先发国家的国民和公民概念作为舶来品传入德国时，德国文化市民等级（Bildungsbürgertum）中的精英，如康德、歌德、黑格尔等人便把现代公民含义赋予了 Bürger 这个词，由此形成了德文中的 Bürger 兼有法文中 Citoyen 和英文中 Citizen（广义市民、国民、公民）和 Bourgeois（狭义市民）的双重含义。

（五）结语

自从 19 世纪 40 年代中期法国学者首创的资产阶级概念进入德国起，在如何表达这个舶来的新概念的问题上，就开始形成了两条不同的道路：一是马克思恩格斯首创的路径，在尊重德国前人业已形成的语言习惯，即在广义和狭义的双重意义上使用 Bürger 这类术语的基础上，通过引进法文的布尔乔亚术语，并对其原有语义进行改造，在德文中形成专指资产阶级的新术语 Bourgeois（ie），进而在术语上将市民与资产阶级完全区分开；二是施蒂纳倡导的路径，根据德文中的 Bürger 与法文中的 Bourgeois 都是源于日耳曼文的同源词，在 Bürger

已有广义和狭义的双重市民含义的基础上，再赋予其第三种新含义，即资产阶级词义。

十分明显，马克思恩格斯开创的语言文字发展路径是正确的，而后一条路径因将市民与资产阶级这两大类的不同概念混淆起来，不仅在理论上是错误的，而且会造成语言逻辑上的混乱。但遗憾的是，马克思恩格斯的正确做法在当时并没有得到德国人的普遍响应，其原因很多，但这无疑与《德意志意识形态》是作为手稿存世、直到1930年才首次以俄文版形式出版有关。这时苏俄人的错误已成定势，形成了理论上的路径依赖。直到20世纪，马克思恩格斯首先倡导的科学做法才在联邦德国得到普遍公认。不过，这似乎与马克思恩格斯没有多大的直接关系，只是因为在德文中这是唯一正确地界定市民与资产阶级概念的做法。

这个系统性错误在理论与实践上引发了一系列重大问题，如在马克思主义的理论与实践中有过重大影响的所谓的"资产阶级法权"问题，其实就来自对马克思"市民权利"的误读。

（作者单位：北京师范大学经济与工商管理学院）

思想的理论化问题

杨春学

在中国特色社会主义政治经济学建设的讨论中，一批学者一再强调要讲好中国故事。如何讲好中国故事？这本身就是一个把思想理论化的复杂问题。

在这里，我说一个经济思想史上的案例。大家知道丹尼尔·迪福的《鲁宾逊漂流记》。它的主人公鲁宾逊·克鲁索，居然成为《新帕尔格雷夫经济学大辞典》的一个条目。为什么呢？这本小说出版于1719年，那时正属于英国商业社会形成并伴随着启蒙运动的时代。迪福所塑造的鲁宾逊·克鲁索本来是一个虚构的人物，但是，人们把他视为一个在新型商业社会中被理想化的典型代表人物。不过，不同时代的读者赋予鲁宾逊·克鲁索的形象也不尽相同。

18世纪，鲁宾逊·克鲁索是一个体现着新兴的资产者精神的化身，被赋予一系列值得称赞的品质。这些品质包括坚韧不拔的意志、不懈的努力、富有冒险精神等。于是乎，这个主人公就转变为一个可以用于讨论商业社会的道德基础的典型：每个人都可以通过自身的努力，依靠自己的智慧、勤劳和勇敢，改变命运。这也与"自助者天助之"这一带有宗教色彩的格言所宣扬的精神是一致的。

19世纪后期，在W. S. 杰文斯、C. 门格尔、P. 威克斯蒂德和A. 马歇尔等著名经济学家的著述中，鲁宾逊·克鲁索作为理性的经济人，成为解释供求经济理论的化身。在这种"鲁宾逊·克鲁索经济"

中，市场参与者就像孤立的克鲁索一样，对自己可以运用的稀缺资源在各种活动中进行有效的配置，进行成本与收益的核算，以实现满足的最大化。E. Y. 埃杰沃思的《数学心理学》在讨论交换原理时还引入了"星期五"。

20 世纪 80 年代以来，鲁宾逊·克鲁索又活在随机动态一般均衡模型的通俗化解释之中。例如，N. 格里高利·曼昆的《宏观经济学》教材就用"鲁宾逊·克鲁索的经济学"的小标题来解释这个模型的基本原理。在这种解释中，克鲁索会根据自己的偏好和可供利用的机会把时间分配于游戏（代表休闲）、捕鱼和织渔网（代表投资）上，以实现利益最大化。给定自然带来的限制，他将会选择对自己最优的闲暇、消费和投资量。当然，只要环境发生变化，他就会相应地改变决策。例如，假设某一天，有一大群鱼游经这个小岛，他就会决定暂时减少闲暇时间，利用这个机会捕鱼。再加上在这种机会中每个小时能捕获更多的鱼，克鲁索经济的 GDP 增长处于繁荣之中。随着时间的推移，某一天暴风雨来临，克鲁索做出的反应是减少工作时间（仅用于修补渔网），在草屋中等待暴风雨的过去，由此 GDP 减少，经济处于衰退之中。在这个故事中，产出、就业、消费、投资和生产率的波动都是个人对其环境不可避免的变化所做出的自然而理性的反应的结果，与任何一种市场失灵无关。

概言之，在这种思想史中，鲁宾逊·克鲁索成为经济学家叙事的一种工具，距离迪福刻画的克鲁索原型越来越远，转化成了一个高度抽象的概念。那就是：当经济学家分析市场上孤立的或有代表性的个人活动时，克鲁索提供了一个具有实质性意义的参照。

从这个思想史的案例中我们能学到什么东西或获得什么样的启发呢？讲好中国故事，第一要利用故事讲出新的思想，第二要把这种新思想理论化。讲故事，当然是一种本事，但不等于必然包含着新思想，更不能代替把这个故事隐含的思想理论化。所谓讲好故事，就是要把故事置于某种思想或理论框架之中。这才是学术性的追求。

中国特色社会主义政治经济学的建设，真正要做到提炼出一批中国特色的命题和解释，涉及许多具体的问题和思想的理论化问题，还有待学者们进行细致艰苦的研究工作。例如，西方经济学对市场与政府之间关系的讨论是基于西方社会的个人主义国家观。这种框架无法对国家和政府在中国社会经济生活中的角色提供一种有效的解释。这是因为中华文明的国家观截然不同于英美社会的国家观。在个人主义国家观中，国家充其量只是一种"必不可少的恶"的存在。因而，英美社会对国家和政府充满敌意，力争把这种"恶"限制在最小范围内。这在新古典主义经济学中就体现为政府的正当职能只能是充当弥补市场失灵的角色。与之不同，在中华文明的国家观中，国家是一种"必不可少的善"，代表着整体利益，在社会经济治理中充当着广泛的角色。因而，国人对国家和政府的信任程度远远高于西方社会。但是，如何用方法论整体主义为这种国家观提供一种理论化的解释，还是一个有待深入讨论的学术问题。

如果解决好了这个深层次的理论问题，我们就可以很好地解释清楚下述调查结果，增强我们在这方面的理论自信。全球最大的公关咨询公司艾德曼发布的调查报告显示，中国是国民对政府的信任度最高的国度。这显然与中华文明的国家观有直接的内在联系，这就是这个问题的底层逻辑。

（作者单位：首都经济贸易大学经济学院）

习近平经济思想学理化研究的几点思考

张怡恬

习近平经济思想是运用马克思主义政治经济学基本原理指导新时代经济发展实践形成的重大理论成果,为丰富发展马克思主义政治经济学做出了重要的原创性贡献。深化习近平经济思想的学理化研究,对于深入贯彻落实这一重大思想意义重大。这里谈几点认识和思考。

深化学理化研究,第一,要深化范畴研究。关于习近平经济思想的范畴可以列出很多。从学理化研究的角度看,应该着眼于通过构建、完善理论体系来全面系统地总结归纳范畴。习近平经济思想中既有大量新范畴,也对不少已有范畴的内涵外延进行了新的拓展。在范畴研究中,不仅要总结归纳新范畴,而且还要注重分析研究被赋予新内涵、有新发展的范畴,从而构建出系统完备的范畴体系。同时,要注重区分核心范畴和一般范畴。核心范畴如以人民为中心的发展思想、新发展阶段、新发展理念、新发展格局、高质量发展等,是理论体系的路标和基石,是更具标识性的概念。一般范畴则围绕核心范畴,由核心范畴衍生而来。深化范畴研究,还要具体地研究每一个范畴的内涵和外延,研究各个范畴之间的逻辑关系。今天会议上发布的关于"三新"的70多万字的报告,就是对习近平经济思想核心范畴较深入的研究,对于习近平经济思想学理化研究具有推动作用。

第二,要把握理论框架的特点。深化习近平经济思想的学理化研究,一个重要任务是深化研究这一重大思想的理论体系和理论框架。

深化研究的前提是把握好理论框架的特点。这一理论框架是科学完备、逻辑严密的，充分体现了习近平经济思想的科学性和真理性、人民性和时代性、实践性和开放性。这一理论框架和中国特色社会主义政治经济学的理论框架是贯通衔接的，并且构成了中国特色社会主义政治经济学理论框架的主体内容。这一理论框架具有包容性和开放性。习近平经济思想是与时俱进、不断丰富发展的，其理论框架一方面要有稳定性、包容性，这是这一重大思想具有超越时空的真理性和价值性的前提；另一方面要有开放性、发展性，理论框架应随着思想的发展而不断完善。

第三，要深化对基本原理的研究。从原创性贡献的角度来看，习近平经济思想的基本原理至少由三个部分组成。一是揭示事物发展客观规律的基本原理。如加强党对经济工作的全面领导、以人民为中心的发展思想、新发展理念等，都是对社会主义经济发展规律的深刻揭示。二是揭示范畴之间内在联系的基本原理。例如，进入新发展阶段明确了我国发展的历史方位，贯彻新发展理念明确了我国现代化建设的指导原则，构建新发展格局明确了我国经济现代化的路径选择；共同富裕是中国特色社会主义的本质要求；新时代新阶段的发展必须贯彻新发展理念，必须是高质量发展等。三是关于科学方法论的基本原理。比如坚持稳中求进工作总基调、坚持系统观念、坚持目标导向和问题导向相结合、坚持集中精力办好自己的事、坚持以钉钉子精神抓落实等。

第四，研究中需要把握的原则。深化习近平经济思想学理化研究，需要把握好以下原则。一是坚持以人民为中心的发展思想，这是习近平经济思想的根本立场，也是深化学理化研究必须坚持的根本立场。二是坚持和加强党对经济工作的全面领导，这是深化学理化研究的根本前提，所有研究成果和研究结论都应该有利于坚持和加强党的领导。三是树立大历史观。习近平经济思想是对马克思主义政治经济学的继承和发展，是对新中国成立以来特别是改革开放以来我国经济发展实践成就和历史经验的全面分析和系统总结，是对社会主义经济发展规律的深入把握。只有树立大历史观，才能深入理解这一重大思想的科学体系和核心要义。四是开阔全球视野。习近平经济思想具有广阔的时代背景，是在我国社会主要矛盾发生新变化、世界百年未有之大变局加速演进的历史条件下形成的，不仅科学回答了我国经济发展的时代之问、人民之问、历史之问，并且科学回答了世界经济发展的时代之问、人民之问、历史之问。只有开阔全球视野，才能在国际比较中更深入地理解这一重要思想的时代性和先进性。五是原原本本读原著、学原文，及时跟进学习习近平总书记重要讲话精神，让理论研究时刻紧跟习近平经济思想理论创新的脚步。六是深入开展调查研究，联系实际悟原理。习近平经济思想不是书斋里的学问，而是对关系新时代经济发展的一系列重大理论和实践问题的深邃思考和科学研究，是新时代我国经济工作的科学行动指南。只有深入实践，才能更深感悟这一重大思想的真理力量，把论文写在祖国大地上。

（作者单位：人民日报社理论部）

用中国经验丰富和发展社会主义市场经济理论内涵

周 文

习近平总书记指出："在社会主义条件下发展市场经济，是我们党的一个伟大创举。我国经济发展获得巨大成功的一个关键因素，就是我们既发挥了市场经济的长处，又发挥了社会主义制度的优越性。"① 回顾总结历史，中国经济发展之所以能取得伟大成功，就在于坚持理论创新，不断推进和开辟了社会主义市场经济发展新境界。

与西方国家和一些发展中国家不同，我国在探索发展市场经济过程中，不断发挥社会主义制度的优势。中国的市场经济不是简单移植和抄袭西方的市场经济，中国不但坚持发展市场经济，而且也始终不渝地坚持市场经济的社会主义方向。现在看来，社会主义市场经济比传统的单一计划经济模式更有效，也比资本主义市场经济更具优越性。社会主义市场经济体制既超越了传统计划经济，又超越了资本主义市场经济；既不是对标西方市场经济，也不是社会主义与市场经济的简单相加，而是机制体制的重构和再造，更是中国改革开放实践探索走出的成功新路。

---

① 中共中央文献研究室编：《习近平关于社会主义经济建设论述摘编》，中央文献出版社2017年版，第64页。

(一) 社会主义市场经济不是对标西方市场经济

按照西方理论逻辑，市场经济只有一种模式、一套标准，即以私有制为基础的市场经济。事实上，西方市场经济并不是市场经济的理想蓝图，更不是市场经济的标准模式。中国改革开放40多年的伟大实践，一方面破除了对社会主义经济的僵化认知，使社会主义经济不断焕发生机和活力；另一方面又破除了市场经济等于资本主义的传统认知，为市场经济注入了更加丰富的内涵。

早在1998年，习近平同志在分析社会主义市场经济和马克思主义经济学的发展完善时就已经谈道："建立社会主义市场经济体制是一场伟大的社会实践。"[①] 中国改革开放40多年的成功经验表明，社会主义市场经济既不同于传统计划经济体制，又不同于西方市场经济体制。不同于传统计划经济体制在于社会主义经济引进了市场机制，发挥了价值规律作用，充分调动了生产者的积极性，增强了经济活力和效率；不同于西方市场经济体制之处在于在经济实践中实现公有制与市场经济的有机结合，从而避免了完全市场化带来的弊端。

当前，部分西方国家认为社会主义市场经济不是真正的市场经济，甚至认为中国社会主义市场经济是国家资本主义。然而，社会主义市场经济不是简单地对标西方市场经济，中国改革开放40多年的伟大成功实践从来没有把西方市场经济当作理想模式输入，更不能用西方市场经济模式作为尺度来度量中国的社会主义市场经济。事实上，中国社会主义市场经济是对市场经济的丰富和发展。作为基本经济制度的范畴，社会主义市场经济更是对资本主义市场经济的扬弃。

(二) 市场经济本质上是交换经济

市场经济就是直接以交换为目的的经济形式，因此，市场经济本质上是一种交换经济。列宁在《论所谓市场问题》一文中就讲过："哪里有社会分工，哪里有商品生产，哪里就有市场。社会分工和商

[①] 习近平：《社会主义市场经济和马克思主义经济学的发展与完善》，《经济学动态》1998年第7期。

品生产发展到什么程度市场就发展到什么程度。"① 马克思说："要成为商品，产品必须通过交换。"② 离开交换，产品就不可能成为商品，也就不会有市场经济的存在。"当市场扩大，即交换范围扩大时，生产的规模也就增大，生产也就分得更细。"③ 市场经济不同于产品经济的最大特征，就是通过不断扩大的市场交换实现利润的最大化。

交换产生于社会分工，因此社会分工决定市场经济的产生和发展，而所有制形式只是决定市场经济的性质和特点。由于社会分工，每个生产者生产的单一性和需要的多样性之间形成了矛盾，由此才出现了各个生产者之间相互交换产品的必要性。商品经济与市场经济在本质上都是交换经济。商品经济强调的是交换经济的形态，市场经济强调的是交换经济的体制。显然，市场经济的产生和发展源于社会分工的出现和发展，是社会分工和交换扩大的结果，而不是资本主义经济制度及其私有制的结果。市场经济作为交换经济，起源远比资本主义制度要早，市场经济并不是生于资本主义制度，恰恰相反是市场经济催生出资本主义制度。因此，市场经济不是制度范畴，市场经济不等同于资本主义经济。同样，计划经济不等于社会主义经济。

市场经济概念，至今在中西方经典文献中并没有达成一致。但是，市场经济作为一种交换关系或市场组织制度，在人类历史的长河中存在于不同的社会形态之中。资源配置概念是西方经济学的产物，应该从市场形成的历史中提炼市场经济概念，跳出西方经济学关于市场经济就是资源配置的话语体系窠臼。

与之对照，过去我们对市场经济的定义、计划经济的定义都存在这样一个问题。基于此，通过系统梳理市场经济概念的理论渊源和实践探索，可以把市场经济定义为交换关系和交换关系的总和。一方面，从一般意义上定义市场经济，即市场在资源配置中起决定性作用，容易陷入西方的话语体系，因为西方总是按他们的理解认为中国

---

① 《列宁全集》第 1 卷，人民出版社 2013 年版，第 79 页。
② 《资本论》第 1 卷，人民出版社 2004 年版，第 54 页。
③ 《马克思恩格斯选集》第 2 卷，人民出版社 2012 年版，第 699 页。

的市场经济由于政府干预过多，想当然地推导出中国的市场经济不是真正的市场经济；另一方面，市场经济远比资源配置这一工具理性有更为复杂的深刻内涵，从这一层面来思考，有利于更好地回应西方对中国不是真正的市场经济的指责。

（三）市场经济是开放经济

改革开放为中国社会主义市场经济的确立开启了现实的大门，建立社会主义市场经济体制成为中国改革开放的核心内容。社会主义市场经济不仅奠定了中国改革开放的基本路径和走向，也深刻影响了世界经济。中国从对外开放和经济全球化中获益，同时，又通过积极参与经济全球化为世界经济做出了巨大的贡献。中国过去40多年的经济发展是在开放的条件下取得的，未来经济实现高质量发展也必须在更加开放的条件下进行。社会主义市场经济是中国经济发展的方向，市场经济是开放经济，市场经济的活力来自开放，一国的市场交换规模越大，经济总量才越大。只有市场经济才能发展好中国经济，同时又能让中国经济更好地融入世界经济。

市场经济在经济全球化中诞生，也伴随着经济全球化成长。离开了经济全球化，市场经济就成不了真正的市场经济。现在美国等西方国家自诩为真正的市场经济，但在现实中却采取了一系列逆全球化的措施。而反观中国，却以更加开放自信的姿态面向世界，不断让市场经济展现活力和生机，证明了中国特色社会主义市场经济在本质上并不背离市场经济，而且更是对市场经济理论与实践的丰富和发展。

社会主义市场经济并不表明市场经济与世界经济相互隔离。恰恰相反，正是社会主义市场经济的形成与发展开启了中国国内市场与国际市场有效接轨的进程。随着社会主义市场经济日益融入世界经济，中国也对世界经济做出了重要贡献。

正是遵循了市场经济的真谛，中国特色社会主义经济才不断取得历史性的成功，从而丰富和发展了市场经济，不断让市场经济展示出活力和生机。今日中国所取得的举世瞩目的发展成就，更是社会主义市场经济的伟大成功。从这个角度来看，中国社会主义市场经济的世界意义,并不在于它提供了市场经济的"标准模板",而在于它代表了一种信念,那就是坚持从国情出发、走自己的道路,坚持理论创新、独立自主和自我革命,同时以世界眼光和开放心态积极吸收借鉴一切有益经验,走出了一条让世界瞩目的成功的社会主义市场经济道路。

(四)现代化高水平市场经济一定是坚持政府与市场有机结合

西方主流经济学理论一直认为市场经济是人类的自然扩展秩序,政府只是经济发展的外生变量。西方主流经济学是自由市场的盲目捍卫者。按照西方主流经济学的理论逻辑,西方之所以兴起,是因为他们坚持了市场经济制度,反对政府的干预,主张自由放任、自然秩序。事实上,自由放任的市场经济只是原始的市场经济,而不是现代市场经济。越是现代市场经济越强调更好发挥政府作用,弱政府只能带来经济发展的混乱。

西方理论既没有辩证法,也没有历史唯物主义。它只是从逻辑到逻辑,从理论到理论,没有历史逻辑和实践逻辑。认真总结中国发展伟大成功经验,很重要的一条就是强调理论逻辑、实践逻辑、历史逻辑的统一,既不拘泥于理论,让教条主义和本本主义束缚发展,也不停留于经验主义,而是让实践不断丰富和发展理论。同时注重历史的延续性,也注重现实实践的创新发展。

从整体层面来看,"中国奇迹"离不开全面深化改革。其中,正确处理政府与市场关系是我国经济体制改革的核心命题。在传统的西方理论中,政府与市场之间是"零和博弈"。如果按照萨伊定律的话,供给自动创造需求,市场自动调节生产,那么资本主义世界周期性爆发的危机尤其是生产过剩危机无疑将这一观点"证伪";如果按照凯恩斯的理论,即基于有效需求不足而强调政府干预,那么高失业率、高通货膨胀率、低经济增长率构成的"滞涨危机"宣布了凯恩斯主义"失灵"。

20世纪80年代以来西方盛行的新自由主义更是强调"自由化、市场化、私有化",反对政府干预,结果导致经济过度金融化、虚拟化，从而对作为国民经济基础的实体经济产生了巨大危害。与此相反，中国特色社会主义市场经济重构了政府与市场关系，在强调更好发挥政府作用中实现市场与政府的有机结合，突破了西方主导的"政府—市场"替代论，从而走出了一条行稳致远的全面发展康庄大道。

现在最大的一个问题是我们经济学教科书所定义的，包括我们多年来接受的市场经济的定义和内涵，基本上来自西方经济学理论。应该说，在借鉴外国市场经济实践的过程中，大量引进西方经济学的术语、概念和理论，对于发展和繁荣经济学研究和教学起到了历史性的积极作用，但是也存在盲目崇拜、照搬照套、盲目对标接轨的片面性。

今天，我们完全有理由相信独立自主地构建中国经济学的理论体系已经具有坚实的实践成功基础，我们应当以独立自主、自我革命的精神，对以往的经济学学术思想进行清理和反思，纠正"洋教条"和"洋八股"的错误，把吸收外国经济理论与方法的有益成分建立在马克思主义中国化时代化的科学基础上，从我国经济发展的伟大成就和历史经验中提炼更多经济学中国话语和中国理论，破解经济学的西方话语和西方理论，不当西方经济学理论的附庸，更不能成为西方经济学理论的"试验田"和"跑马场"，用中国经验去丰富和发展市场经济理论内涵。

（作者单位：复旦大学马克思主义研究院）

完善宏观经济治理与健全现代化经济体系

深化体制机制改革
推动自贸区高效发展

佟家栋

自贸试验区发展到今天，取得了很大成绩。但是确实没有起到当初我们改革开放初期深圳、珠海、汕头、厦门这几大特区的作用，当时几大特区的作用和今天自贸试验区的作用有非常大的差别。为什么有这么大差别？最核心的原因要追溯到体制上去。

第一，自贸试验区从2013年9月28日在上海挂牌第一家，当时总体方案提出了4个目标。第一个目标是作为改革的试验田，尝试解决政府和市场之间、政府和国企之间的关系，在这里做一个大胆的实验。第二个目标是作为开放的"试验田"，强调贸易自由、投资便利、金融自由化，实际上就是建立一个相对（飞地式的）自由贸易区，类似国外的自贸区那样。第三个目标是通过这样一个自贸区的体制改革和开放，短期带动经济企稳，应对2013年以后面临的经济衰退形势；长期中建立一套比较有持续性的经济体制，带动经济的发展。也即靠自贸区这样一个试点来推动短期的经济发展和长期的经济发展。第四个目标也是最重要的一个，就是要在这里做一个深化改革的最大胆尝试，在2013年，大家对此抱有很大的期望。就此而言，在过去的8年时间里，从客观成就上讲，已经建立起来了21个自贸试验区，包括第一批1个、第二批3个、第三批7个、第四批1个、第五批6个、第七批3个。从地理分布上讲，整个自贸试验区的布局是正好在胡焕庸线的东南半部分,所以我们判断,作为改革开放"试验田"来看的话,自贸区这个试验田的布局基本结束了,下一步就是一个质量问题。

第二,自贸试验区取得的成绩,在于大胆试、大胆闯、自主改这样一个基本理念在这里落实得怎么样。到目前为止,6批自贸试验区先行先试经验629条,也就是从数量上讲它还是非常好的,大胆试、大胆闯的内容还是比较丰富的,包括政府职能改变,包括贸易自由化、投资便利化、金融开放、经济发展方面的某些尝试。这一系列尝试包括6大方面、269个复制推广的经验。自贸区的投资占了全国的12%,外资引进方面自贸区也占了相当大的比例。但是平均来看外资只占到自贸区投资的5%左右,特别好的像上海、广东这两个自贸区占的比例大一点,但也不足20%。这意味着其由最早建立改革开放的新平台、改革创新的窗口这样一个作用,变成了一个以内资为主导的格局。对此,"自贸区不是自由贸易区,是自我贸易区"这种说法虽然比较苛刻,但是实际上是有这样的一个情况。负面清单从过去的197项禁止性的和管理性的内容,变成了38项,其中,20项是禁止的,18项是一般管理的。总体上讲,整个自贸区正逐渐朝着体制改革、贸易自由化、带动经济发展等建设目标靠近。

由此,大家都在讨论,是不是自贸区已经成为一个带动新一轮经济发展、带动新一轮改革开放的非常重要的窗口或者平台了呢?其实到现在为止,我觉得还有几个方面的问题需要反思。一是自贸区为什么没有像当初深圳特区和其他四个特区那样出现一个贸易和投资自由化的浪潮,或者它的显示度、影响力远不如它们,其中是有多种原因的,我们这里先做一个对比,然后思考为什么会这样。二是目前作为改革开放"试验田"和高地的自贸区,它对外资的吸盘效应不如对内资的吸盘效应大,甚至主要体现为对内资的吸盘效应。当然这也有道理,其实做这样一个改革的时候内资到自贸区来是有优势的,外资到自贸区来算不上有优势。

第三,是体制改革方面的事。早前很明确,自贸区第一批和第二批就是上海自贸区和广州、天津、厦门自贸区,这4大自贸区在建设当中,审批部门和监管部门大体涉及3个,即商务部、国家发改委、海关,当然中国人民银行也管一些。但是现在,当我们269项复制推广经验形成并被审批的时候,涉及129个中央所属部门来负责审批这些东西。

第四,复制了哪些东西。武汉自贸区专门研究说有复制,这种复制类型有6—8个方面的复制形式,包括简单复制、修改复制、创新复制、叠加复制等。但是复制了哪些东西?比如简化审批的程序、减少盖章的数量、加快通关的速度等。这些方面的复制当然重要,所以大家都在争先恐后地复制这些东西,有的甚至在1年之内就完成了中央推动的269项复制措施。各地建自贸区2—3年基本就复制完了,但是复制完后效果没有想得那么好。为什么复制了那么多的改革开放措施,还是没有把政府和市场之间的关系的问题解决,还是没有在经济意义上将发挥市场经济主导作用和政府的作用很好地结合起来、密切地结合起来?为什么还没有解决市场经济的活力和大量的外资企业进入的问题?其实在研究当中会发现,所有这些复制,所有这些所谓体制机制改革措施,尽管它对政府机构的运行有了效率提升意义上的改变,但是,在市场经济的实质性内容方面并没有深化改革,或者只有比较少的深化改革,甚至还是在浅层次上的改革,以浅层改革代替实质性大胆试、大胆闯的深化改革。深圳做特区的时候给予了明确的权力,相关法律制度健全、地方的独立性健全,但是在这次的自贸区建设中,政府严格地控制着它的各种审批权,甚至审批的内容。自贸区改革的或者试验的内容越多,审批的内容也越多,涉及的部门也越多,而且花的时间也在延长。

正如郭克莎教授所说的,当时建设自贸区的初衷是以开放倒逼改革,现在没倒逼成不说,还加大了约束,不是在深层次上加深改革,给予自主权、下放权力,而是不断强化约束细节,不断强化管理职能。包括郭克莎教授提到的国家发改委和商务部,现在管自贸区的部门能够列出29个。因此,在改革开放的"试验田"和平台上,看到了浅层次的改革和强化的管理，而不是深层次的改革和减少管理，这是现在面临的问题。越改越浅层次化，不敢朝着深层次走，这是个大问题。

要想解决这个大问题，现在有一个很重要的开放倒逼改革的机制，但是目前看是行不通。其他的外界开放倒逼改革行不行呢？其实我们有两个东西。

第一个是RCEP，就是区域全面合作伙伴关系的协议签署。在签这个协议当中大家关注的、西方关注的不是贸易自由的问题，实质上是制度转型和深化改革的问题。比如协议强调了政府的采购、竞争、知识产权、国有企业在整个贸易当中和投资当中的地位等一系列东西。实际上就是通过这样一个国际多边协议或者区域协议的形式，倒逼体制机制改革，而不是浅层次的把这个体制改革表面化。

第二个是CAI，就是中欧全面投资协议。这个协议大家如果从体制改革的角度去看它，会有一个完全不同的印象，在这里面它明确地限定了政府的竞争中性问题，它不谈竞争中性，而它是把竞争中性问题分散成几个小点来提出，比如，政府和国企的关系、国企与政府之间的股权占有、政府在支持国企上应该是什么样的一个界限、政府购买当中应该怎样有一个公平的约束、在投资方面不能有股权的限制、在贸易上不能歧视性地限制国外的进口，等等。把这些词串起来，对比澳大利亚国企和竞争中性的几条会发现，它们把协定当中的关于竞争中性的这个词已经分解成几条落实在CAI里边。

大家要清楚我们现在面临的问题是，只要RCEP开始实施，只要中欧全面投资协议签字了，这两个方面其实都是对现有的经济体制机制需要进一步深化改革的外部压力。我们对这个问题的认识是不清楚的，或者是不足的。我们千万不能自我欣赏，认为做得很好。我们一步一步在往前走，当走到深化改革的关键阶段时其实已经没有平坦的路走了。

现在如何把政府和市场的关系做得更到位，这才是下一步需要特别关注的问题。这需要界定政府干预的界限，并且界定市场经济在资源配置当中发挥主导作用的意义在哪儿。至少有一点是清楚的，就是政府的干预或者有为政府的作用，它的界限在市场经济能够在资源配置当中发挥主导作用的范围以内，就是不能越界到干预市场经济有效发展和有效运行的程度上去。现在有人认为自己不能规定这个界限，目前没有这个界限，好多文章这么写，但是如果没有界限的话就没有严格的规矩，没有严格的规矩就没有法制。在解决或者解说自己的问题时，别人就不服你。以前没有将国际规则融入自己的经济运行当中，但是发展得也挺好——过去是这样理解的，但是今后还行不行？这个问题要求我们是时候界定一下政府的干预要以市场经济能够充分发挥资源配置的有效作用和发挥好政府作用为界限这样一个基本概念。实际上，我们也算了一个数据：过去这段时间政府在挤出市场的力量，在经济当中发挥它所谓的经济增长作用，而市场经济的整体作用发挥在减弱、在减少，甚至在某些方面出现了负面的影响——当政府经济干预越多的时候，民营企业对经济运行的信心可能越缺乏。

（作者单位：南开大学）

新发展格局的几个问题

龚六堂

今天的主题是新阶段、新理念、新格局下完善宏观经济治理与健全现代化经济体系，下面讲几点我自己的理解。

（一）新发展格局中的内需问题

现在讨论很多宏观经济形势的东西，看这两年的很多数据，新的发展格局在国内循环和国际循环双循环这一块还是有一些进步的，包括2021年前三季度的数据，包括消费的拉动，还有工业增加，我们的投资、进出口，特别是服务贸易，应该说速度还是非常好的。

但是新发展格局中的内需还是存在问题。首先看投资，过去几十年中，平均投资水平大于20%，2021年的平均投资水平为7.3%，2020年、2021年的平均投资水平为3.8%，数据在下降，说明肯定没有恢复。而且投资中出了一个非常大的问题——结构的问题，民间投资占整个投资的比重在持续下降，过去是65%、66%、67%，现在是55%左右，应该想到为什么民间投资在下降，这是投资的问题。

消费的问题。过去平均消费水平为15%，2020年、2021年为8%，但是2021年8月为2.3%，9月为4.4%，实际上只有过去的1/3左右。另外，消费存在较大的问题，即服务性消费的问题。在新冠肺炎疫情的影响下，怎么拉动服务消费也是一个非常大的挑战。

对比外需，我们的进出口速度非常好，出口水平为22.7%，进口水平为22.6%，速度非常好，但是在进出口中，包括集成电路等一些关键高技术含量的产品的进口是非常多的，2021年1—9月已经超过了3000亿美元，比石油进口来得多。

所以，新发展格局中，内需还是有较大的问题的。

（二）新发展格局中的增长速度问题

在新发展阶段、新发展理念、新发展格局下，有一个很重要的事情，从高速增长转到高质量增长，其中增长速度下降较快，政府也开始淡化经济增长目标了。但是，无论是2035年、2050年，还是"十四五"规划中的经济增长目标，经济增长指标还是非常重要的。2035年要基本实现现代化，2050年要实现现代化。2035年怎么基本实现现代化？指标是什么？这是低水平现代化必须要实现的，要达到美国人均GDP的25%，2035年总量GDP正好达到美国的水平。即使是这种水平，我国也要比美国GDP增长率每年高2个百分点以上。如果2050年要实现现代化达到中等发达国家的一半，要比美国GDP增长率每年高3.56个百分点，这些指标都摆在这里，没有增长肯定是达不到的。

另外，我最近看到一个很有意思的数据，中国2021年人均GDP超过1.2万美元，越过了"中等收入陷阱"。对于高收入国家而言，像美国、日本、德国、法国，他们都是高收入国家，如果看高收入的大国，也就是人口超过5000万人的国家，观察这些国家的人均GDP，会发现很少有超过5万美元的，只有美国2004年为12万美元，2015年为5万美元，2017年为6万美元，2021年接近7万美元；但是日本是1995年超过4万美元的，2012年为4.8万美元，2020年只有4万美元，均没有超过5万美元；英国2004年超过10万美元，2017年超过5万美元，2018年马上降下来了，2020年还是只有4万多美元，类似的德国、法国、意大利都是这样。

因此，在新发展阶段，一定的增长速度非常重要。

（三）新发展阶段如何保持增长速度

中国2050年达到美国人均GDP水平的一半，如果美国按照1%的增长速度，到2050年人均GDP可以达到12万美元左右，中国要达到6万美元。怎么达到？这是一个非常大的问题。其中，核心的问题就是我们要如何来提高全要素生产率。现在按照国际统计的数据，欧洲TFP大概是美国的70%多，我们的TFP是美国的40%多。未来需要不断提升我国的TFP，保持我国GDP的增长在合适的区间，这就是新发展理念中创新引领的问题。

如何提升我国的TFP呢？不断提升R&D的水平是最重要的。2021年我国R&D占GDP的比重已经达到2.44%，总量已经排在第二位（最高的是美国）。另外，R&D结构也非常重要，我们的基础研究、应用研究和研发的结构配比是不合理的。我们搞基础研究这么多年，已经在加大力气把基础研究提上去，但是，即使政府各种渠道都强调，基础研究占R&D的比重还是只有6%左右，这是需要解决的事件。

（四）新发展格局中共同富裕的问题

党的十九届五中全会提出到2035年共同富裕要取得实质性的进展。共同富裕的问题需要从第一次分配、第二次分配、第三次分配着手。我这里强调需要关注新技术对不平等的影响，需要关注财政政策、货币政策。人工智能来了以后会改变非常多的事情，很多经济学规律会发生改变，比如Okun法则、Phllips曲线等；另外，数字经济、人工智能一方面可以带来经济增长，另一方面会显著加大不平等，财政政策、货币政策怎么解决这些不平等问题还有待进一步研究。

（作者单位：北京工商大学、北京大学光华管理学院）

城乡融合与新发展格局战略联动

郭冬梅

我今天想分享一下关于城乡融合与新发展格局战略联动的思考。我们团队通过梳理研究认为，实现城乡融合和新发展格局联动，以城乡关系重塑为主线打通内循环堵点，构建"城乡大循环"，才能加快构建新发展格局，实现经济高质量发展和共同富裕。构建新发展格局，核心落脚点在于打通内循环的关键堵点、扩大国内市场需求。进入 21 世纪以来，内需不足始终是影响国民经济持续稳定发展的重要掣肘因素。2000 年以来，中国消费率整体呈现下滑趋势，最终消费占 GDP 的比重从 2000 年的 64% 下降至 2020 年的 54%。但是，中国内需不足并非孤立现象，而是中国经济结构多重失衡的集中体现，城乡二元分割正是其中的关键一环。

城乡二元分割是造成国内大循环不畅通、供需结构失衡的重要原因。根据第七次全国人口普查数据，尽管在 2020 年年末，中国城镇人口占比已达 63.89%，但受制于户籍、土地等诸多体制性因素，仍有逾 5 亿人的庞大乡村人口，城乡二元经济和社会结构依然是中国社会发展中的一个鲜明特征。同时，二元经济结构导致了城乡间收入分配、教育水平和医疗卫生条件的显著差距，特别是收入分配方面，2020 年城乡收入差距仍高达 2.56∶1，教育水平和医疗条件方面差距更大。因此，促进城乡融合以及新发展格局的联动，需要我们加强三个方面的认知。

第一,城乡融合是中国经济发展进入新阶段,实现高质量发展和共同富裕的内在要求。正如之前所言,随着我国经济体量的不断扩大和国际环境的剧烈变化,城乡二元结构的弊端越发凸显,城乡二元结构导致劳动力和土地等生产要素无法在城乡间自由流动,公共资源配置效率低下,城乡产品市场分割,阻碍了经济的高质量发展。为适应新发展阶段的内在要求,加快实现共同富裕的最终目标,必须进一步破除城乡间阻碍要素流动和公共资源配置的体制机制障碍,重塑新型城乡关系,加速各类要素向乡村流动,为乡村振兴注入新动能。

第二,城乡二元结构和内需不足问题并非孤立存在,二者相互影响,是中国经济结构多重失衡的集中表现。目前,中国不仅存在城乡二元分割和内需不足的问题,同时还存在产业结构扭曲、收入分配不合理、城市化滞后于工业化等多种结构失衡问题。这些问题彼此间密切联系且相互影响,体现为中国经济结构的多重失衡,阻碍了我国经济的高质量发展。而城乡二元结构和内需的结构性不足正是经济多重内部矛盾的集中体现。因此,要解决城乡间发展不均衡和内需不足的问题,就不能就需求论需求,就城乡论城乡,而应在一般均衡和全局的视角下,通过促进城乡融合和新发展格局联动。

第三,充分挖掘城乡融合红利,解决新发展动能不足的问题。加速城乡融合是解决新发展动能不足的重要抓手,通过城乡融合促进要素和产品市场一体化,可以为经济发展提供新的技术、人口和土地红利,充分挖掘经济发展新动能。技术红利主要体现为通过数字化实现城乡产品市场深度融合,创新产品销售模式,打通产品销售渠道,促进城乡产品市场一体化,实现城乡产品市场双向供需平衡,充分释放城乡需求潜力。"新人口红利"主要体现为:一方面,加速农民工市民化,通过促进城乡公共服务均等化、深化户籍改革、为农民工提供平等的就业机会和社会保障等促进农民工进城,同时通过加强对农民工的培训和再教育提高劳动力质量,从而实现劳动力供给数量和质量的双重提高,挖掘人口的"二次红利";另一方面,充分发挥城市高技术人才集聚的比较优势,鼓励引导科技和人才要素向农村地区加速流动，为农村发展提供智力支持，提高农业劳动生产率，促进城乡间生产率共同提升。"土地红利"主要体现在通过改革现有土地管理制度，引导土地和住房供应与人口流动方向相一致，推进城乡土地要素一体化，配合金融市场的有效支撑，不断优化土地供给质量和供给效率，解决城乡间土地错配和流转困难的问题，缓解城乡居民的住房压力，进一步释放居民消费需求。三重红利形成经济发展新动能，加速新发展格局的构建。

总而言之，要有效促进城乡融合发展，必须有中国经济结构多重失衡的一般均衡视野，需要站在宏观经济全局的角度考虑城乡融合问题，而构建新发展格局的全局性重大战略举措为促进城乡融合提供了战略契机。构建新发展格局的核心是畅通国内大循环，形成全国统一大市场，实现供需动态平衡，其重要抓手是以城乡融合畅通城乡大循环，城乡融合发展是构建新发展格局的重要支撑。

（作者单位：中央财经大学经济学院）

"双碳"目标和经济增长

张自然

2021年10月21日发布了一份《宏观经济蓝皮书》，主题就是经济增长和"双碳"目标。

我主要说一下人口方面，也涉及增长问题。按照本人及合作者的研究框架预测潜在增长率，通常假定TFP对经济增长的贡献率为30%，人口增长率为正的时候，才得出今后的潜在增长率。按现在的发展趋势，中国的人口2022年大概率是要往下降的。关于潜在增长率的所有这些计算，都是建立在人口增长率为正的基础上的。一旦人口增长率为负之后，按照传统的生产函数框架就没法估算潜在增长率了，预测潜在增长率这一分析框架也得改变。至于改到哪个方向去，也许靠劳动增长是没有希望的，可能要看我们最依赖的人力资本这一块能不能多做一些工作，另外要靠创新、研发这些东西，还有可能是能源效率如何合理引入分析框架。

下面讲讲"双碳"目标。"双碳"目标讲的是2030年达到碳达峰，即碳的最高排放在2030年，而2060年达到碳中和，即所有产生的碳都会消耗掉。要2035年人均GDP达到中等发达国家收入水平，就要保证一定的经济增长率。而要保证经济的增长率，碳排放的下降速度就要比较快，碳排放的下降强度必须高于GDP增长速度才能达到碳达峰和碳中和。由此我们提出要加强绿色公共基础设施建设，降低人们选择绿色低碳生产生活的成本，形成示范效应，从而扩大市场需求规模，促进碳排放强度加速下降。在加强公共基础设施建设稳增长过程中，应注重提升绿色基础设施投资占比，引导经济社会向绿色低碳转型。与碳税和碳排放配额从供给端对碳排放加以限制不同，绿色基础设施主要从需求端对人们选择绿色低碳生产和生活方式增加激励和降低成本。绿色基础设施建设的资金来源，一部分可以通过碳税和碳排放权拍卖获得，另一部分可以通过发行长期绿色债券实现跨代的利益补偿。绿色低碳转型的收益超越了一代人，因此，如何在代与代之间合理分担这种转型的成本是一个值得研究的课题。

同时，关于"双碳"目标，现在需要注意的是，步子不宜太大。各地出现煤炭供应不上，据说（2021年冬天）东北某省煤的价钱已经翻了约3倍，原来每吨600多元，现在达2300元了。中国一直是煤炭的消耗大国，煤炭消费占能源消费的绝大部分。现在煤价翻这么多倍，东北地区冬季供暖就成问题，其他地方甚至出现连交通红绿灯都停电的状况，造成很多不便。"双碳"目标应该以不影响正常的生产和生活为宜。

另外，"双碳"目标的推进要有相应的配套，不能流于形式。北京一些新建的小区，家家户户通了太阳能，房顶通过太阳能集热，每家都通了太阳能热水器。按说这是利国利民的好事，但听说很多居民本来想用，但后来大家基本不用了。为什么？如果都用的话每家每年交600块钱，如果有一半人不用得交1200元一年。正常是节省成本的，但如果这一栋楼绝大多数居民都不用太阳能，都拆的话，只剩一两户使用的成本将达到每年五六万元。拖到最后，大家基本就不用这个太阳能了，开始安装太阳能的投资等于全打水漂了。本来是为了推广绿色，现在成了应付"双碳"了，"双碳"没弄成，最后变成了不必要的浪费。

（作者单位：中国社会科学院经济研究所）

对我国 2035 年经济目标
和美国通货膨胀的一点看法

汤铎铎

我谈两个问题，第一个是关于我国 2035 年经济增长远景目标，第二个是近期美国通货膨胀的问题。

"十四五"规划提出 2035 年基本实现社会主义现代化的远景目标，其中包括人均国内生产总值达到中等发达国家水平。达到中等发达国家这一目标，学者的看法有两个层次。第一个层次是将其看成一个不动的点，比如 3 万美元，到 2035 年达到这个数值就可以。第二个层次考虑得更多，发达经济体本身也要增长，不会停滞在一个点，而且还有汇率因素，很多测算结果显示，在 2035 年达成目标不乐观。

本人还有第三个层次的思考，即不将发达经济体看成一个整体，而是拆开了仔细分析其成员，然后再看看 2035 年具体是一个什么局面。现在全球大致有 70 亿人口，其中中国人口为 14 亿人。全球人均 GDP 为 1 万美元，中国人均 GDP 也在 1 万美元左右，达到了全球平均数。但是全球贫富分化严重，中国人均 GDP 是全球平均数，但是中国人均 GDP 离中位数很远，比中位数要大很多。从全球人口分布来看，比中国人均 GDP 大的只有 11 亿人口，也就是说，全球比中国人富有的人口是 11 亿人。那这 11 亿人口都属于什么经济体呢？除 G7 和 OECD 一些发达经济体之外，还有一些小经济体。把人口 500 万人以下的经济体减掉之后，剩下有 24 个经济体人口在 500 万人以上，人均GDP比中国高，也就是人均比中国富有。

到2035年，还有十几年时间。第一个假设是在此期间，人均GDP低于中国的国家，不会追上中国。全球人口在500万人以上的24个国家，人均GDP比中国高，中国现在处在第25位。第一个假设意味着排名在中国后面的国家，不能在这十几年里人均GDP赶超中国。这个假设应该说基本合理，未来十几年内后面这些国家是追不上中国的，尤其人口大国更是追不上。越南、印度等在十几年内追上中国的人均GDP是不可能的。

第二个假设是在这十几年里，中国还可以超越一些国家。在剩下的24个国家中，有六七个国家人均为2万—3万美元，中国很有希望进一步赶超这些国家。如此，到2035年，全球70多亿人口，人口在500万人以上的国家，只有不到20个人均GDP比中国高，其总人口大致在9亿人。也就是说，如果这两个假设条件都成立，到2035年，中国人均GDP会排在全球前30%，除了9亿更富有的人口，后面就是中国。到2035年如果是这样的一个分布的话，说中国达到中等发达国家的收入水平，也可以接受，而不管我们的人均GDP的绝对数值是多少。

总之，在2035年增长的远景目标上，还是不要拘泥于数字。数字永远是相对的，数字是跟别人比的，你比他多最重要，而不是具体到2035年是3万美元还是5万美元。

再讲讲最近的全球通货膨胀。首先，这个问题很重要，2021年10月21日美国CNBS发布了一个民调，主要调查拜登的支持度。其中有一项内容很有意思，美国人最关心的两个问题是并列的，一个是新冠肺炎疫情，另一个是通货膨胀。通货膨胀在美国已经上升到和新冠肺炎疫情同等高度。另外一个民调还显示，2022年全球资本市场最重要的推动力有两个并列第一，一个是通货膨胀，另一个是美联储，通货膨胀占比31%，美联储占比也是31%。这都说明通货膨胀问题已经在美国乃至全球引发高度关注。

美国2021年9月CPI是5.4%，大家不太关注PPI，美国PPI已经差不多20%了，这就是通货膨胀形势。总体来说，经济学家还都是挺担忧的，比如2021年6月德意志银行的研究。经济学家和市场为什么对通货膨胀这么焦虑，有这么多的问题呢？其中一条还是理论出现了问题，既有的理论不能解释当前的现象了，大家看不懂，出现焦虑。具体而言，传统关于通货膨胀的两大理论，一个聚焦长期逻辑的货币数量论，另一个聚焦短期逻辑的菲利普斯曲线，都出现了问题，对理解通货膨胀造成很大困扰。

所以，理解通货膨胀需要新的逻辑，可以从三个方面展开。第一，金融和财政的逻辑。在高杠杆的情况下，通货膨胀的行为和传统认知是不一样的，它会发生左偏。从财政来看，在高杠杆条件下，美联储加息有一个很大的顾虑。美国现在的政府债务已经超过GDP的100%，每加息1个点的话，利息负担就会加重相当于1%的GDP。第二，全球化的逻辑。在当前的全球化条件下，全球供应链和产业链变得非常重要，任何供给侧的扰动都可能引发全球影响，造成局部甚至全局价格波动。第三，分配的逻辑。在贫富分化情况下，富人的钱越来越多，但是富人的边际消费倾向较低，这会对需求产生抑制，也会进一步对通货膨胀产生抑制作用。这方面的因素也会变得越来越重要。总之，全球通货膨胀需要一个新的理解，比如从上面三个新逻辑的角度出发，那么美国的通货膨胀大概不会是暂时的，而是会持续一段时间。

（作者单位：中国社会科学院经济研究所）

金融供给侧改革如何助力
中国城市转型和高质量发展

周颖刚

中国改革开放 40 多年，城市化经历了很大的发展，可以分成两个阶段。其中，第一个阶段是资本型、粗放式的城市化，主要依靠大量的固定资产投资，来拉动城市的高速度发展。在这个阶段，每个城市常常会面临资金不足的问题，所以我国发展出以土地为信用的资本生成模式，地方政府通过土地财政和土地金融成功为城市化融资。所谓的土地财政就是土地出让收入，土地金融就是用土地为抵押的银行贷款，其金额比卖地融资还要大。哪个城市能够从土地当中融到更多的资本，用于建设基础设施、发展产业经济和提供公共服务，这个城市就能在竞争中获胜。

对于以土地为信用的资本生成模式，我并没有贬低的意思，而且，它在第一个阶段的城市化过程中起到了非常重要的作用，但是这也造成很多问题。第一个问题是高房价的问题。高地价是高房价的重要推手，而且土地抵押贷款导致内生货币生成，以估值为基础的银行和影子银行体系不断加以转移杠杆累积系统性风险。第二个问题是供求问题。据估算全国城市房屋建设面积近 10 万平方千米，总体上供过于求，同时存在结构性供求问题，房屋在一二线城市供不应求，在三四线城市供过于求。第三个问题是分配问题。一些年轻人买不起房子，一些人有许多套房。处于城市化转型过程中的房地产是一个比股票市场更重要的资本市场,其财富分配效应非常显著。

随着中国进入新时代,城市化不能一直这样发展,不断累积的资本应该不断投入再生产,获得真实、持续的现金流,否则就会导致房价飙升和各种城市病,"挤出"实体经济和劳动力。本人及合作者的一项研究验证了上面的猜想。通过使用住房收入比即住房的不可负担性作为高房价的衡量指标,分析了城市的高房价是否"挤出"了劳动力,并使用"迁移意愿"作为劳动力流动的指示变量。与劳动力的真实流动相比,"迁移意愿"对高房价更为敏感,也会先于真实流动反映。结果表明,城市的高房价确实增加了劳动力的"迁移意愿"。高房价的这种"挤出效应"在大城市表现尤为明显。无房的劳动力家庭面临的住房收入比越高,意味着越大的住房负担,也意味着未来在这个城市购房的希望越小,因此,这些劳动力家庭更愿意迁出高房价的城市。城市高房价的"挤出"效应对无房的制造业劳动力、高学历劳动力尤为显著。

因此,中国城市化应该转型,要从高速度发展转向高质量发展。现金流的增加可以提高国民生产水平、资本投入产出效益,降低土地依赖程度,使城市走向运行型、可持续的发展模式,而决定现金流的主要因素是劳动力的生产和消费。在城市化阶段,城乡间的人口流动让位于城市间的人口流动,城市竞争的是劳动力而不是资本,劳动力净流出的城市终将输给劳动力净流入的城市。近些年来,许多城市纷纷掀起了"抢人大战",但抢人不是借人才之名行卖房之实或者是借引人之名刺激买房,一个能使流入劳动力真正居住下来的城市终将胜出。

为此,本人及合作者构建了一个中国城市转型和高质量发展的评价体系,包括国民生产水平、资本投入产出效益、土地依赖程度、城市财政状况等几类指标,其中最重要的指标就是资本投入产出效益,这与城市化的第一个阶段中以 GDP 为主要指标形成鲜明对比,现在是高质量发展,不能再用投入大量资本拉动 GDP 的增长,而应该重视投入的每一份资本所能获得的现金流。

金融供给侧改革如何助力城市转型和高质量发展呢？金融供给侧改革的一个核心问题是如何结构性去杠杆，化解系统性金融风险。去杠杆有两种方式：一种是降低估值，另一种是增加现金流。前一种方式会使高房价和地价下跌，这可能会导致旧有的土地财政不可持续和银行系统性风险集中爆发。所以，去杠杆应该以后一种方式为主，即以增加现金流为核心的供给侧改革。

首先，决定现金流的主要因素是劳动力的生产和消费。要使流入劳动力真正居住下来，不仅要坚持"房住不炒"的指导方针，稳定房地产市场，通过价格补贴、税收减免或"人才房"等形式为劳动力提供更为稳定的居所，而且要让他们都有机会分享城市化进程中的资产升值，这是房地产的长效机制应该包括的一个核心内容。如果租购并举只是"以租代购"或者"只租不购"，则没有住房升值的财富效应；如果是"先租后购"则可能做到，即按照居民可负担的数额，逐月收取租金，一定时间后（比如十年或十五年，以防在商品房市场套利），一次性补齐余款，获得完整产权分享住房升值的财富，其本质是将劳动力资本化，使之转化成真实、持续的现金流（即租金）。

其次，资本过剩的一二线城市应投资到周边库存比较多的地区，实现区域经济的整合和房地产市场的长效机制。例如，一线城市可以成立投资基金，在周边地区投资或购买"人才房"，并以"先租后购"的形式吸引在本地工作的外来劳动力，让他们都有机会分享资产升值，一线城市的投资基金也可以增值，同时有利于周边三四线城市去库存，还可以推进区域经济一体化。

最后，应将过剩的资本转成现金流，盘活资产存量来获得可持续的现金流，逐步去杠杆。例如，现在城市道路两旁经常存在乱停车现象，其隐含的现金流要么没有充分挖掘，要么异化为单位、街道乃至个人利益，如果通过某种商业模式把这些现金流组织和经营起来，城市的发展模式将朝着运行型、可持续的方向转变。

土地财政和土地金融也应该转型。一方面，新增土地供给应该从以前的批租制转为年租制；另一方面，银行业的转型应该从以估值、抵押为基础的信贷模式转型为以实际现金流为基础的模式。

（作者单位：厦门大学经济学院与王亚南经济研究院）

如何定位三次产业
在我国未来经济增长中的作用

王弟海

改革开放以来,我国经济持续高速增长,同时产业结构和三次产业拉动经济增长的贡献率也发生重大转变。1978—2019 年,我国一二三产业的产值 GDP 占比分别从 27.7%、47.7% 和 24.6% 变化到 7.1%、38.6% 和 4.3%;一二产业拉动经济增长的贡献率分别从 9.8% 和 61.8% 下降到 3.9% 和 32.6%,三产从 28.4% 上升到 63.5%。另外,近十年来我国经济增速一直下降,2019 年实际 GDP 增长率仅为 6.0%,2020 年受新冠肺炎疫情影响只有 2.3%。在我国经济增速下降和产业结构调整的形势下,如何定位三次产业在未来经济增长的作用是一个非常重要的问题。

第一,产业结构变化会严重影响经济增长速度,服务业占比提高和工业占比下降会导致总体经济增长率下降。无论是发达国家,还是发展中国家,其二三产业产值或增加值之比同经济增长率之间都存在正相关关系,或者说服务业工业产值或增加值之比同经济增长率之间存在负相关关系。关于产业结构能影响经济增长在文献中早已有人注意到。Echevarria 用一个简单的跨国截面数据回归表明,1970 年各国一二产业增加值 GDP 占比对其 1970—1987 年人均 GDP 年平均增长率具有显著正向影响。Moro 运用各类跨国面板数据的分析表明,服务业增加值 GDP 占比同各国人均 GDP 增长率之间存在显著负相关关系。

国内相关研究也表明，无论是使用跨国面板数据还是中国城市面板数据，工业服务业（或者二三产业）产值之比同经济增长率之间都存在正相关关系。

关于为什么工业服务业产值之比同经济增长率会出现正相关关系，文献中也有不同看法。有些学者认为这是由经济发展阶段决定的。因为服务业占比高的国家都是完成了工业化进程的发达国家，而这些发达国家的经济增长率由于经济收敛的原因都比较低。但本人及合作者的研究却发现，无论是发达国家还是发展中国家，在控制住国家的经济发展阶段和人均收入水平之后，工业服务业（或者二三产业）产值之比同经济增长率之间的正相关关系都依然成立。例如，本人及合作者使用全球跨国面板数据、OECD 国家面板数据，以及我国城市面板数据等不同类型的数据研究都发现，工业服务业（或者二三产业）产值之比同经济增长存在正相关关系，工业产值 GDP 占比同经济增长率正相关，服务业占比同经济增长率负相关。然后控制住经济发展阶段（包括人均 GDP 和基期的经济增长率）、农业产值占比和农业产值增长率、城市化水平、人口增长率等因素，结论仍然成立。所以，工业服务业产值之比同经济增长率间的正相关关系绝不是简单的经济发展阶段和经济增长率收敛规律作用的结果，而是经济中确实存在着工业占比下降和服务业占比提高导致经济增长率下降的内在经济机制。

第二，工业服务业之间的结构变化会通过几种机制或途径来影响经济增长率。首先，由于工业和服务业的外生技术进步率不同，工业服务业之间结构的变化会导致经济增长率下降。根据现有文献研究，一般来说，发展中国家三次产业技术进步率的大小为工业大于农业大于服务业；而发达国家则是农业大于工业大于服务业。服务业技术进步始终最慢。当服务业在经济中的占比不断扩大，在工业部门中的占比不断缩小时，总体经济增长速度自然会不断下降。其次，由于服务业的资本产出弹性比工业的资本产出弹性更低，新增同样比例的资本在工业部门带来的增加值增长率会比服务业更高。当服务业占比提高导致更多的资本流向服务业时，同样数量的资本增量在服务业产生的增加值要小于它在工业产生的增加值，这会导致社会总增加值下降，从而总体经济增长率下降。再次，由于工业部门存在着比服务业部门更大的干中学效应，而干中学效应又同产业以往的产量正相关，当工业部门的占比甚至绝对规模不断下降时，其对整个经济产生的干中学效应也就越小，由此就会导致总体经济增长率下降。最后，根据More，工业和服务业在使用中间产品的密集程度的差异以及投入产出结构的变化，也会使服务业占比提高降低总体经济增长率。当中间产品产出量在整个经济生产过程中的占比不断增加时，由于工业部门对中间产品的使用密集度（即中间要素投入在工业部门的产出弹性）更高，当工业部门的结构占比下降时，这会导致总体经济增长率下降。

此外，经济增长过程中产业间的价格结构变化和就业结构变化也会影响总体经济增长率。由于 Baumoul 现象的存在，技术进步快的行业其价格通常会下降得更快。这就导致在经济结构变化过程中，技术进步快的工业产品价格会相对下降，技术进步慢的服务业产品价格会相对上升。很多文献都已证实这一结论。本人及合作者的研究表明，1978—2019 年我国一二三产业产品价格分别上涨了 12.4 倍、3.44 倍和 12.3 倍；技术进步较慢的农业和服务业产品价格相对于工业上涨了 3 倍多。由于实际 GDP 是按照各产业实际产值根据价格加权平均的加总，在实际 GDP 核算过程中，二产产值的核算权重会不断下降，三产的核算权重会不断上升。由此，经济结构变化通过价格结构变化也会导致经济增长率下降。研究结果显示，价格结构变化对我国总体经济增长率影响不大，计量分析中价格结构变化对经济增长率的影响在统计上也不显著。然而，尽管价格结构变化对总体经济增长率影响不大，价格结构变化对不同产业在总体经济增长中的作用具有很大影响。不考虑价格结构变化会严重低估二产对经济增长的作用，高估一产和三产的作用。

就业结构变化会使三产的就业占比提高，有利于促进经济增长。

这主要是因为三产的劳动产出弹性比二产更大，当三产在经济中的占比提高时，更多的劳动力流向劳动产出弹性更高的三产会使总产值增加，从而有利于经济增长。本人及合作者最近的研究表明，1978—2018年，就业结构变化使我国劳均实际GDP每年提高了1.64个百分点，对我国劳均实际GDP增长的贡献率达到了21.2%。

第三，在我国未来经济增长中，一二产业的发展和增长对整个经济增长至关重要，但三产的发展对解决就业问题和扩大有效需求很重要。为什么呢？首先，从理论上讲，前面的分析已经表明，二产增长和二产在经济中占比的提高对总体经济增长是关键性的。二产增长率的下降本身会导致总体经济增长率下降。另外，二产增长率的下降还可能会导致其占比的下降，从而通过以上所分析的各种机制进一步导致经济增长率下降。另外，如果从供给角度来看的化，服务业是一个消费和供给同时完成的过程，它本质上不积累物质财富和资本，只转移现有物质财富的形式和所有者。农业和工业的生产和消费过程是分离的，只有工业和农业的生产才能创造实体物质和财富，从而能提供资本和财富的积累。所以，作为一个经济总量位居世界第二的大国，长期来看，离开一二产业的发展，服务业发展乃至整个经济增长都会缺乏物质动力。所以，我国未来经济增长离不开一二产业的发展。

其次，从我国目前现状来看，一二产业仍存在很大的发展空间，未来还需要大力发展，并仍可能成为拉动经济增长的主要动力。虽然按产值来看，2019年我国三产占比超过50%，一产只有7%左右，二产不到40%，所以好像三产发展很好。就像现有国内的很多研究者认为的那样，经济增长似乎可以脱离对二产发展的依赖，可以依靠大力发展三产来带动经济增长。但同发达国家相比，三产在我国经济中占比还有限，一二产业特别是农业在我国仍然占有很大的比例。实际上，从就业人口占比来看，2019年我国一产就业人口占比达到25.1%，二产占27.5%，三产占47.4%。一二产业就业人口占比仍超过50%，特别是我国还有1/4的就业人口在农村和农业。因此，从就业人口占比来看，我国仍属于一个农业大国。如果考虑到进城农民大多数本身仍在农村生活,则有更多的人口依赖农业和农村生活。所以,要解决占总量人口很大一部分的农村人口生活问题,必须重视农业的发展。另外,正如前面所说,相对于农业和工业而言,服务业是一个更加劳动密集型的产业,服务业的发展需要更多劳动力增长来支撑。只有通过农业和工业的增长才可以释放出更多劳动力以能满足服务业发展的需要。实际上,同发达国家相比,无论从产值占比还是就业人口占比来看,我国一二产业也都存在很大的发展空间。从产值或增加值占比来看,发达国家农业占比只有2%左右,工业占20%左右,服务业约占75%;从就业人口占比来看,欧美发达国家农业占比一般也在1%—5%,工业占比在20%,三产占比达到80%。我国一二产业的就业和产值占比都明显高于欧美发达国家,三产的占比同欧美国家还有一定差距。因此,从我国目前三次产业的发展现状同发达国家的比较来看,我国的一二产业还有很大的发展空间。

需要强调的是,经济增长中的产业结构变化是经济发展的必然规律,三产占比上升是一种必然的趋势。这一趋势和规律是无法人为改变的。在经济结构变化过程中,随着工业生产力水平的提高,工业部门的劳动产出弹性相对于服务部门过小,这使工业部门吸收的劳动就业不断下降,劳动就业越来越多地向服务业转移。因此,服务业的发展对于解决劳动就业问题不可或缺。此外,同工业部门发展扩大供给不同,由于服务业的生产过程本身就是消费过程,服务业的发展也是一个提高有效需求的最重要的途径之一。所以,从拉动有效需求的视角来看,第三产业的发展也是经济发展过程中极为重要的一面。

综上所述,在国民经济发展过程中,为了维持经济的长期持续稳定发展,二三产业的发展同等重要,两者应该齐头并进。在制定经济发展计划和政策决策时,应该以一二产业特别是工业的发展来促进技术进步、扩大产品供给和保持经济持续增长,以三产特别是服务业的发展来促进就业、扩大需求和保障民生。

(作者单位:复旦大学经济学院)

构建新发展格局与全面深化改革

中国股票市场与实体经济的背离现象及其政策含义

李石强

宏观经济学的一个基本关系是货币数量恒等式。在总量上，社会总产出的市场总价值恒等于流通中的货币总额（货币发行量与流通速度的乘积）。从这个恒等式出发，可以讨论实体经济和货币经济（有些学者称为虚拟经济）之间的相互关系，并对货币中性抑或非中性这一宏观经济学基本问题进行回答。对于货币数量恒等式，如果货币这边的变化能够影响到等号另一边社会总产量的变化，货币就是非中性的，否则就是货币中性。反过来，实体经济层面如果发生变化，我们一般认为就会在货币层面发生相应的变化，金融市场会跟着实体经济的变化而变化。股市常常被喻为实体经济的"晴雨表"，宏观经济的好坏会系统性地影响上市公司的盈利能力，并迅速反映在公司股价以及整体股票指数上，二者存在稳定的正相关关系。

从 20 世纪 80 年代开始，国际上陆续出现了有关经济"金融化"（Financialization）现象的文献，发现很多从事实体经济层面的企业在经营的过程当中，并没有将自有资金完全投入到实体经济当中，而是投入到金融市场里去，狭义上包括诸如银行理财产品、股票，甚至期货产品等金融产品，广义上还包含房地产。我国大概在 2010 年之后开始出现这种情况。该现象出现的根源在于宏观经济由过去的匮乏时代进入了总供给相对过剩的阶段，直接原因则是中央政府在 2009 年为了抵御国际金融危机而推出的"4万亿"大规模经济刺激计划。在那几年里，信贷超量增长，但实体投资率并没有提高，并且主要是国有企业在投资，私营企业并没有怎么投资。中国人民大学张成思老师的研究团队发表了一系列文章研究这种现象。从实体经济与货币经济之间的关系来看，他们研究的是单向的关系，也就是实体经济的下行导致新增资金没有进入实体经济，而是投向了金融业，亦即"脱实向虚"或者说"金融化"。同时，大规模经济刺激计划造成了某些行业产能的严重过剩，从而进一步抑制了企业的投资意愿，并最终促使中央提出了"供给侧结构性改革"。

反过来，有没有可能出现"逆金融化"呢？如果可能，在政策上又应该如何设计呢？

理论上，从企业资产选择的角度，企业在决定手里持有资金投向的时候，不管这个资金是自有的还是借来的，投资的时候主要取决于不同品种经风险调整后的相对收益率。如果实体经济收益率高，资金就进入实体经济，否则就进入货币经济。根据这个逻辑，如果金融市场由于某种原因而导致自身收益率提高了，就会吸引资金的流入。反之，如果金融产品的收益率相对于实体经济而言下降了，企业资金就可能返回实体经济，脱离"空转"。

从数据来看，许多学者都已经注意到中国的上证综合指数（或者深证成分指数）与 GDP（或者 GNP）等表示实体经济的指数之间呈现明显的背离关系。

但是，对上述逻辑进行可靠的经验检验却比较困难。对于两个宏观变量，不管是同步变动，还是反向变动，虽然在理论模型上可以把二者之间的关系讲清楚，在经验检验的时候却很难像现在流行的微观计量分析一样，把二者之间的因果关系可靠地揭示出来。目前，在宏观经济学里做两个变量之间关系的时候主要还是寻找稳健的相关关系。不过，我们可以尝试去寻找政策冲击或者突发性的外生事件冲击，运用类似于微观计量中的工具法去寻找可靠的因果关系。如果想要将上面讲述的实体经济影响货币经济和货币经济影响实体经济这两个逻辑综合起来进行研究，就需要构建一个关于股票市场波动与企业实体投资相互影响的完整图景，采用 DSGE 的建模方式，结合数值模拟的方法进行研究。

最后，在政策含义上需要注意，货币政策变化在短期内一般会影响宏观总产出，货币是非中性的。但是，货币对总产出的这种影响可能并不只是通过利率这个中间目标变量来实现的。事实上，尽管货币扩张一般会降低市场利率，但如果金融市场收益率没有相对下降，货币扩张就可能实现不了刺激投资的政策目的。要把"入虚"的资金引导回来进入实体经济，避免资金空转，不应该只关注利率的变化，而应该注重实体经济投资收益率的相对变化。

（作者单位：中国社会科学院大学经济学院）

中国特色的政企关系及其变化规律

聂辉华

政企关系是一个非常重要并且值得深入研究的问题。中国经济最突出的成绩是高速经济增长。而谈到中国经济高速增长就会谈到中国市场经济体制，谈到中国市场经济体制就知道最主要的特色是政府对于经济的深度干预，也可以说是中国特色的政企关系。因此，中国特色的政企关系是理解中国经济增长的奥秘。

然而，在这些年学术界研究中国经验或者提炼中国故事的文章中，很少有对中国政企关系的理论总结和探讨，这一点值得我们反思。如果仅仅因为题材敏感就拒绝这类研究，那么这可能使中国最值得总结的经验付之阙如。这不利于中国学者在国际上讲好中国故事，反而可能使我们在市场经济体制方面被动地遭受批评。实际上，中央一直高度重视政企关系。例如，党的十九大报告里有一句话说得很好，"着力构建市场机制有效，微观主体有活力，宏观调控有度的经济体制"，这句话其实就揭示了中国特色的政企关系。

我们的政企关系既不是像西方那样的政府和市场保持距离型，不是完全不管、放任自由，也不是像早年那样政府对实体经济深度干预，什么都要管。我们从计划经济过来，恰恰是从过去什么都要管，到现在有选择的干预，而且中国政府对市场，包括对企业的干预在不同的阶段有不同的侧重点。政府一直在寻找一个比较合适的、适应不同阶段的政企关系。其实这样的政企关系在日本早年发展的时候也经历过。《通产省与日本奇迹》一书说，日本通产省花费很长时间去寻找一种合适的政企关系，这种关系既能支持政府制定真正的产业政策，又能保持企业界的竞争和私有制度。但是我们讨论产业政策的时候并没有讨论过政企关系的问题，我们总觉得好像政府要么干这个事，要么不干这个事，产业政策要么有，要么没有，完全没有中间地带的可讨论空间。从发展阶段讲，其实日本当年的政企关系特别值得我们借鉴。举个例子，日本通商产业省是如何制定经济政策的呢？首先，通产省官员要和日本行业协会的代表密切讨论，为什么呢？如果政府跟某个企业讨论，那么就有利益输送的嫌疑。因此，政府部门跟行业协会代表讨论，可以减少这种嫌疑。而且，在这个讨论过程中记者常年驻会一直监督全过程。这样既能保证政策落地，又能避免政策向某些利益集团输送。因此，像日本那样介于西方和过去深度干预之间的政企关系特别适合发展中国家，特别是其追赶阶段。但是在学术界很少有人总结这件事情。在这个问题上，中日两国学者可以建立合作，从日本的产业政策实施过程中吸取教训，总结经验，才能更好地为中国的产业政策服务。

下面简单地梳理一下目前国内外关于政企关系的文章。一类是政治关联文献。政治关联文献的结论很简单，要么认为搞关系对企业有帮助，要么认为搞关系对企业没有帮助。另一类就是政企合谋文献，主要是基于本人团队的研究，还包括范子英、梁平汉和张莉等人关于征税、环境污染和土地违法的研究。

目前的文献在分析政企关系方面存在两个明显的弊端。第一，现有文献刻画的政企关系类型相对于丰富的实际情况来说显得苍白和狭隘。企业界人士通常认为，不能简单地问企业跟政府有关系还是没关系，也不能笼统地计算企业主与官员或政府打交道的时间。因为企业在不同的阶段、不同的行业有不一样的需求和表现。学术界通常以企业主是否是人大代表来衡量政治关联，但是一些企业主虽然自己不担任人大代表，却让其亲属来担任，这种安排就无法体现在公开信息里。企业和政府的关系，绝对不是有无政治关联这么简单。第二，大多数研究只是把政企关系当成外生变量，比如说研究政治关联的文章都是把政治关联放在计量回归方程的右边，用一个虚拟变量来度量。但是，在真实世界中，大家都知道根本不存在静态的、一成不变的关系。比如对一家企业来说，可能在某个阶段不需要政治关联，做大了需要政府，再做大了就和政府越来越紧密；有的阶段要和官员保持联系，有的时候会和官员保持距离；有些行业与政府关联较少，有的行业高度依赖政府关系。总之，政企关系应该是动态的，而不是现在文献里研究的那种静态关系。

接下来，我介绍一下自己对政企关系的新研究，即2020年发表于《学术月刊》的论文《从政企合谋到政企合作——一个初步的动态政企关系分析框架》。该文从两个维度，把政企关系分为四种类型：一是政府是否参与或者干预企业，不参与和干预是一个极端，参与和干预是另一个极端；二是政府和企业互动的关系是不是合法的或者合规的，合规是一个极端，不合规是另一个极端。如此，政企关系可以分为四种类型：一是政企合作，政府和企业紧密合作，并且这种行为是完全合法合规的；二是政企合谋，政府和企业紧密结合，但可能是桌子底下的交易，比如腐败、利益输送；三是政府和企业谁也不管谁，接近西方的国家，政企分治；四是政府和企业相互伤害，或者是单方面伤害，比如说政府对企业进行掠夺，企业欺骗政府的税收或者是骗补贴。这能概括大部分我们所接触的政企关系类型，政治关联其实可以理解为是其中的政企合作或者政企合谋中的一种。

政府对企业是否干预以及干预方式界定了政企关系的类型，而政府是否干预以及干预方式则取决于政府、企业和第三方在博弈过程中的力量对比，具体来说是以下三个因素。一是政府能力（P），一般指地方政府的国家能力（State Capability），它度量政企博弈过程中的政府力量。政府能力主要表现为地方政府在当地的征税能力和执法能力，它们由辖区内外部冲突的风险、政治稳定性以及对自然资源的依赖程度决定。二是产业势力，即一个产业或（按规模、所有制或技术水平区分的）某一类企业的影响力总和，这包括企业的数量或规模、企业的组织结构（尤其是行业协会或商会），同时也受到企业政治关联的影响。为了便于量化分析，我们以产业规模（S）作为其代理变量，它主要体现为行业内相关企业的销售额、雇佣人数或者给地方政府带来的税收金额，度量了政企博弈过程中的企业力量。三是监督力量（L），即对政府和企业行为进行监督的第三方力量或约束条件，它包括来自当地或外地的媒体监督、公众压力，全国性的法治环境，以及上级政府或中央政府施加的压力。在一定时期内，政府能力、产业规模和监督力量所代表三方博弈主体的力量对比决定了一个地方和产业的政企关系，从而构成了一个政企关系三角形。理解政企关系背后的决定因素，才能理解政企关系的内在变化。

我们提供的动态政企关系框架可以解释一些重要的问题。例如，如何理解世界范围内腐败和增长的多种组合？Blackburn 等发现，腐败和经济增长之间并不存在单调的对应关系，而是存在三种组合：高腐败、低增长；高腐败、高增长；低腐败、高增长。其实还有第四种组合：低腐败、低增长。同样是腐败国家，为什么有的国家高速增长，而有的国家经济低迷？为了解释上述"悖论"，我们不妨将腐败区分为两种类型：合谋型腐败、伤害型腐败。在合谋型腐败下，地方政府官员从企业得到各种好处，然后默许企业绕开规制或者降低成本，这的确会导致经济快速增长。合谋型腐败实际上是政企合谋的一种具体形式。而在伤害型腐败下，地方官员仅仅扮演了"掠夺之手"（如侵占企业财产、征收苛捐杂税），对企业竭泽而渔，从而阻碍了经济增长。

最后，讨论一下政企关系领域值得研究的一些问题。一是如何在主流经济学框架下研究政府和企业的关系？现在的经济学原理教科书告诉大家，政府应该做个"守夜人"，这不太符合发展中国家的实际情况。因此，我们首先要想如何在主流框架下讨论政企关系的地位。二是怎么从政企关系的角度总结中国成功的经验，讲好中国故事。三是在不同的阶段、不同的条件下是否存在一种最优政企关系？也就是政企关系并不存在西方说的，政府不干预一定是好的，政府干预一定是坏的，它可能是随着不同阶段的变化而变化的，那么这个条件是什么？四是从微观角度来讲，企业在不同的阶段是否应该跟政府建立不同的关系，是维持，还是巩固，抑或是加强？这个因素由什么决定，需要更多的微观数据。五是这些年政府最主要的改革之一是"放管服"，"放管服"一定程度上调整了政企关系，但是关于"放管服"的严谨经济学研究很少。六是从历史上看，自古以来官商关系是不对等的，这种传统文化如何影响了现代的政企关系？

（作者单位：中国人民大学经济学院）

完善政策性金融体制
建立中小企业金融支持的长效机制

刘澜飚

  推进新发展格局下的深化改革，应按照金融供给侧结构性改革的基本指导思想，完善和推进政策性金融体系的改革，通过建立政策性中小企业发展银行，对中小企业给予政策性金融支持，实现具有中国特色的支持中小企业发展的长效机制。

  如何实现对中小企业有效的融资支持，解决中小企业融资难、融资贵问题，一直是我国经济当中的长期性问题。在2020年新冠肺炎疫情暴发之后，大量中小企业面临生存的困境，中央特别要求要"六稳六保"。其中，以有效的金融支持来维护中小企业的生存成为政策关键。这期间，我国做了大量扶持救济性工作。国家通过政策性、强制性安排，为这些企业提供金融支持和帮扶，包括延期支付利息，以及要求银行一定要为中小企业贷款。但是，在这个过程里，对中小微企业的信贷已经开始隐藏了不良的行为，构成了一定的信用风险压力。

  在新发展格局之下，有两个关键词必须要深刻把握和理解。第一个关键词是现代化，现在要建设中国特色社会主义现代化国家。第二个词是共同富裕，现在也在谈保护或者维护市场主体。其共同的核心要求是发展。目前，我切身感觉到的是，这个社会现在能够稳定和发展的一个重要基础性因素，是中国成为庞大的制造业国家，有了庞大的、有韧性的中小企业群体。当然，每次冲击这些中小企业也受到了很大影响。现在有人说存在信用下沉现象，这些企业便是信用下沉的代表。

当我们思考新发展格局下的深化改革问题时，也就不能不关注和不关切中小企业的存在，要从制度改革角度，特别是金融制度的改革，来考虑对中国中小企业的支持，来考虑其现实的生存和长期可持续发展相统一的问题。

关于支持中小企业发展的金融制度安排问题，在我国已经进行了长期的探讨。但即使是这么探讨，在实施操作上也缺乏宏观的顶层设计和广泛接受的逻辑。这里我把南开大学所做的相关研究工作和形成的认识向大家汇报一下，希望能够引起大家的关注。

为我国中小企业长期稳定发展提供制度性保障是保护市场主体的重要工作，为中小企业提供有效的金融支持一直是我国经济体制改革中的重点难点。一方面，中小微企业数量众多，经营活跃，吸纳大量的就业，是社会重要的基础性经济单元，为社会稳定发展提供了正外部性。但因其与生俱来的信用状态弱、抗风险能力差的特点，一直面临融资难、融资贵的问题，这是涉及其生存和持续发展的基本问题。另一方面，商业银行等市场化金融机构因可贷资金来自储户，其运营面临很强的监管约束和市场约束。当前，为防范系统性金融风险，金融机构运营行为上的风险容忍度不断下降，合规的市场化行为难以覆盖和满足中小企业生存发展的全部金融要求。当前所提出的融资支持要求，部分是靠政府号召、政策号召，鼓励或行使行政权力实现。这其中的机理便是当前有关中小微企业融资的金融制度设计缺少使中小企业、政府、商业银行达到利益相容的风险分担和损失分担机制，也就无法对商业银行产生有效的行为激励。新冠肺炎疫情发生是关系到这些企业生死存亡的特殊情况，商业银行能够给予资金救助、同舟共济，但如果机制性的问题得不到解决，无法保证这样的金融支持具有可持续性。从更高的层次来看，中小企业的存在所提供的社会稳定公共正外部性，其实现成本应在政府主导的补偿机制作用下由社会共担。建立具有政策性金融机构性质的中小企业发展银行，健全和完善中小微企业金融支持体系，是符合上述要求的制度性安排，是深化我国金融供给侧结构性改革的重要内容。

在可行性方面，从国内看，我国已经积累了较为丰富的政策性金融机构发展经验；从国外的经验来看，支持中小企业发展的政策性金融体系具有广泛的国际经验，美国、德国、日本、法国、英国、韩国、印度等发达经济体和新兴经济体都有比较成熟、完整和可供借鉴的支持中小企业的政策性金融安排和管理体系。

建议建立国家中小企业发展银行。关于设立的宗旨，中小企业政策性银行是对现行政策性金融的引导、监督和补充，在国家产业政策指导下，充分利用现有金融技术，特别是金融科技技术，扶持中小企业经营改善、转型升级，提高国际竞争力，为其采购设备等需求提供长期低息的政策贷款，在遇到危机等严重冲击时，为中小企业流动性困难提供融资支持。银行的政策属性主要体现在基于国家战略，引导和扶持中小企业。银行以上缴利税等方式实现收益，高效满足中小企业的金融需求，实现政府支持中小企业培育、发展、壮大的政策目标，不以营利为目的。关于机构设置，银行设总行，在各地设分支机构，可以由中央政府和地方政府按比例共同提供资本金，以及提供资本金补充、税收优惠、亏损弥补等财政政策，政府出资但不干预经营。关于运营资金来源，包括从政府借款到发行债券。银行可为中小微企业提供长期贷款，包括最长 20 年的低息固定利率贷款。关于风险防范，银行可享用政府中小企业管理机构建立的中小企业信息库，通过金融科技手段提升风险管理能力。在政策配套角度上，一是成立国家层面的促进中小企业发展的政府管理机构，类似美国的中小企业发展局；二是建立相对系统独立完善的中小企业法律实施体系；三是支持商业银行和其他政策性银行支持中小企业发展，完善金融体系，建立起风险分摊机制与危机紧急应对机制。

（作者单位：南开大学金融学院）

三次分配是人类文明
与国家治理的内在要求

宋丙涛

今天我主要想从思想史、经济史的角度讲一讲三次分配，同时反思一下经济学理论界的一些思潮或流行概念。先说分配。分配是政治经济学的核心概念，最近国家提倡三次分配，就是想引导社会各界进行更多的政治经济学分析。为什么要强调分配与政治经济学研究？这就需要对时代背景与学术前沿进行反思。

无论是今天在座的各位老师，还是主流学术期刊的文献的作者，大多数的学者都在研究生产，都在关注增长。从经济学或市场经济的角度来看，生产与增长当然非常重要。但是，从社会需要或人的需要的角度来看，或者说，从当下中国的发展来看，最重要的矛盾可能不是增长，而是分配。我们不能非要等到经济危机出现了，再来讨论分配问题。

很显然，今天的中国仍然需要增长，但是我们也确实到了需要反思分配的时候。甚至可以说，如果不先解决分配的问题，就会出现供求结构错位失衡的问题，增长就不可能持续。这是我们必须关注分配问题的第一个原因。第二个原因，即国家已经明确提出了治理体系现代化的目标，而国家治理的内涵是包括人与人和谐相处的关系的，这样的目标肯定需要考虑分配问题，需要关注收入差距，这是对社会制度、国家性质的制度性思考。第三个原因，则是关于分配的理论依据问题。或许有人会问，为什么要提出并讨论第三次分配呢？我想，我们主要是不想改变现在已有的颇有成效的一次分配、二次分配的格局。但同时又觉得，分配的结果并不完全令人满意，怎么办？用三次分配进行补充是一种选择。

何况，从经济史、思想史的角度我们也看到了三次分配的理由。比如，在市场经济中，对私有产权的强调是非常主流的，根据产权进行分配也是一种共识，并构成了市场分配的逻辑基础。当然，这也是我们对近代工业革命或英国崛起原因的看法。但是如果我们做一点思想史和经济史的梳理就会发现，事实的真相未必如此。

比如，最近有两篇法律史的研究文献使我对英国的私有产权与英国的崛起过程有更清晰的认知，让我对私人产权的必然性与正确性有一些反思。两位颇有名气的法律史教授从不同的角度回顾了英国私有产权制度的出现过程。事实上，英国人在司法实践中确认财产私有几乎用了将近500年的漫长时间，几乎从黑死病开始，一直持续到1788年。换句话说，英国的所谓私有制或者私有产权制度直到此时才完全形成。这两篇文献里面有大量的司法案例，这些司法案例主要围绕土地产权或土地生产物的产权进行争论。如讨论穷人能不能在富人或者地主的土地上拾麦穗，传统的拾麦穗权是否还存在，是否还应该得到保护。英国在产业革命爆发前的200年间，关于私有产权是否应该保护的司法斗争是非常激烈的。在这个争论过程中，几个非常有名的法律学者，包括格劳修斯和布莱克斯通，他们都对英国私有产权的产生进行过激烈的批评。因此，从思想史的角度来讲，从人类文明演化的角度来讲，私有产权都不是理所当然的"天理"或"真理"，只是人类思想在特定情境下的一个产物。如果有了这样的知识背景，我们就会对现有的一次分配有了更准确的认知。

特别地，尽管英国人构建的市场分配依据——私有产权对人类文明是有贡献的，对市场经济发展是有帮助的，但它也只是个仅有200年历史的制度创新。实际上，从人类历史来看，即使在欧洲，各种思想，特别是宗教思想，对财产、对私有产权，几乎都是持否定态度或者持不确定态度的。直接诉诸人类情感来分配资源或财富的慈善思想比比皆是，因此，作为人类文明演化的延续，在一次分配、二次分配之外，讨论三次分配其实是现代文明转型的题中应有之义。

而对当下的中国而言，重新思考三次分配问题，我认为有以下理由。

第一，这是中国文明的特征，是中国文明的内涵。中国文明的文化之根是儒家思想，儒家的仁义思想强调的是对"鳏寡孤独"弱势群体的保护。在最近几年的研究中，耶鲁大学法学院的年轻学者张泰苏教授对比了中国与英国的习惯法特点。他指出，尽管二者有相当多的相同点，比如都不是完整的土地产权，但二者的差异却揭示了两个文明的德性差异。他强调，以宗族为基础的中国地方习惯法用孝道与辈分的制度化设计削弱了富人对公共事务的操控，从而使中国传统的地方司法实践有更多的同情弱者、照顾穷人的偏好，体现了儒家思想的精髓。

第二，这是理性思想的要求，是经济合理性的体现。确实，即使按照近代西方的还原论传统，现在流行的一次分配和二次分配的合理性也存在问题，也需要重新讨论。我在我的博士学位论文《英国崛起之谜》中专门分析过经济分配的理性之源。现代经济增长的主要成果有相当大部分来自能源，是归属于自然资源的产物，从道理上讲不是任何人创造的，并不归任何人所有。这样的现代经济增长成果应该是三次分配存在的理论基础。

第三，成功者应该有感恩之心，即使是因为自己的能力拼搏得到的成功，运气、市场与政府的存在也都提供了必不可少的条件。在中国过去40多年改革开放的发展进程中，至少有一半的企业家的成功或盈利是在政府的帮助下实现的。无论是个人，还是企业，都没有能力完全靠自己就获得成功。如果是这样，那么这些企业或企业家的利润就应该拿出一部分来回报社会。把积累的收益拿出来尽社会责任，也是一种更高境界的幸福追求，是文明社会的体现。

第四，是东西方文明的哲学分岔所致，是现代文明的最终目标。中国和东方的哲学基本是目的论，而西方或古希腊的哲学是还原论，或者叫作因果论。因果论重视一次分配，目的论重视结果，重视三次分配。

第五，是人类社会的灵性之光，是人类思想的终极追求。人类文明四五千年，实际上始终是在善与恶、公与私之间进行斗争。在过去40多年的改革开放过程中，我们关注了能力的作用，那么下一阶段是不是应该更为关注善心的培育？如果是这样，那么三次分配就是一次善心与德行的培育机制。

（作者单位：河南大学经济学院、河南大学深圳研究院）

构建高水平开放型经济背景下的自由贸易试验区建设

谢谦

改革开放 40 多年来，持续扩大开放是构建中国特色开放型经济的必然要求。开放型经济的逻辑架构和理论命题可以总结为"六个一"：一个开放型经济新体系，一个开放型经济新体制，一个开放型经济新优势，一种中国与世界经济平衡的新方式，一种全球经济治理的新路径，一个开放型世界经济的新价值观。构建高水平开放型经济要处理好行业（产品）开放与区域开放的关系；居民开放与对非居民开放的关系；边境开放与边境后开放的关系。

中国自由贸易试验区作为开放型经济的试验田，其相关体制的完善和经验的积累为构建高水平开放型经济提供了重要模式和参考。自 2013 年 9 月上海自由贸易试验区设立至今，中国已分批次批准了 20+1 个自由贸易试验区，初步形成区域协调、陆海统筹的开放态势，旨在推动形成中国新一轮的全面开放格局。从自贸试验区和开放型经济新体制所包含的内容来看，自贸试验区在贸易监管便利化、投资准入和服务业开放、金融开放创新、营商环境提升和政府职能转变等方面不断突破和创新。

从自贸试验区贸易便利化改革措施的内容来看，通过体制性、政策性改革，初步建立了符合国际高标准要求的贸易便利化体制；通过工作机制性改革，逐步形成自主改革的贸易便利化工作机制；通过技术性改革，不断完善以信息化为支撑的贸易便利化模式。总体来讲，属于体制性、政策性的改革措施需要有充分的法律、法规和政策依据；属于工作机制性的改革措施需要自贸试验区所在地各部门的协调配合和自主创新的思路；属于技术性的改革措施主要依靠自主创新努力和有关的经济技术条件。

在投资准入和服务业开放方面，自贸试验区引入了准入前国民待遇和负面清单管理模式。负面清单与准入前国民待遇密切相关，全面的准入前国民待遇是指除通过负面清单方式来保护的某些产业和活动，在准入阶段给予外国投资者国民待遇原则所承诺的待遇。目前，《外商投资准入特别管理措施（负面清单）》（2021年版）和《自由贸易试验区外商投资准入特别管理措施（负面清单）》（2021年版）已经发布，指出外资准入负面清单进一步缩短，完善了管理制度，提高了精准度。全国和自贸试验区负面清单进一步缩减至31条、27条，压减比例分别为6.1%、10%。2017—2020年，有关部门连续四年修订全国和自贸试验区负面清单，外资准入特别管理措施分别由93项、122项减至33项、30项。

在金融开放创新方面，各金融管理部门出台了一系列金融开放创新的框架性政策举措及若干细则，从而基本形成有利于自贸试验区金融开放创新的制度体系。如中国人民银行、证监会、银保监会先后发布金融支持自贸试验区建设的意见和措施，主要涉及自由贸易账户体系、资本项目可兑换、利率市场化、人民币跨境使用、外汇管理体制改革、风险管理等方面内容。同时，自贸试验区坚持以服务实体经济为出发点，大力推进金融制度创新，稳步推动金融对外开放，不断完善金融监管和风险防范机制，取得了明显成效。

从目前情况来看，仍有一系列因素制约了自贸试验区金融开放创新的步伐。第一，资本项目可兑换和资金跨境流动的便利化程度仍有待提高。我国整体层面的资本项目可兑换程度、汇率形成机制、利率市场化和人民币国际化程度仍存在诸多不足，限制了资金跨境流动的便利化。第二，金融营商环境不够完善，金融法律法规的国际化程度较低。尽管自贸试验区已在行政管理、外商企业投资、国际贸易业务、金融环境、税收征管和综合监管、法治保障等多方面改革创新并取得了一定的成果，但目前仍受困于现有的全国性和国际性立法框架。第三，金融监管体制机制不能适应金融开放创新。自贸试验区金融开放创新不断催生许多跨市场、跨行业、跨机构的交叉性业务、综合性业务及其他新型金融业务，跨境资金的流动规模不断增加，速度不断加快。但自贸试验区内金融监管体制仍以分业监管模式为主，各监管部门在自贸试验区的分支机构各自制定金融监管规则，难以有效规范和监管各类金融创新业务。

在营商环境和政府职能转变方面，自贸试验区全面深化行政体制改革，加快政府职能转变，在政务环境、营商环境、市场环境等方面加强协作，通过商事制度改革、负面清单管理制度、构建事中事后监管体系等重新审视和厘定政府与市场边界。推动准入前和准入后管理措施的有效衔接，实施公平竞争审查制度，实现各类市场主体依法平等准入相关行业、领域和业务。在对市场准入条件审批流程进行进一步优化的同时，大力加强事中以及事后的监管综合管理模式。加强政务服务网络的构建和完善，实现审批程序由线下向线上的全方位转换，真正落实平台、窗口的整合，充分利用科技手段解决企业遇到的问题，加快办事效率，进一步提升审批效率，加强监管力度。实现审批、监管、执法全部线上沟通，实现全方位的信息服务化。加强政企沟通，提高市场主体的满意度，帮助企业解决现实中遇到的难题，建立长效的政企沟通机制。

通过梳理自由贸易试验区制度创新和可复制推广经验不难发现，各自贸试验区都在探索提升制度创新升级的措施、做法。同时不容忽视的是，自贸试验区改革存在碎片化情况，系统集成有待提高。现有的改革更多集中在对原有制度、流程、做法的细枝末节的理顺和完善。而改革的整体性、协同性不强，配套措施衔接不足，协调机制不健全，制度创新和风险防范的系统集成有待加强。

尽管各个自贸试验区基于自身的资源禀赋和国家赋予的战略定位开展了具体的实践，但从实际情况来看，各区在贸易、金融、具体产业和税收方面具有明显的同质化竞争趋势。这种产业定位、政策体系、服务内容等方面的同质性无法从根本上区分各自贸试验区在发展过程中的主要特色，不仅使企业在进驻自贸试验区时陷入选择困难，同时也不利于国内产业结构的重新布局与调整。

（作者单位：中国社会科学院经济研究所）

理解公共服务的投入与效率

王 震

新发展格局、新发展理念、跨越中等收入陷阱、实现高质量发展、推进共同富裕,这是近些年来经济研究中的热点问题。本次大会上的主旨发言也主要围绕这些主题展开。这些研究主题的最终落脚点就是公共服务的供给,实现公共服务的均等化,通过公共服务的均等化来解决问题,或者说公共服务的均等化是解决这些问题的基础。我们说社会主要矛盾转换,不均衡、不充分的问题,其实大家反映最多的是公共服务供给上的不充分、不均衡。这其中的逻辑,优质的公共服务不仅是经济发展的目标之一,同时也是主要的人力资本投资的途径。这俨然成为公共政策研究中的一个共识,成为政府公共政策决策的一个共识。对此,我们出台了大量的政策,投入了大量的资金。各地财政支出中差不多70%以上,有的地区超过80%主要用于社会民生支出。但问题在于上述逻辑的成立需要有一个假设,那就是只要加大投入,公共服务的供给水平就上去了,只要公共资金的投入均等了,居民所获得的公共服务就均等了。而这个假设是有问题的,有投入不等于有产出,投入的公平不等于产出的公平,公共服务的供给效率需要重新加以考量和分析。下面是几个不成熟的想法,供大家讨论、参考。

第一,怎样认识对公共服务的投入?一个基本的观察是,现在公共服务投入不足和过度投入并存。公共服务的投入存在结构性问题,且这个结构性问题的重要性要远大于投入总量的问题。学术界的很多研究，最终的结论或政策建议，主要落脚到了投入不足上，政策建议动辄就是要加大对公共服务的投入。但事实却是在很多领域存在过度投入。比如教育，研究教育的学者，提的建议是教育回报率高，因此要增加教育投入。但具体到教育投入结构上，我们现在把大量的教育资源投入到培养孩子的考试技能上，培养孩子的"同质竞争"。出台打击课外培训，其背景就是在这方面的过度投入，最终并没有体现为创新能力的提升。

此外，在公共服务的投入上，是不是存在"上限"？是不是越多越"好"？比如教育，法律规定教育的财政投入要和GDP挂钩，4%的GDP要投入到教育上。但问题在于，这些钱根本花不掉。以北京为例，北京的中小学教育机构为了把这些财政投入的预算花掉，巧立各种名目，大门口的牌子恨不得一年换一次，要不然就花不掉这个预算。因为这是允许预算支出的，我们大量的钱都在这些过度投入上。

还有医疗，现在各地大规模大干快上搞大型的公立医院，动辄几千张床位的。我调研过的一个县，地方政府借债10亿元也要建大型的公立医院。我们现在有全球最大规模的医院，15000多张床。床多了就要拉人来住院，我们现在职工医保的住院率已经接近20%。但真的需要这么高的住院率吗？全球住院率都没有这么高的，2020年新冠肺炎疫情暴发后住院率下来了将近5个百分点。现在不仅是住院，还存在大量过度诊疗。我们用掉了全球20%—30%的抗生素，人均抗生素使用量是美国的600多倍。但是包括研究人员、相关政府部门仍然喊医疗投入不足，仍然要求加大投入。投入干吗呢？大家都去住院吗？换句话说，我们真的需要这么多的教育、医疗方面的投入吗？

第二，公共服务的需求膨胀。这么多的投入是因为对公共服务的需求增加了，那么问题在于公共服务的需求是从哪儿来的？按照新古典经济学的假设，公共需求是个人需求的加总。但是我们发现公共需求出来之后会自动无限地膨胀，脱离个人需求自动就膨胀了。包括我们说的医疗，大量的手术是不需要做的，大量的抗生素是不需要吃的；比如说教育，应付考试的各种技巧，我们需要这么多吗？我们需要拿出几年的时间来专门学习考试技巧吗？高中的新知识基本上两年就完成了，第三年一个整年就是复习、钻研考试技巧；但这能带来能力提升、带来劳动生产率的提升吗？考试技巧是我们社会所需要的吗？这些是真实的个人需求吗？

在预算约束上，很多时候需求已经到了个人预算的边界，但是要通过大量的公共需求把边界继续扩展出来，通过公共支持让你继续接受这种需求。包括我们现在正在研究的长期护理，好多时候躺在那里的老人已经是植物人，什么都不知道，但是我们要花好多的资源照顾他。这到底是谁的需求？躺着的那个人，在ICU里的人自己都不想活了，但是不活都不行，我们一定要花大量的资源把人救过来。公共服务的"虚假膨胀"已经成为现代社会的一个"肿瘤"。西方以福利国家的形式来为这个"虚假膨胀"买单。我们在推进高质量发展，应该深入思考公共服务的膨胀，要考虑是否是真实需求，要考虑这些需求是如何产生的，而不是一味将资源投入到里面。

第三，公共服务的供给效率。按照传统的私人市场经济的效率定义和框架来分析公共服务的效率是存在问题的。这就涉及了投入和产出的测度。现在国际上的统计标准，包括OECD的统计、国家统计局的统计年鉴，关于公共服务的统计都是以投入代替产出。

以医疗健康领域为例，最终指标是预期寿命的延长，但现实的情况是美国是卫生健康投入最高的，但是其预期寿命并不高，远远低于欧洲的很多国家。欧洲很多国家的健康投入比美国低很多，但其预期寿命要比美国高，就是最终健康表现要比美国好。所以产出到底是不是投入带来的？好多时候不是，并且统计的时候也不去统计产出。

再具体到微观上来说，现在的治疗和医学技术到底能治多少病？治不了多少病，吃药也罢、手术也罢，好多时候是听天由命的，但是医疗行业的特点是不按照医疗效果收钱，只按照投入来收费，手术了、治疗了但没活过来、没治好也要收钱。教育也是这样，不是以毕业赚了多少钱来收费的，不管你成才不成才，我们是以投入代替产出的。当然这背后也有很多原因，不管是教育，还是医疗，听天由命的因素有很多。

第四，关于公共服务的定义问题。我们的公共服务到底是什么东西？新古典经济学搞了一整套标准的定义，非竞争性、非排他性等，这是一个理论来源。另一个是公共选择学派。什么是公共品？公共选择学派认为和非竞争性、非排他性没有关系。和什么有关系？和人的选择有关系，大多数人说它是公共品就是公共品，超过2/3的人同意的就认为是公共品。从历史上来看，实际上我们面临着被公共化的过程，大量的服务原来不是公共的。我们的教育在19世纪中期以前不是公共品，医疗也不是，第二次世界大战以来这些才逐渐进入政府，并通过公共干预的办法给你提供。比如长期护理。长期护理什么时候成为公共的事情？欧洲从20世纪90年代把它变成了公共品，我国现在也在把它变成公共品。

我们面临着一个"被公共化"的过程，好多领域原来是市场、社会领域，现在被公共化了，而且这个部门越来越大，所占的比例越来越高。安德森写《福利资本主义的三个世界》，里面说了一句话特别有启发性，他说现在的服务业，主要说的是教育、医疗、养老等公共服务取代制造业的进程，是不是和之前工业制造业取代农业成为主导的产业和主导的部门相同，是不是也在发生着这样的过程？安德森暗示未来就是以服务业为主，而不是以制造业为主。最后从治理上来说，从农业转到制造业，转到工业，传统的社区治理逐渐被取代了。我们要逐渐走向以公共服务业为主的社会，那么现在政府和市场两分的模式会不会也会被新的模式所取代？

（作者单位：中国社会科学院经济研究所）

构建新发展格局的历史逻辑

赵学军

我围绕会议主题——构建新发展格局,讲一下新发展格局的历史逻辑。

习近平总书记说,从历史依据来看,新发展阶段是我们党带领人民从站起来、富起来到强起来的历史性跨越的新阶段,进入新发展阶段,贯彻新发展理念,构建新发展格局,是由我国社会经济发展的理论逻辑、历史逻辑、现实逻辑决定的,三者紧密关联。

讨论新发展阶段的历史逻辑,有两个维度。一是党史和国史的维度。从中国共产党百年史来看,分为新民主主义革命时期、社会主义革命时期、社会主义建设时期、改革开放新时期、中国特色社会主义新时代这五个阶段。从国史来看,分为国民经济恢复时期、过渡时期、社会主义探索时期、改革开放新时期、中国特色社会主义新时代。国史和党史有不少交错。二是中外经济关系维度。讨论新发展阶段、新发展格局,必须把中外经济关系纳入研究视野。新发展格局的历史逻辑与新发展阶段的历史逻辑是一致的,在不同的历史时期,应对不同的国际局势与中外经济关系,中外经济双循环采取了不同的组合形式。

1949年中华人民共和国成立,标志着新民主主义革命的胜利,但从经济体制变迁来看,1949—1956年是新民主主义经济时期。这一时期,中国面临的急迫任务是恢复国民经济,实施工业化战略。

1949—1952年是国民经济恢复时期,针对城乡经济循环严重受阻的困难，畅通国内经济循环成为政府工作的重点，政府实施多种措施推动城乡物资流通，以促进经济发展。面对以美国为首的西方资本主义国家的敌视，中国将对外贸易重心转向了以苏联和东欧国家为主的国际贸易体系。1953—1957 年"一五"时期，中国实施大规模的工业化，苏联及东欧民主国家给予强有力的支持，苏联援建中国的156 项重点建设项目，强化了中国与以苏联为首的社会主义经济体系的国际循环。这种以国内经济循环为主体、辅以国际经济循环的经济格局，促进了国民经济恢复时期中国经济的快速恢复，促进了"一五"时期大规模工业化建设。

1956 年年底"三大社会主义改造"完成，标志着社会主义革命到社会主义建设的历史性跨越，中国开始了社会主义建设的探索。这一时期，中国的经济建设目标是建立独立完整的工业体系与国民经济体系，立足国内建设，自力更生，构建计划经济体制下的国内经济循环格局。20 世纪 50 年代后期，中国深度参与以苏联为首的国际社会主义经济体系，以国际经济循环促进工业化建设。20 世纪 60 年代初期中苏关系破裂，在引进技术装备来源方面，中国将目光转向了日本、英国、法国、联邦德国、意大利等发达国家。中国的对外贸易多元化发展，对外贸易重心转移到资本主义国家。20 世纪 70 年代初期，世界政治经济形势发生了较大变化，中美关系趋于缓和，中国打破了国际敌对势力的长期封锁。由于国际环境的影响，中国很难参与国际经济分工，"关起门来搞建设"，在极"左"思潮盛行的时期，国际经济循环停留在互通有无的层次。但在艰难的条件下，中国逐渐建立起独立的比较完整的工业体系。

1978 年 12 月党的十一届三中全会召开，中国确定了改革开放的国策，进入改革开放新时期。中国共产党形成了社会主义初级阶段理论，确定了实现现代化的"三步走"发展战略，准确判断和平与发展的世界大势，积极利用国内与国际两个市场、两种资源，大力发展外向型经济。中国经济建设不再封闭，从以国内循环为主体的格局逐渐走向了以国际循环为主体的格局。

改革开放初期，中国不断扩大对外开放，积极吸引外资，实施出口导向的经济发展战略。中国实施沿海发展战略，利用劳动力成本低的比较优势，引进国际资本与技术，发展市场和资源"两头在外、大进大出"的外向型劳动密集型产业，跻身国际经济大循环之中。20世纪90年代，世界走向多极化，国际政治形势趋于缓和。中国坚持扩大开放，形成了全方位的开放格局，外向型经济迅速发展。2001年中国加入世界贸易组织，为中国融入全球经济体系提供了难得的机会。中国抓住了经济全球化的战略机遇，深度融入国际经济大循环，充分利用国内国际两个市场、两种资源，创造了大量的就业岗位，升级改造国有企业，提升了经济实力，提高了国际地位。与改革开放前30年相比，中国国民经济循环结构发生了历史性变化。

但以国际循环为主体的经济格局，极易受到国际市场波动的冲击。2008年在国际金融危机的巨大冲击之下，国内经济发展遇阻，单一的出口导向型经济发展模式的弊端开始显露。党的十七届五中全会后，中国经济发展向内需主导转变，经济增长重心由国际外循环逐步向国内循环调整。

踏着历史的步伐，2012年中国迈进了新发展阶段。新发展阶段是社会主义初级阶段的更高阶段。在新发展阶段，中国社会主要矛盾已经转化为人民日益增长的美好生活需要和不平衡不充分的发展之间的矛盾。在全面建成小康社会的基础上，中国要在2035年基本实现社会主义现代化，到21世纪中叶，建成富强民主文明和谐美丽的社会主义现代化强国。这是时代的要求。70多年的经济建设已经为新发展阶段打下良好的基础。中国建成了独立完整的工业体系与国民经济体系，经济社会发生了翻天覆地的历史性变化，主要经济社会指标占世界的比重大幅提高，国际地位和国际影响力显著提升。

当前，中国正面临世界百年未有之大变局。新一轮科技革命和产业变革正在影响世界经济发展，将重塑全球竞争格局。经济全球化退潮，全球产业链供应链收缩。美国对中国战略遏制日趋强化。大变局对中国以国际经济循环为主体的经济格局造成致命威胁。构建新发展格局就是应对外部环境深刻复杂变化的主动调整。世界百年未有之大变局改变了中国外部发展环境，必须统筹发展和安全。

中国需求结构和供给结构都发生了深刻变化，国内大循环在发展格局中的主体地位基本形成。从需求端来看，国内市场总体规模加速扩大，将成为全球最大的零售市场，具有超大规模市场的优势。从供给端来看，中国拥有全球最完整、规模最大的产业体系。

世界百年未有之大变局也是中国的发展机遇。新科技革命为中国打开了进入国际前沿地带的机会窗口。美国的围堵和打压，倒逼中国下决心增强自主创新能力，攻克关键核心技术，提升产业链竞争力和现代化水平。在传统全球化减缓的同时，数字全球化却发展得非常快，中国在数字全球化中具有优势。

因此，构建以国内大循环为主体、国内国际双循环相互促进的新发展格局，是历史与现实必然的选择。

（作者单位：中国社会科学院经济研究所）

建立现代财税体制

完善均衡性转移支付
促进经济高质量发展

储德银

建立现代财税制度主要包括三个方面的主要内容，而其中构建权责清晰、财力协调、区域均衡的央地政府间财政关系备受大家关注。在研究政府间财政关系的时候，需要重视的是中国式分权体制跟美国的财政联邦主义是不一样的。因为中国式分权体制是基于政治单一制进行的，存在收支分权的非同步性，或者说导致了收支分权的非对称性，并进而导致了在我们央地政府间客观存在一个纵向失衡的问题。如果是适度的失衡，它一定会在央地政府间产生一个很好的激励效果。然而这一激励效果的产生，需要有科学的转移支付制度与之匹配。转移支付是分权体制国家普遍采用，用于均衡央地政府间财政关系的重要的政策工具。我国转移支付主要有三种，具体包括一般性转移支付、专项转移支付和税收返还。其中，均衡性转移支付是一般性转移支付下的一个类别。2018年一般性转移支付、专项转移支付和税收返还的占比分别是55.57%、32.90%和11.53%。其中，均衡性转移支付作为一般性转移支付的一个类别，占转移支付总量的比重在2018年是35.08%。因为国家统计口径的调整，2019年就不再把税收返还作为一个类别了。在2019年，一般性转移支付和专项转移支付的占比分别是89.93%和10.17%。其中，一般性转移支付中的均衡性转移支付、税收返还和固定补助两个类别，分别占转移支付总量的21.02%和15.13%。从以上计算结果可以看到，2019年均衡性转移支付加上税收返还和固定补助后，占比也不到40%。也就是说，均衡性转移支付占比不管是在一般性转移支付抑或在转移支付总量中，相对而言都是比较偏低的。然而在整个转移支付中，只有均衡性转移支付是完全归属地方自我支配的财力。因此，优化转移支付结构，我们需要更多地关注均衡性转移支付。

第一，均衡性转移支付占比的提高能够有效地缓解地区间基本公共服务供给的差异，降低地区间发展的不平衡和不充分，从而激励地方政府转变发展理念，摆脱地区间恶性竞争。从长期来看，还有利于促进地方经济增长质量的提升。

第二，均衡性转移支付占比的提升有利于规范地方政府的收入行为。因为均衡性转移支付是完全归属于地方政府自我支配的财力，在规范约束其税收征管行为的同时，会很好地抑制地方政府对土地财政和各类投融资平台债务收入的依赖，进而降低债务管理成本和地方经济波动的风险。

一方面，我国自上而下的政治晋升激励机制会给地方政府带来发展经济的压力，地方政府会主动降低税收努力，通过出台各种税收优惠来吸引资本流入。然而这些行为会严重阻碍税收法定主义的进程。另一方面，在中国收支非对称性分权体制下，地方政府往往会处在一个较大的收支缺口压力之下，而自有收入的严重不足会降低地方政府的运行效率。地方政府为弥补收支缺口会加大对土地财政和各种平台债务的依赖，虽然多渠道融资能缓解地方财政压力，但会导致地方房价的快速攀升以及增加经济系统性风险隐患，从而在一定程度上会制约经济实现高质量发展。而均衡性转移支付占比的提升可以缓解地方财政收支困难及其压力，在降低政府对土地财政和债务融资依赖的同时，能够规范税收征管，加快推进税收法定，从而为实现经济高质量发展奠定基石。

第三，均衡性转移支付占比的提升能够抑制地方政府投资冲动，促进支出结构优化，减少对专项转移支付的过度竞争，降低地方政府对经济发展的过度干预。在经济锦标赛和政治晋升锦标赛的激励下，地方政府肯定偏好不断地扩大投资规模以及向生产性、建设性投资支出倾斜，导致地方政府通常会热衷于投资建设周期短、投资回报高的经济建设领域，相对会忽视民生性公共服务供给。

党的十九大报告不仅指出我国已经进入经济高质量发展的新发展阶段，而且还要始终坚持以人民为中心的发展战略，而这一发展战略决定了公共支出结构优化的根本方向和思路。因而伴随政府宏观经济发展目标的转变，地方政府官员考核激励制度的不断完善，均衡性转移支付占比的增加会对地方政府优化公共支出结构产生一个正向的激励。而均衡性转移支付在资金使用上的完全自主性能够帮助地方政府发挥信息优势，合理地安排支出结构，最大限度地满足居民需求偏好，通过优化地方政府公共支出结构，最终促进地方经济的高质量发展。然而通过刚才2018年和2019年的相关数据分析可以看到，我国均衡性转移支付占比是非常低的，从而导致转移支付的积极效应难以很好地发挥。为此，我们需要通过构建科学的转移支付体系，更好地激励地方政府实现经济的高质量发展。

首先，应该在科学界定央地政府职能范围的基础上，合理提升均衡性转移支付占比。因为转移支付作为激励地方政府实现经济高质量发展的重要制度基础，应该最大限度地发挥其对地方政府收支行为的规范引导作用。

其次，要合理地控制专项转移支付和税收返还规模，以及对转移支付资金使用力度进行合理把控。由于专项转移支付和税收返还存在加剧地方政府财政压力横向差异的负面效应，对其规模应进行合理把控。然而当前，专项转移支付和税收返还在我国转移支付体系中有着很高比重，所以应充分发挥专项转移支付对地方政府支出的导向作用，从而引导更多的专项转移支付进入民生领域，促使地方政府支出结构优化。同时，考虑到税收返还对地方政府间财力均等化的负面效应，需要对税收返还规则进行调整。因为税收返还作为1994年分税制改革的一项过渡措施，在地区间财力分配时存在"马太效应"，需要调整分配规则。建议可以尝试按照均衡性转移支付资金的分配方式，对税收返还采取按照地区人口、经济发展等因素进行调整，降低其对地区间政府财力的横向差异的负面影响。

最后，要注重地区间差异，不能"一刀切"，要合理分配不同地区、不同类型转移支付的规模和结构。在我国，地区间差异性大，不同地区政府职能目标的排序是不同的。比如相对欠发达的西部地区，可能要发展经济，仍处于提升经济总量、不断提高居民生活水平的阶段；而作为发达的东部沿海地区，经济发展应该转向如何提升地方经济发展的软环境。因而转移支付结构优化，尤其是均衡性转移支付资金分配标准的设定，需要考虑因地制宜，不应"一刀切"，要主动匹配对接地方经济社会发展需要，切实推动地方经济增长质量的提升。

尤其是在当前中国式财政分权体制下，央地政府间财政纵向失衡客观存在，因而如何对转移支付进行科学合理设计，更好地发挥转移支付在央地政府间的激励功效，进而在新发展阶段如何更好地激励和推动地方政府去实现经济高质量发展，最终践行以人民为中心的理念，尤为重要！同时，这对推动现代财税体制的建设也是非常重要的！

（作者单位：安徽财经大学财政与公共管理学院）

人口老龄化背景下
中国税制改革的思考

龚　锋

我想结合中国人口老龄化进程的特点及其对公共财政的冲击，谈谈对人口老龄化背景下如何改革和调整中国税收制度的思考。

（一）中国人口老龄化进程的特点及其对公共财政的冲击

中国人口老龄化进程的特点可以概括为：老龄人口规模庞大，老龄化进程迅速，未富先老。第七次全国人口普查的数据显示，中国60岁及以上人口为2.64亿人，占总人口的比重达到18.7%，即将达到中度老龄化社会的标准。中国60岁及以上人口比例从1982年的5%迅速增长到1999年的10%，只用了18年时间。据联合国预测，中国从进入老龄化社会到进入深度老龄化社会大概需要25年，比发达国家早40—50年；进入重度老龄化社会需要16年，比发达国家要早14年左右；到2050年前后，中国60岁及以上人口将超过4.8亿人，达到中国人口老龄化的峰值，届时全世界每4个老人中就有一个是中国的。需要认清的一个现实是，中国的老龄化程度会长期维持在超高的水平上，而且非常稳定。因此，如果不考虑未来老龄化的大背景，就来判断中国经济社会发展的趋势和方向，很有可能是不准确的。未来老龄化是中国的新常态，也是我们考虑很多问题的出发点，应该在这一新常态下探讨中国经济社会的演进和经济体制的改革问题。

大规模、迅猛的老龄化会对公共财政体系造成什么冲击？中国目前受到的影响还不是很明显。但是始于2010年的希腊债务危机就是一个前车之鉴。导致希腊主权债务危机爆发的深层次原因很多，其中一个重要的原因就是人口老龄化下的高福利制度。希腊是欧盟人口老龄化程度最高的地区，老龄化负担占全国经济总量的1/5。一方面，随着老龄化程度越来越高，养老金支出刚性增长，对公共财政支出造成巨大负担；另一方面，经济结构和税制结构不合理，再加之老龄化带来就业人口的减少，税基不断萎缩，公共财政收入锐减；政府不得不举借越来越多的外债来弥补财政赤字，从而导致了主权债务危机爆发。考虑到中国的老龄化速度比希腊还要快，希腊债务危机给中国敲响了警钟，如果未来不对公共财政体制做出调整，人口老龄化将对中国经济社会发展和公共财政体系的运转带来巨大的冲击。

具体而言，在公共支出方面，人口老龄化会导致医疗、养老、护理、社会福利和救济等民生性支出不断增长和膨胀，形成高昂的财政支出上行压力。举例来看，目前社会保险基金中养老保险基金支出与公共财政收入的比值大概是25%，当然这个支出不全是由财政负担，但是如果由财政兜底则1/4的财政收入都要兜到养老上去。真正由财政负担的是每年近万亿元的社保财政补助，如果没有这个补贴，全国有23个省份的养老保险基金会陷入入不敷出的状态。所以仅仅是养老这一部分就给财政造成了巨大负担，还不考虑医疗、护理、其他福利支出因为老龄化带来的刚性负担膨胀。

在公共收入方面，人口老龄化会导致以劳动所得、消费和投资为税基的税收收入的降低，形成较强的财政收入下行压力。老年人退休后会退出劳动力市场，人口老龄化使在职就业人员规模减小，个人所得税税基因此会萎缩；老年人的消费倾向相对偏低，以消费为税基的税收也会因为老龄化的加重而受到影响；老龄化也可能会导致投资的萎缩，虽然已有研究通过数值模拟发现，老龄化会带来劳均资本增长，但总投资却会萎缩，因为老年人多了，市场活力就会减少，生产就会缩小，总投资随之降低。人口老龄化从收入到消费再到投资都会产生收缩财源的不利影响。

综上所述，人口老龄化在未来会对公共财政产生持续的支出膨胀和收入萎缩的双重不利影响效应，由此带来巨大的财政风险，并对中国未来的财政可持续性产生明显的负面冲击。如何防范和化解老龄化带来的中长期财政不可持续的风险，是值得思考和研究的重大现实问题。

（二）应对中国人口老龄化的税收制度调整和改革方向

第一，税制模式的选择。世界税制改革的方向，包括欧洲新一轮税制改革，都要重回直接税和间接税"双主体"的税制结构，就是因为人口老龄化导致直接税税基的持续萎缩。中国提了很多年要把以间接税为主体的税制结构调整为以直接税为主体的税制结构，目前来看，这一方向可能是不合适的。在人口老龄化迅猛推进、面临人口负债和直接税税基萎缩态势不可逆转的现实背景下，中国应该仍然坚持目前以间接税为主体的税制模式，同时适度提高直接税的比重，这是中国更为合理可行的税制发展的总体方向。

第二，开征社会保障税和遗产税。目前的社保缴费率在各地区并不统一，带来了负担不公平等各种问题，目前中国已经通过税务机关去代行社保费的征缴职责，已经有条件去征收社会保障税。通过社会保障税的立法，提高社保缴费的规范性和充足性，尽可能解决目前社保缴费不足等问题；遗产税在全世界的争议都比较大，在中国开征这一税种的理由是比较充分的，考虑到中国人的消费习惯，没有遗产税，老年人就会把钱攒着以财产的形式留给子女，就不会产生消费和投资，也就无法在老龄化背景下做大税基。通过开征遗产税，引导老年人将财产转换为消费和投资，可以拓宽税基，以及通过遗产税的再分配，还能弱化代际和代内的财富不平等，从效率和公平两个维度来看都是合理的选择。

第三，调整现有税种的税收优惠安排。目前，我国涉及养老的税收优惠主要是7个税种、11个项目。其中，有9个项目是赋予非营利的养老机构的（比如养老院），另外9个是赋予个人和企业的，比如将钱捐赠给养老机构，可以免缴个人所得税，企业可以免缴企业所得税等。总而言之，无论是给予养老机构自身的税收优惠，还是给予养老机构捐赠人的优惠，都是以非营利性养老机构为对象的。这种优惠第一不公平，将营利和非营利机构区别对待；第二效果不好，非营利性机构本身就是财政拨款成立的，税收优惠对它们行为的激励效应并不大。

因此，为了刺激老年人的消费和投资，拓宽税基，应该对已有的"涉老"税收优惠进行调整。其一，个人所得税。首先是对老年人的个税优惠，即在实施延迟退休后，对超过法定退休年龄的老龄就业者工作获得的收入免征个人所得税；其次是对提供养老服务的工作人员的个税优惠。通过这一优惠提高护理队伍的规模，提升养老服务的质量，提高老年人生存生活质量。其二，商品税。为激励老年人消费养老服务和产品，可以考虑对部分老龄产品和服务实施增值税、消费税和关税的税收抵免或优惠，特别是考虑通过税收优惠的办法，创造新型的老年人喜爱的消费服务，引导老年人多样化消费。其三，针对提供老龄服务的相关高科技企业，比如说智慧养老企业，提供适度的优惠，激励社会创新老龄服务产品提供的模式。其四，在金融领域为对老龄行业投资的企业提供融资和筹资阶段的税收优惠，比如免征印花税等，引导资金进入老龄行业。税收优惠调整的关键是将优惠受益对象从非营利的养老机构转向"涉老"的营利性市场主体。

总而言之，在目前严重老龄化的新常态下，公共支出的刚性膨胀几乎很难控制，因为在高额大众消费阶段，对养老、医疗、社会福利的服务需求弹性本来就大于1，收入提高和经济发展意味着不可能通过压缩民生性支出来规避财政风险和财政不可持续性。更好的选择是从收入上"做文章"。通过税制调整，让老年人和"涉老"行业的收入提高、消费增加、投资增加，从而做大税基，促进财政收入的增长，最终实现公共收支平衡和良性互动，从而在未来更好地应对老龄化对中国经济社会高质量发展的冲击。

（作者单位：武汉大学经济与管理学院）

从支出绩效看现代财税体制建设的成效与挑战

李　明

党的十八届三中全会通过的《中共中央关于全面深化改革若干重大问题的决定》首次提出现代财税体制，从内涵来看，包括预算制度、税收制度财政事权与支出责任划分制度三大模块。

现代财税体制与此前讲的公共财政框架的区别在哪里？目前有广泛共识的是，其核心区别在于新表述把财政的功能提升到了推进国家治理体系和治理能力现代化的高度，跳出了经济范畴，而是要在国家治理的方方面面发挥作用，这是大的变化，但具体着力的范围和方向，还要深入研究。在路线图上，按《深化财税体制改革总体方案》的部署，2020年是一个关键点，要求取得重大成效。但一个体制或制度是否健全完善，一项工作是否已经取得重大成效，不仅仅要看是不是到了时间点，在学理上我们还要有一个评判标准。要实现的目标达成没有，评判标准是什么，需要研究；即便是部署的时间点到了，推进得怎么样，也要有个评估。现代财税体制内涵丰富，但无怪乎收支及其管理。2018年3月，中共中央办公厅发文部署预算审查监督重点向支出和政策拓展，2021年全国人大常委会也发布了专门文件，具体部署中央预算审查监督工作，这些都说明财税体制改革的重心在支出。

从支出角度看，应该侧重考察国家战略和政策实现或达成的程度，在一定意义上就是要看绩效，看看有没有实现特定的绩效目标。在现有的研究里，对财政支出绩效的评价是有一些的，但跟国外比，我们对这一问题的关注比较晚。明确讲财政支出绩效或者财政支出效率的文献，大概在2000年前后才密集起来。这也有特殊的历史原因，在2003年党的十六届三中全会上，才明确部署构建预算绩效评价体系，文献的脉络与我们的顶层设计有密切的联系。

根据中央部署，财政部做了一些探索，要求实施预算绩效管理，重点强调的也是支出绩效。到了2009年，相关文件明确了财政支出绩效评价的对象、评价的原则、评价的方法等，确立了预算绩效评价的基本框架，2011年提出实施全过程预算绩效管理。当然，集大成的部署是2018年发布的《中共中央国务院关于全面实施预算绩效管理的意见》，强调要对项目和支出政策、单位和部门预算、整体财政实施绩效管理。学术文献的大量跃升是在这个阶段。但回顾这些文献后，我们认为可能还有一些问题需要拓展和改进，并在拓展和改进的基础上，评判这些年改革的成效。

一是时间窗口的问题。这里讲的不是项目和政策的绩效，也不是部门预算绩效，而是整体支出绩效。时间窗口问题，是什么意思呢？传统的文献用投入—产出指标时，投入（也就是支出）通常是年度的，这不合理，原因在于大量的财政投入形成实物工作量，一年不行，很多财政资金在结转，因为工作没做完，所以采用单年度投入—产出周期不够合理，但现在的评价大量地以一年的数据来评。

二是评价对象的选择。一些研究在进行总体支出评价时，有评价县区的，有评价省份的，有评价地市的，当然也可以在国家层面评价，但相对较难，因为一个国家只有一个时间序列数据，所以在国家以下层面，就是省、市、县乃至乡镇，怎么选更合适？有这么一个考虑，最合理的可能是省份而不是市县，这中间涉及一个重要的问题，是范围问题。以义务教育为例，到底是谁在投入？2001年之前，主体是乡镇，2001年提升到县，逐步改革，2019年教育领域财政事权和支出责任进一步划分后，各层级政府按一定规则共担，以县为评价单位，支出核算实际上算少了，市也一样，最理想的情况是在全国层面，但如前面所说，样本就受到了限制，提到全省层面相对就合适一些，因为从全国平均来看全省承担了一般公共预算支出的85%。从这个意义上讲，学术研究中评价总体财政支出绩效，不能把评价对象过度下沉，应该综合考虑财政事权和支出责任划分等情况。

三是关于投入—产出的口径。我国有四份预算，社保预算资金来源和用途都比较特殊，大口径的综合财力可以考虑其他三个，但国资预算是2008年开始试点的，各省份编制的时间不一致，所以时间稍长一点，国资预算数据就不可得了。同时考虑到收支规模相对较小，可以仅考虑一般公共预算和政府性基金，后者目前的规模有八九万亿元，不考虑会低估投入，高估绩效。

四是确立指标体系。目前文献评价的时候，指标的选取多种多样，有的把经济发展水平放进去，有的把基础设施放进去，有的把教育和卫生放进去，林林总总，中间缺乏一个内在的逻辑。预算体现国家的战略和政策，贯彻这一点，理想的处理方式是围绕国家战略和政策去确定。

新时代以来，国家最基本的战略和政策导向是什么？习近平总书记强调，发展理念是先导，是制定重大战略、确定重大任务、部署重要工作的基本指针。所以我们认为应围绕新发展理念去确定，并尝试在这个框架下选指标体系，选了五个一级指标（创新、协调、绿色、开放和共享），13个二级指标，20多个三级指标，努力反映国家的战略和政策，以它为指挥棒看投入取得的成效怎么样。采用的是2008—2019年省级数据。时间窗口为两年比较合适，因为财政结转资金管理规定，结转两年就要回收了，所以大多数支出在两年应该会形成实物工作量。当然我们也探索了用三年平均的投入和产出去核算。除此以外，在投入里面，包括了两本预算，即综合考虑了一般公共预算和政府性基金预算。

以两年移动平均为基准，核算呈现出来的结果就是2009—2019年的了，平均来看，2009—2014年是下降的，而且是在持续下降。

2015—2017年在提高，说明这三年间，财政工作贯彻新发展理念成效是比较大的。但是2018—2019年又是下行趋势。分区域来看，西部地区表现不错，哪怕是下行，西部地区较中部地区和东部地区下降得都慢，东部地区次之，中部地区较差。看具体的省份，北上广总体是不错的，贵州较差。我们的研究还发现一些有意思的趋势，首先关于经济周期，一般经济下行的时候，我们会强调保这保那，特别是保民生，支出结构会有调整，这样会不会效率好一点？我们没有发现明显的证据。其次关于财政压力，一般认为财政压力大的时候，也是会有保有压，强调调结构。我们发现了一些微弱的证据，压力大的时候，效率会高一些。

回到最初提出的问题，现代财税体制建设的成效究竟该怎么评价？从支出端来看，我们认为总体还是取得显著成效的，但还不能说现在就建成了，特别是从2018年以来的态势来看，怎么持续提升财税体制的治理效能，还要好好斟酌。

（作者单位：对外经济贸易大学公共管理学院）

财政政策和货币政策协调联动

谭小芬

当前，我国面临的经济形势复杂，将多项政策相互配合实施，尤其是财政政策与货币政策的协调联动和有机结合，是稳定经济发展的重要手段。2022年财政力度加强是大概率事件，主要体现在三个维度上：一是实施新的减税降费政策，保持财政支出强度；二是优化财政支出结构；三是适度超前开展基础设施建设。

财政政策和货币政策的协调，不仅是宏观经济调控的重要话题，也是现代财政体制建设不可或缺的一个方面。目前，财政问题金融化越来越突出，同时金融问题也出现了很多财政化的现象，本来金融讲求的是商业可持续性，但是这几年的金融越来越多地参与了普惠金融、绿色金融、小微金融，在这些方面商业的可持续性会受到影响，所以里面涉及两者之间怎么协调配合的问题。在我国财政政策与货币政策协调配合的过程中，有以下几个问题要重点关注。

第一，要比较财政政策与货币政策功能的差异，使用两大政策须做到有所区分并配合使用。根据丁伯根法则，依赖单一的货币政策难以同时实现稳增长、防风险、调结构、促改革、惠民生、保稳定等多重目标。比如，稳增长要求宽松的货币政策，防风险则要求紧缩的货币政策，而调结构则要求结构性货币政策，货币政策的多重目标很容易使其陷入困境，这时需要依靠财政政策的配合，财政政策对于结构调整是非常重要的政策。

第二，关注国债管理，完善国债结构。在经济运行中，国债市场是财政政策和货币政策协调中最为重要的纽带，也是我国政府筹集资金的重要渠道，对于金融市场稳定具有重要影响。为更好地发挥国债市场在财政政策与和货币政策协调中的关键性作用，需要完善国债品种、培育更加市场化的基准利率，充分发挥国债收益率曲线对市场利率的引导作用，在财政政策和货币政策制定过程中重视财政—央行"双主体"对金融市场的影响。

第三，在支持创新方面，政府可以运用财政杠杆撬动社会资金，发挥各类科技创投基金和政策性金融体系的作用，推动中国经济高质量发展。科技创新是引领经济高质量发展的第一动力，也是增强我国经济韧性的重要保障。针对我国金融支持创新发展方面的短板弱项，需要进一步完善多层次金融服务体系，尤其是大力发展资本市场，同时完善政策性金融体系，使政策性金融、开发性金融与商业性金融有机结合。为解决科技型企业初创期的融资困境，政府可以通过设立投资基金来发挥财政资金的杠杆作用，支持形式包括政府直接给予企业资金支持、政府以公私合营和股权投资方式资助重点领域的初创企业、政府授权私营企业成立孵化器、通过国际合作给予双边或多边企业资金支持，同时还可以还从税收优惠、政策咨询、法律评估、信息交流、培训等覆盖企业发展的诸多方面为科技创新企业提供全方位支持，为其营造良好的发展环境、提高其竞争力。

第四，要更多发挥财政政策稳增长、调结构的作用。从历史上看，财政政策和货币政策的主导作用在不停地发生变化。在国际金融危机之前，货币政策操作主要以短期国债为主，财政政策主要依赖长期国债，这个时候财政政策和货币政策的边界是比较清晰的。然而，国际金融危机以后，这种情况发生了变化，特别是非常规货币政策使财政政策和货币政策的边界越来越模糊。比如，实施量化宽松等非常规货币政策时，央行卖出长期国债会提升长期债券的利率，政府发行长期债券也会提高长期的利率，这时候货币政策和财政政策会同时影响长期利率，财政政策和货币政策的边界开始不清晰。但是，这两类政策的目标是不一样的，财政政策下政府债务管理是以降低融资成本作为目标，但是货币政策是以逆周期调控作为目标，两者会产生冲突。在不同的时期，两者的主导作用是不同的。第二次世界大战后到20世纪70年代，是财政占主导，目标是降低融资压力，这时货币政策从属于财政政策，非常明显的就是短期国债在整个政府融资中的比重出现非常明显的上升，整个短期利率水平也偏低。到了20世纪七八十年代，出现了比较大的通胀压力，为治理通胀，整个宏观政策框架发生了改变，货币政策成为主要的调控工具，货币政策成为主导，财政政策注重债务的可持续性和预算平衡，央行独立性开始上升。一个非常重要的表现，就是长期债券在整个政府的融资领域占比上升。因此，货币主导和财政主导的宏观表现是不一样的，在货币主导下，货币政策的独立性比较高，货币政策会偏紧，那么短期利率会偏高，而通胀率会稍微低一些，长期利率也会偏低；但是，在财政主导下，政府主要是降低融资成本，所以这个时候整个货币政策会偏宽松，短期利率偏低，长期利率偏高，通胀率偏高，货币政策对通胀的控制力在下降。

第五，财政的功能要从平衡财政转向功能财政。财政的作用在理论上有两派观点，一是平衡财政，二是功能财政。平衡财政其实就是预算平衡，功能财政是保证宏观经济调控目标的实现。这两种思路是不一样的，功能财政更多的是强调总体经济平衡，认为政府总债务可持续性不是一个大的问题。但是主流经济学界在过去比较看重货币政策的作用，对财政政策的作用认为效果有限，政府政策会造成一些扭曲。宏观经济学教材上也有很多理论，包括李嘉图等价、凯恩斯提出政府公共政策的挤出效应，都对财政政策作用提出疑问。后来，布林德和索洛从理论上分析了财政刺激可能会带来三种结果，他们发现政府的财政政策在长期有可能比货币政策更有效，关键取决于财政政策的乘数和边际总税率的水平。他们根据美国的情形进行计算，发现财政政策乘数大约是2%，边际总税率大于0.5%，这时政府财政政策效率要超过货币政策的效率。在这种情况下，货币主导未必是最优的，在需要发挥财政政策的作用，特别是目前低利率的情况下，更需要财政政策的支持和配合。中国也有同样的问题，无论是从新冠肺炎疫情冲击、中美贸易摩擦带来的冲击，还是从人口老龄化趋势来看，中国经济增长中枢水平是往下降的，货币政策的边际效应在递减，需要财政政策来发力，特别在收入分配和经济结构的调整方面，需要货币政策跟财政、税收政策调整相结合。

财政政策实施需要关注以下问题：一是地方政府事权和财权不匹配，这需要调整中央和地方的事权财权；二是税收结构不合理，包括宏观上流转税的比重偏高，对劳动征税高而对资本征税少，对投资征税少而对消费征税多；三是地方政府债务处置要把公益性和经营性的平台区分开，对于这两类不同的平台，应该采取不同的政策，公益性的平台应该允许政府主导战略重组，财政政策应该发挥作用，但是对于经营性的平台要保持刚性兑付。

在发挥财政政策作用的过程中，有两个问题要解决。一是不同层级间政府的协调，中央政府的信用比较好，融资条件也比较好，地方政府信用有所下降，地方政府存量的隐性债务比较高，所以从平衡型财政过渡到功能性财政以后，债务出现的融资缺口亟待解决。二是要尝试用房地产税替代土地出让金。土地出让金和整个房地产相关的一些税收加起来占到整个地方政府的税收比重是非常高的，所以将来在用房地产税替代土地出让金的过程中，政府的融资缺口怎么来解决，现在各个地方政府债务水平都比较高。一个可能的方案，就是加强财政和货币政策协调配合，在目前家庭和企业杠杆都比较高的情况下，中央政府适度加杠杆，增加长期政府债券的发行，特别是中央政府发行长期债券。货币政策扩张可能会带来资产价格泡沫和金融风险，但财政扩张更多的是对产出和通胀缺口产生影响，在目前经济下行压力较大的背景下扩张财政是合理的。

总之，在中国目前的宏观经济形势下，经济进入下行通道，我们需要未雨绸缪，超越常规来思考新形势下宏观政策框架和操作工具。鉴于金融监管在加强，货币政策特别是基础货币端已经较为宽松，财政政策应该发挥更大的作用，特别是更多地发挥供给侧的作用。同时，财政政策要规范和透明，规范央地间的事权和财权，完善税收结构。

（作者单位：中央财经大学金融学院）

关于化解地方政府债务问题的思考

武 鹏

近些年来，我国地方政府债务问题受到了政策界和理论界的高度关注。我想结合自己的研究和贴近实践的一些观察，来谈谈自己的一些思考。

首先，大家都在讲地方政府债务规模大、偿还压力大，那么究竟有多大？财政部官方公布的数据是截至2020年年末，地方政府债务余额25.66万亿元。但是一直以来，大家认为官方统计的债务余额口径偏窄，一些负有连带责任的债务和或有债务未计算在内。自2015年年末开始，我国对地方政府主要领导——也就是党政一把手——开展了届中和离任审计工作，这实际上连带着也将各个地方的政府债务审计清查了。按照每届任期五年，则每两年半一个审计周期，目前已经把地方政府债务全面跟踪审计了两遍。那么在地方层面就形成了两个数据：第一个是主要领导届中和离任审计清查出来的债务余额，通过了解到的一些典型县域的审计结果，我估计2020年应该已超过了30万亿元，比财政部公布的数据还要大一些；第二个是包含所有负有连带责任和或有责任的宽口径债务余额，估计应该是在第二个数字的基础上再翻一倍。

接下来就引申出来了两个问题，一个是地方政府为什么要借这么多钱？另一个是他们借这么多钱今后怎么还？

关于为什么要借这么多钱，有很多研究已指出是因为地方财权与事权不匹配，也就是事儿多钱少。这说中了很大一部分原因，但仍不全面，在此基础上还要补充和深化一些内容。首先第一点，在 1994 年以后 2008 年之前，地方政府即已逐渐面临愈益严峻的事儿多钱少问题，但是依然较好地保持了财政收支平衡局面，地方债务的快速累积是 2008 年之后的事情。在 2008 年后长达十年的时间里，一直都是开阀门放水，没顾得上限流乃至抽水。这里一方面是债务具有惯性，很多已经上马的项目往往有数年的建设周期，这期间需要持续的资金投入，难以骤然停止；另一方面是债务具有致瘾性，借钱的口子一开，改变的不仅是规则，还包括观念。一直以来，地方政府过日子跟普通家庭过日子的观念是一样的，都知道借钱要还。特别是部分经受了专业经济学教育的地方主官、生于斯长于斯的本土官员，对过度举债都是非常反感的。前者凭借的是专业认知和职业操守，后者除乡土感情外还有着切身的利益考量，毕竟他们和他们的很多亲友最后都是要留在本地生活养老的，都不愿被动承担债务崩盘的后果。特别是对县域基层官员而言，99％的人都不在晋升锦标赛的跑道上，通过举债博取政绩并不会给他们带来收益。但是，有强大行动能力的地方主政官员的财务观念却自此发生了重大转变。

由此，我们再谈一下第二点，对地方主政官员的政绩考核体系是如何加剧地方政府债务压力的。这涉及两个时间上的不对称。一个是高质量发展与晋升周期的不对称。高质量发展需要苦下内功、久久为功，往往不是一朝一夕能够达成的，但地方主政官员晋升的时间窗口往往只有寥寥数年的时间，并且晋升的年龄限制经常会导致一步没赶上、步步赶不上的局面，这促使他们抢时间出政绩的意识很强。然而，GDP 在实际统计中运用的是会计记账法，投了多少钱做项目，当年就出多少 GDP，这就使地方主政官员主要的工作就是招商、找项目，然后为此举债。很多时候，招徕外地企业在本地投资并不只是单纯的市场化考量和抉择，地方政府往往会给予大量的资金扶持，地方官员常将其谑称为"招商买资"。很多地方每年用于"招商买资"的支出已直追其财政盘子的规模，鉴于绝大多数地方都是"吃饭财政"，即财政盘子只能用来保基本，那么"招商买资"几乎就只能全靠举债。另一个是举债收益与还债责任的不对称。在起初地方政府负债率较低的时候，政府举债的当期收益要大于偿债责任，由此造成了一个低质量的理性选择均衡策略，就是现任借钱、后任还钱，后任在还前任的债的同时还要继续给自己的后任挖坑，最后直到击鼓传花的游戏再也玩不下去为止。

在第二点的基础上，我们结合"地方财权与事权不匹配"这一原因再做进一步的拓展。地方政府也面临关键绩效指标考核。以前是以GDP为主，后来大家觉得这样不够科学，从而对政绩考核领域的KPI进行了进一步的拓展。这一拓展却客观上加剧了地方财权事权的不匹配。比如考核金融技术创新类工作时，诸如专利申请量等指标都是可以通过财政补贴的方式激励企业去为政府完成考核的。类似这些指标越多，政府的财政支出压力越大，同时也背离了指标设计的初衷。

借这么多钱今后怎么还，答案无非是开源节流。在此，我想以一个典型的中国县域经济体为例来加以探讨。一个典型的中国县域经济体大概就是40万人左右的常住人口、1000多平方千米的地域面积、人均6万元合计24亿元左右的财政盘子、40亿元左右的窄口径地方政府债务余额。在这样一个典型的中国县域经济体中，每年的地方政府债务利息率平均为6%，利息支出总额为2.4亿元，正好达到了利息支出占财政盘子10%的红线。且不说总的债务余额如何还、如何降低负债率，我们先讨论眼下最为棘手的保证利息偿付、避免债务崩盘问题。

第一点需要明确的是，绝大多数县域经济都是吃饭财政，现有的财政盘子仅能维持"三保"。指望中央转移支付来解决也不现实，由于整体经济运行受到新冠肺炎疫情、国际经济形势低迷、中美脱钩等的影响较大，东南沿海发达省份的税收结余规模正在快速缩小，中央财政转移支付能力受此影响正在急剧减弱。

第二点需要明确的是，指望从保运转的"三公经费"中挤利息也不现实，杯水车薪。一个典型县域经济体一年的"三公经费"加上国内差旅费合计也就 2000 万元左右，这已经是很宽口径的计算了。经过多年的"只减不增"，"三公经费"方面已经没有进一步大幅压减的空间，且相对于债务利息规模而言就算压减也不会起到多大作用。

第三点需要明确的是，指望出售、租赁经营或通过混改等方式合作经营地方公共事业，也是行不通的。一般而言归地方所有或管理的公共供水、供气、供暖和公交等行业大多不挣钱。不同的行业市场结构和生产结构不一样，即便是垄断也不一定挣钱，特别是出于民生考虑进行了一定的限价之后，更是如此。

个人认为，开源节流主要应从三个方面入手。

第一，推动部分教育、医疗事业的社会化运营。教育和卫生人员支出是地方财政支出的大头。一个典型的县域经济每年的工资性支出一般要占到财政总盘子的一半，其中教育和卫生人员支出则占到了工资性支出的一大半。招引拥有相对较好资质和较大规模的教育、卫生社会资本进来，即便是在初期也要给它补贴一些钱、少收一些土地出让费，以及在教育事业方面可能还需配给部分带编制转岗名额，但从中长期来看，会减轻不少县域政府的财政负担——除了人头费支出，还包括建筑设备新建和更新费用等。在补充满足中高端教育卫生消费需求的同时，一些运营较好的非公立教育和卫生机构还可以增加地方税源。

第二，搞好顶层设计，做好由中央到地方的各项支出归口工作，改变此前没有系统调控的状态。比如说，上面下派的很多项目往往都是只给一半的经费，地方政府匹配另一半。这样的话，上级部门花一块钱办两块钱的事儿，同时也可以调动地方政府的积极性。但问题在于，一个地方如果要了很多这种项目的话，很可能是匹配不起经费的。比如新建医院大楼，项目本身反手会成为政府借债的抵押物，通过新增债务的方式完成了"空手套白狼"。所以说，应该通过顶层设计对各类建设项目有一个系统性的归口和调配，不要各给各的，互相不通气。地方的财力能保证完成两三个项目就不错了，分头下发十几个项目，地方政府最后肯定很难顺利完成。当然，地方政府也不能说自己干不了，它只能继续拼命借钱。但地方债务膨胀到了当前的水平，这条路即将走不通了。

第三，要开源少不了调整税费政策，而要在群众主观感受上实现"民不加赋而国用丰"，能动的其实就是三样——消费税、资源税、房产税。消费税方面主要是加大奢侈品税的征收，像烟酒油车这类标准品，很好征，来路渠道比较统一；像金银珠宝、艺术品、高端的服装和化妆品等，虽然不好标准化，但可以从价征收。都可以征税。资源税并不仅是油气煤铁和有色金属之类的矿产，还有诸如砂石这种广泛分布、广泛使用且用量极大的矿产。砂石运输成本很高，市场半径小，在很多地方的利润率较高，这就使其易于跟踪征缴且征税空间较大。关于房产税的讨论已经较多了，这里不再展开。

（作者单位：中国社会科学院经济研究所）

宏观政策协调、污染治理与绿色发展

严成樑

经济新常态背景下，我国经济由高速增长向高质量发展转型，高质量发展强调经济增长与环境保护的相互协调。绿色发展是高质量发展的内在要求，绿色发展也是更好地满足人民日益增长的美好生活需要、增进人民福祉的重要手段。党的十九大报告指出，"必须树立和践行绿水青山就是金山银山的理念，坚持节约资源和保护环境的基本国策，像对待生命一样对待生态环境"。生态环境保护和经济发展并不矛盾，生态环境保护可以转化为现实生产力，我们不能将环境保护和经济发展割裂开来。当前，环境污染已成为制约中国经济高质量发展的重要因素，我国政府在环境污染治理方面出台了一些重要举措。例如，《中华人民共和国环境保护税法》自 2018 年 1 月 1 日起实施，环保部门对大气污染物、水污染物、固体废物和噪声等污染物征收环保税，这提升了企业污染的成本，有利于从源头上减少污染。

基于行业层面数据，我们发现我国在重工业和非重工业之间存在比较严重的信贷错配问题。重工业企业相对于非重工业企业获得了更多信贷，即银行在重工业部门和非重工业部门之间存在异质性的信贷约束。信贷错配导致了资本错配，资本错配又直接导致全要素生产率损失。同时，资本错配导致了工业结构偏重，造成了严重的环境污染，这又会对人们的健康和人力资本水平带来负面影响，并进一步制约经济高质量发展。

基于以上事实，我们提出以下三点建议促进经济绿色发展。

第一，提高环境税率。环境税也被称为绿色税收。绿色税收可以带来双重红利，这包括绿色红利（Green Dividend）和效率红利（Efficiency Dividend）。绿色红利主要是指环境税收使环境质量得以改善，效率红利则是指环境税收使经济增长率或收入水平上升。基于我国与OECD国家数据的对比发现，我国环境税率偏低，重污染行业存在资本使用成本和污染排放成本过低的现象，这为我们进一步提高环境税率提供了现实基础。我们的理论研究发现，适度提高环境税率能促进资源由低效率、高污染的行业流向高效率、清洁型的行业，有利于产生结构性红利。这可以改善资源配置效率和改善生态环境，进而促进经济高质量发展。

宏观经济理论研究发现，征收环境税收可以减轻政府支出对资本收入税和劳动收入税等扭曲性税收的依赖，这通过鼓励劳动供给和增加储蓄等渠道使均衡状态的资本存量和收入水平上升。在保持我国宏观税负稳定的前提下，通过提高环境税率进行结构性增税，有利于削减企业所得税，实现结构性减税，这有利于促进经济转型。同时，提高环境税率也可以增加地方政府的收入，增加企业环境保护的动力。

第二，大力发展绿色信贷，降低金融资源错配，促进产业的绿色转型。环境污染治理不仅需要末端治理和环境税收，而且需要运用金融手段改变资源配置的激励机制。对于污染企业，银行应该限制其增加产能相关的信贷额度，提高其借贷成本，同时鼓励企业增加使用有利于减排的技术，改变企业投资结构，促进企业绿色转型。对于一些潜在的污染行业的企业，银行可以通过限制信贷额度或者提高信贷的成本，提高企业进入污染行业的成本，减少新企业的成立。对于绿色企业而言，银行可以大力发展绿色信贷。同时，我们也要关注绿色产能过剩的问题。总之，银行可以通过绿色信贷抑制重污染企业的融资，引导资金流向非重污染企业，实现产业的绿色转型。

第三，金融部门和财政部门政策协同，实现环境保护和经济高质量发展。金融机构的固定资产抵押信贷制度使企业倾向投资有形固定资产，而非人力资本和技术研发等无形资产，这不利于降低污染排放强度，金融部门和财政部门的协调对于实现绿色发展至关重要。财政部门可以为支持金融部门实施绿色信贷政策提供相应的绿色信贷贴息，并且通过提高环境税收来扩大绿色信贷贴息所需资金的来源，这可以降低银行的信贷风险，从而激励银行部门大力发展绿色信贷。

(作者单位：中央财经大学经济学院)

共同富裕、乡村振兴与社会保障

我国的区域发展不平衡情况分析

刘学良

区域发展不平衡是我国发展不平衡很重要的体现，特别是改革开放之后，地区差异有所扩大，地区差距扩大主要体现为东中西部的差距，东中西部差距长期以来也是学界重点关注的领域。所以从2000年以后我国先后实行了西部大开发、中部崛起、振兴东北等区域发展战略，促进落后地区经济增长，实现区域协调发展，随着一系列重大区域发展政策的落实和推进，我国的区域发展协调程度明显增强。党的十八大以来，脱贫攻坚任务逐步深入，区域协同发展力度不断加大，部分落后省份如贵州等经济增速从长期滞后到全国领先，又带动区域差距进一步缩小。

但是，过去十几年来一个新的现象是我国区域发展格局出现了南快北慢的新情况，特别是2018年国家统计局副局长盛来运在《管理世界》上发表了一篇文章之后，南北差距的问题受到了比较多的关注，涌现了一系列的研究。有些研究从南北差距划分阶段去看南北差距扩大的一些特征，比如看南北差距扩大的具体时点，和南北差距扩大的程度。有些研究可能是比较符合直觉的，有些研究还需要一些认真的推算，比如多个研究发现2013年是南北差距南方超过北方的时点，本人认为在20世纪90年代时，南方就已经开始超越北方了。

因此，我们用人口加权变异系数测算了改革开放以来省际区域发展差距。人口加权变异系数的优点是可以同时做按群组分解和按来源分解的工具（泰尔指数等工具虽然常用，但它只能做群组分解，做不了来源分解）。我们测算了我国南北差距、东西差距和总体差距的情况之后，再以 GDP 的产业法、收入法和支出法，从这三个维度去分析区域差距变动的具体表现和成因。

测算结果显示，中华人民共和国成立初期，我国区域差距是缩小的，但是在完成了社会主义改造之后，区域差距实际上经历了一个缓慢的扩大过程，到了改革开放前我国区域差距基本上达到最高。改革开放之后，计算得到的全国总体区域差距呈缩小趋势，具体来看，从 1978—1990 年在缩小，但是 1990—2003 年在扩大，2003 年后又逐渐缩小。

区分东中西部差距和南北差距，东中西部组内差距的变动趋势跟总体差距比较相近，总体呈现下降态势。但是东中西部组间差距不太一样，东中西部间的发展差距在改革开放后，特别是 20 世纪 90 年代快速扩大。到 2003 年前后，东中西部差距达到顶点，2003 年后，东中西部的差距又开始了较长时期的快速缩小的过程。南北差距的走势跟东中西部的差距不太一样，南北组间差距在 1978—1993 年呈现下降态势，1993—2008 年南北差距长期维持很低水平，南北发展差距不大，但是 2008 年之后可以发现南北差距有非常快的上升，这是南北差距的基本的结论。

经过测算发现，在 1993 年之前，一直是北方比南方更加富裕，但南方的经济发展速度比北方更快。在 1993 年，计算得到的南方人口加权人均 GDP 赶上了北方，此后南方的人均 GDP 水平一直高于北方。但 1994—2008 年，南北方的发展速度差异不大，因此这一时期南北方差距长期维持较低水平。但是，2008 年以后（特别是 2013 年后），南方再次与北方在发展速度上拉开差距，进而造成了南北差距的快速扩大。

部分研究认为我国区域差距的结构特征已经从东中西部差距向南北差距的结构特征演变，而从我们的研究来看，虽然南北差距在 2008 年之后快速扩大，但是它占我国总体的区域差距的比例相对比较低，2019 年占比仅为 10% 左右，而东中西部的差距为 45% 左右。所以，尽管南北差距快速扩大，但南北差距对总体区域差距的贡献明显小于东中西部差距，我国区域发展差距主要体现为东中西部差距的结构特征并未发生根本改变。

我们的研究结论与一些已有研究不一样。第一，有些研究认为 2013 年是本轮南北差距扩大的时间节点，许宪春老师把这个时间节点提前到了 2011 年，但是他的测算起始点就是 2011 年，所以 2011 年之前实际上没有数据。从我们的测算结果来看，南北差距其实在 2008 年以后就开始扩大了，并不是在党的十八大之后才开始扩大。

第二，关于南方赶超北方的时点判断，有多个研究认为 2013 年前后是南方人均 GDP 水平超过北方的时间节点，但是我们的测算显示 1993 年的时候南方就已超过北方。为什么有这样的差距？我们发现原因可能在于许多研究在算南北差距的时候没有用人口加权，因此没有考虑各个省份的规模差异，而南方有些人均 GDP 比较高的省份是人口大省，比如像浙江、广东人口规模均较大，一些比较落后的省份如贵州、西藏是人口比较少的。未使用人口加权会导致南方和北方发展差异的判断产生近 20 年的偏差。来源分解的结果显示，从产业结构来看，2008 年之后南北差距的扩大，基本体现在各个行业中南方对北方的领先，但最主要的贡献力量是南北方工业的差距发展扩大。从收入结构或者说从分配结构来看，在 2008 年南北差距扩大之前，南方在劳动者报酬上就长期领先北方，这体现了南方发展藏富于民（而不是藏富于企业或者藏富于政府部门）的特征。2008 年之后南北差距的扩大主要体现在劳动者报酬和企业的营业盈余差距的扩大，也就是说这一时期南北差距在分配层面主要是居民的劳动收入和企业利润的南北差距扩大了。

从支出结构来看，与收入结构中南方在劳动者报酬上长期领先一致，南北组间差距自 20 世纪 90 年代开始就体现为居民消费支出的南北差距。从货物和服务净流出来看，在 2002 年前，南北方的货物和服务净流出差距项长期为负，即北方在此项上具有优势，但在加入

WTO 后，从 2002 年开始南方在货物和服务净流出上的优势也开始凸显。到南北总体差距进一步扩大前的 2007 年，南北差距中货物和服务净流出的贡献已达到 77.5%。因此，南方省份在居民消费和外贸上占据领先优势。但是，2003 年后北方在固定资产投资方面对南方有相对优势，固定资本形成的组间差距项的绝对值不断扩大，到 2013 年占南北总体组间差距的比例一度达到 -49%。然而，固定资本积累的最终目的是产品满足消费需求，缺乏需求（包括境内的居民消费需求和境外对本地产品和服务的需求）支撑的固定资产投资是不可持续的，最终会面临产能过剩和资本回报率下降的不利局面。2013 年后我国发生产能过剩等问题，北方的固定资产投资增速大幅放缓，北方在固定资产投资上快速失去领先优势，短短几年内贡献从 2013 年的 -49% 到 2017 年的 21.3%。

需要注意的是，我们的测算截至 2019 年，本研究进行时，新冠肺炎疫情已暴发，许多经济数据尚未公布，因此我们的研究未测算 2020 年以来的情况。预计南北差距可能会因新冠肺炎疫情而缩小，这是因为：首先，湖北的 GDP 受新冠肺炎疫情影响很大，而湖北算作南方省份；其次，新冠肺炎疫情对不同产业的影响不一样，南方在三产上领先优势更大，新冠肺炎疫情冲击对于三产可能影响更大，因此会带来南北差距的缩小。但这只是新冠肺炎疫情的短期影响带来的，不代表南北差距的长期趋势，南北差距未来如何发展需要进一步观察。

（作者单位：中国社会科学院经济研究所）

医疗保险政策改革的几个关键问题

张川川

中共中央、国务院于 2020 年 2 月 25 日发布了《关于深化医疗保障制度改革的意见》（以下简称《意见》）明确了要在 2025 年之前完成待遇保障、筹资运行、医保支付、基金监管等重要机制改革任务。

医疗服务的过度使用是经济学家在研究医疗保险时关心的一个首要问题。由于医疗保险负担了患者的部分医疗费用，患者为医疗服务支付的费用低于医疗服务的社会成本，导致患者可能过度使用医疗服务。长期以来，健康经济学研究将医疗保险引起的医疗服务利用的增加称作道德风险。经济学家在分析医疗保险中的道德风险时，致力于估计医疗服务需求的价格弹性，将医疗保险引起的医疗服务支出的增加等同于道德风险。但是，这种做法忽视了医疗服务价格变动的收入效应，会使我们高估医疗保险所产生的福利损失。根据西方经济学的消费者理论，患者由于自付医疗费用下降所增加的医疗支出可以区分为两类效应：收入效应和替代效应。收入效应源于医疗服务价格下降带来的患者购买力的提升；替代效应源于医疗保险降低了医疗服务相对于其他商品的价格。以往针对医疗保险中道德风险问题的研究忽略了收入效应，把由医疗保险引起的医疗服务利用或医疗支出的增加，都视作福利损失。但实际上，在患者由于医疗保险而增加的医疗支出中，可能有相当一部分是收入效应带来的，不仅不应视作福利损失，反而应该视作福利改善。医疗服务的价格太高，会造成一部分患者尽管需要医疗服务，但却无力支付。有了医疗保险以后，患者面临的医疗服务价格下降，可以负担起原先需要但是却支付不起的医疗服务，使自己的健康状况得到改善。

我们需要明确的是，在经济学理论中，相对价格的变化才会导致激励扭曲，产生福利损失。在分析医疗保险的福利效应时，医保待遇所引起的医疗服务与其他商品的相对价格变化才是产生福利损失的关键。所以，在医疗保险所引起的医疗支出增长中，只有替代效应代表着福利损失，收入效应体现的是医保的保障作用。由此可见，要正确地分析医疗保险的福利效应，我们不仅需要估计出医保待遇调整对医疗服务利用和医疗支出的影响，还需要分离出替代效应和收入效应。我们用我国某大型省会城市医保待遇调整的政策试验，基于当地的医疗行政机构数据，估计了城镇职工医保参保者的医疗服务需求价格弹性和需求收入弹性。在此基础上，将医疗保险引起的医疗支出增加分解为替代效应部分和收入效应部分。我们发现，在医疗保险带来的医疗支出增长中，大约46%是收入效应。由此可见，按照以往文献的做法，对医疗保险所造成的福利损失的估算会存在严重的高估。我们还发现，收入水平越低的患者，医疗保险造成的激励扭曲越小，医疗支出的增加中属于收入效应的比重越高。因此，未来我们要进一步提高医保待遇水平，可以实行差异化的医保待遇，优先为低收入群体提供更高的保障，这样能够更好地平衡医保的保障作用和道德风险。

在医疗保障制度建设方面，筹资水平也是一个非常重要的制度参数。按照《意见》的要求，医保筹资水平的确立要保证医保可持续，筹资水平跟待遇水平要相匹配。这些年来，医保待遇水平是在不断提高的，这就要求筹资水平也要不断提高。2021年，政府再次将城乡居民医保（或新农合或城镇居民医保）的缴费标准提高了30元。调整后，每位参保人每年需要缴纳280元的保费，政府再为每人补贴550元。我国医疗保险制度建设的一个突出问题是医保待遇不平等，城乡居民医保跟城镇职工医保的待遇有很大差距，农村居民医保跟城镇居民医保的待遇也有不小的差距。但是，医保待遇上的差距不能简单等同于不公平。原因就在于医保待遇是跟医保缴费水平挂钩的，缴费缴的少，待遇自然就会低一些。例如，新农合住院费用的报销比例大概能到50%，城镇职工能到70%多，再考虑两类保险患者的平均医疗支出水平，这个差异是很大的。但是，我们要知道城镇职工医保缴费的标准是工资总额的8%，而新农合一开始的时候年人均缴费只有十几块、二十几块钱，此后虽然多次上调，但最新的缴费标准也不过是几百块钱。无论是从提高医保待遇出发，还是从缩小不同类型医保的待遇差距出发，未来势必要继续提高城乡居民医保的缴费标准。

但是提高医保的缴费标准会面临一个问题：缴费标准太高，会不会有很多人就不参保了？城乡居民医疗保险采取的是自愿参与原则，会存在一个医疗保险需求价格弹性的问题。如果把缴费标准提高，城乡居民对医疗保险的需求可能就会下降。就医疗保险来讲，肯定是希望参保的人尽可能多，这样才能发挥出保险的风险分担作用。而且，我们知道医疗保险参与通常存在逆向选择的问题，健康风险越高的人，越可能购买医疗保险，如果缴费标准的提高导致很多健康风险较低的人退出，医保的可持续性就会成问题。

所以，很关键的一点是，城乡居民对医疗保险的价格到底敏感不敏感？用更标准的术语讲，医疗保险的需求价格弹性大不大？为了回应这个问题，我们利用全国各地区居民医保缴费标准的差异及其动态变化，估计了城乡居民医保的需求价格弹性。我们的分析结果显示，城乡居民对医保缴费水平的变动并不敏感，过去这么多年城乡居民医保缴费水平的提高并没有导致很多人退出医保。这个并不奇怪，因为虽然经历了多次上调，目前城乡居民医保的年人均缴费也只有280元，政府还要补贴550元，仍然是非常划算的。因此，城乡居民医保仍然有进一步提高筹资水平的空间，目前还不需要担心提高缴费标准可能导致的退保。

最后，我讲一下我们最近围绕医保支付方式改革在做的一项研究工作。《意见》提出要建立高效管用的医保支付方式。当前，国家医保局正在全国范围内推行医保支付方式改革的试点，在30个城市搞按病种分组付费（DRG 付费）；在 71 个城市搞区域总额预算下的按病种分值付费（DIP 付费）。无论是 DRG 还是 DIP，都属于预付制。传统的付费方式是按项目付费，是后付制，无论患者花费多少，医保都按照一定的比例进行报销。在 DRG 或 DIP 模式下，医保会根据患者的疾病诊断情况进行打包付费，如果医疗费用超出了医保事先确定的付费标准，多出来的费用就要由医院承担；相应的是，如果医疗费用低于付费标准，结余部分留归医院。很显然，采用 DRG 或 DIP 付费，医院有很强的动机控制医疗费用，从而实现对医院过度医疗行为的遏制，避免医保支出的不合理增长。但是，像 DIP 这种付费模式，由于实行了区域内总额预算，区域内医疗机构之间在争取医保资源方面就会存在竞争关系，医保支付方式的改革不会只起到控费的作用，还可能影响医保资源在区域内医疗机构之间的分配。利用我国某大型城市医保支付方式改革的政策试验，我们评估了 DIP 支付方式改革的政策效果。我们有两个重要的发现：首先，DIP 付费改革导致了医院高套编码、筛选病人等策略行为，这与针对发达国家 DRG 付费改革的一些研究发现是一致的，也符合我们的理论预期；其次，我们发现 DIP 付费改革使区域内医保资金在医疗机构之间分配的不平等程度显著上升，大医院分到了更多的医保基金。这种"分配效应"是以往研究没有注意到的，也是目前国内针对医保支付方式改革所做的政策讨论所忽视的。我们的研究发现对于加强医保监管和合理调节分配医保资源有重要的启示意义。

（作者单位：浙江大学经济学院）

将经典理论与中国实践相结合

封 进

经典理论是指已经被学者们广为学习、检验、引用，甚至已经进入教科书的理论和模型。这些理论对现实有较强的解释性和普适性。在研究中国问题时，虽然现实和模型假设之间可能有诸多差异，但并不妨碍我们充分运用和拓展经典理论，将研究建立在逻辑严密的理论之上，结合中国实际修改经典模型的假设或设定，由此可以更为科学地认识问题、解释现象并提出有理有据的政策建议。

在当前对共同富裕目标的探索中，将公共经济学中的经典理论与我国政策目标相结合，具有很强的现实意义。以医疗保障为例，医保可以促进医疗服务的利用，从而带来健康人力资本的提升。然而，医保也可能带来过度医疗消费的问题，导致社会资源浪费。关于最优医保水平，是十分经典的理论问题，核心思想是权衡医保道德风险和医保平滑消费这两个功能得到最优医保。但需要理解的是，这一最优医保水平是效率最大化的结果。对于发展中国家，仅从效率最优角度确定医保水平是不够的。发展中国家与发达国家相比，还有很多人看不起病，较低的收入水平限制了他们获得基本医疗服务的能力。这时候需要在最优医保模型当中加入公平性的因素，即保障人人可获得基本的医疗服务，正如阿马蒂亚·森所说：健康公平是所有公平因素中最基本的。那么如何在最优医保理论中加入公平考虑，就是值得考虑的问题，需要对现有模型的效用函数或约束条件做出修改，即在经典理论的基础上加入现实的政策目标。

在加入了公平的因素后，得到的最优医保水平要比只考虑效率时的水平更高。这是因为一些人原本看不起病，当有了保险后，他们的医疗需求就会增加较多，即他们的需求价格弹性是相对比较高的。经典理论告诉我们，需求价格弹性越高，从效率角度考虑，要求的最优报销比例就越低。但是从公平的角度，这些人恰恰需要较高的保障水平。对照我国城乡居民医保，虽然我们目录内的报销比例在70%左右，但是从公平的角度考虑这是不高的，还有提升的空间。

除了不同收入群体之间的医疗服务利用公平，在我国不同地区之间的差异也十分突出。经典理论也没有将所谓的异地就医的情况放在里面。而现实中我国异地就医政策发展非常快，政策目标是让医疗资源匮乏地区的人可以到医疗资源丰富的地区同等地享受医疗资源，这一政策受到广泛欢迎，异地就医人群的增长非常迅速，加上最近几年医保信息系统等方面的完善促进了异地就医人数大幅度提升。

作为一个发展中的国家，资源配置失衡，不公平、不平等是长期存在的，要改变资源配置不平等是很难的。而我们现在的异地就医政策恰恰可能进一步加剧医疗配置的失衡，因为那些资源欠发达地区的人到资源丰富地区就诊的同时，使用了欠发达地区的医保基金，却投资了发达地区的医疗服务业，形成了马太效应，即医疗资源丰富的地区患者多、收入高，未来下一期的投入会更高，就会引起资源配置的进一步失衡。

从我国政策导向来看，强调推导异地就医政策有积极的影响，大大方便了一部分人享受好的医疗资源，但由此引起的不公平问题值得注意。事实上异地就医有较多的固定成本发生，比如交通成本、住宿成本、陪护成本等，医疗匮乏地区相对收入比较高的人才会选择异地就医，相对穷的人也没能力去选择，由此，实际上导致了医疗服务的不公平。如何采用严谨的理论分析异地就医问题及其带来的医疗资源配置的长期不平等状况、医疗服务利用的不公平程度等，需要对现有理论做出更多探索。

在经典的理论当中加入中国特征，拓展经典理论，并非只对中国有意义，一些发达国家的特定人群或者是广大的发展中国家，可能也需要这样的一些模型。由此，对中国问题的研究也具有一定的普遍意义。主流经济学对公平强调不够，可能是对公平的定义本身有很多争议，但不能因为主流经济学注重效率，我们就跟着主流文献，忽视采用严谨的方法讨论公平问题，而是需要正视这样的挑战。

（作者单位：复旦大学经济学院）

共同富裕的时代价值与现实推进

文雁兵

共同富裕是社会主义的本质要求，是人民群众的共同期盼。2021年6月，中共中央、国务院公布了《关于支持浙江高质量发展建设共同富裕示范区的意见》，这是以习近平同志为核心的党中央把促进全体人民共同富裕摆在更加重要位置做出的一项重大决策，充分体现了党中央对解决我国发展不平衡不充分问题的坚定决心，为浙江高质量发展促进共同富裕提供了强大动力和根本遵循。我今天想借此机会讲以下三个问题。

（一）共同富裕的时代价值

习近平总书记和党中央提出"扎实推进共同富裕""推动全体人民共同富裕取得更为明显的实质性进展"，在全面建成小康社会之后我们必须有新的目标和新的战略统领社会经济发展，习近平新时代中国特色社会主义扎实推进共同富裕具有重要的时代价值。第一，共同富裕是社会主义的本质特征，是区别于资本主义国家的最主要方面。社会主义不是少数人富起来、大多数人穷，社会主义最大的优越性就是携手走向共同富裕。第二，共同富裕是中国式现代化的重要特征，是迈向更高级社会主义发展阶段的重要标志，是在消灭了绝对贫困，全面建成小康社会，解决了"有没有"的问题之后，中国现代化建设阶段的重点任务之一，它将进一步着力解决"好不好"的问题，通过扎实推进共同富裕，推动"五位一体"的全面升华和人与社会的充分发展。第三，共同富裕是对西方福利社会的全面超越。马克思主义理论论证了社会主义和共产主义最终必然代替资本主义和一切私有制社会的规律性和历史趋势，揭示了共同富裕的发展规律。第四，共同富裕是人类文明的新形态。共同富裕不仅仅是指经济、政治、文化、社会和生态，更是指思想精神层面的主义、制度、道路、模式与文明。第五，共同富裕的正确认识。现在共同富裕既是目标，也是道路和过程，扎实推进共同富裕需要建立新型"共富观"，包括新型的效率与公平观、新型的政府与市场观、新型的资本与劳动观、新型的经济与社会观、新型工业文明与数字文明观等。

（二）共同富裕示范区为什么选择浙江

浙江有"七山一水二分田"之说，地理条件和资源禀赋非常不好，经济基础也不好。但是，浙江在改革开放以后实现了跨越式发展和蝶变式革新。首先，具有代表性。浙江的面积、人口结构在全国具有代表性，民营化、市场化、工业化、城市化发展等方面成绩斐然，市场经济、文化传承、现代法治、社会治理、富民惠民、绿色发展等方面成果显著，发展状况具备建设共同富裕示范区的基础和优势。其次，具有创新性。浙江探索创造了"最多跑一次"等多项改革先进经验，创造和持续发展了"依靠群众就地化解矛盾"的"枫桥经验"，在基层社会治理方面创新出自治、法治、德治、智治的"四治融合"，各地普遍具有比较强烈的改革和创新意识。最后，具有延续性。浙江在2003年7月举行的第十一届四次全体（扩大）会议上提出进一步发挥八个方面的优势、推进八个方面的举措的"八八战略"，就开启了浙江率先进行共同富裕自主性实践探索的1.0版本，2021年提出高质量发展建设共同富裕示范区则是浙江率先进行共同富裕示范性实践探索的2.0版本，前后两个时期的探索不是简单的延续和继承，而是一种跃升和飞跃。经过近20年的探索和发展，浙江富庶且均衡，浙江的城乡收入差距目前是全国所有省份里面最小之一，全省的城乡收入比是1.96∶1，中国革命红船起航地的嘉兴是1.61∶1，农村居民可支配收入接近4万元，非常均衡。

(三) 数字文明给共同富裕带来的机遇

我们已经从工业文明时代迈入了数字文明时代，数字中国建设和数字化改革给浙江的经济发展，包括共同富裕提供了一个前无仅有的重大的好处或者优势，因为数字化的手段现在已经开始在浙江的教育、医疗等公共服务方面发挥了巨大的作用。例如，浙江很多年前就搞医共体，杭州、嘉兴这种市里面最好的医院里最好的医生要到各个地方乡镇里面去轮流看病，为了把更好的医疗资源往乡村或者落后地区倾斜。但人是有限的，资源是有限的，我到这个地方去就不能到那个地方去，在城市里面工作五天还是工作三天，效果没有那么大。但是现在有数字化的手段就不一样了，通过一个App，在农村、在基层就可以挂医院的专家号，不用去杭州、宁波的大医院现场，在村、镇、县医疗机构拍的医学片子，直接通过这个App传到大城市大医院专家的电脑上，医生就可以"把脉问诊"，通过视频或者语音跟本人讲解病情和治疗方案，极大地缓解医疗资源稀缺和不均衡的问题。再比如，浙江省内相对落后的26个县，主要分布在浙江西部山区，这些山区县在工业文明时代很难向其他的发达县市看齐，在工业文明时代，山区的交通、人口、资源、教育、医疗等各方面等局限性很大，外面的技术、资本、市场很难进去，发展受到极大制约，但通过数字化手段、技术、平台，农民的产品可以卖出来，外面的信息可以流进来，公共服务可以共享，这些山区县走"绿水青山就是金山银山"的路子，把"美丽风景变为美丽经济"，把环境、卫生、设施弄好，旅游、观光、研学项目建好，成批成批的上海、江苏和浙江省内发达城市都往浙江的中西部山区去旅游，给当地的农民带来很高的收入。所以相较于工业化时代，在数字化时代，它能够在经济发展、收入分配、社会公共服务等方面，提供给我们很多前所未有的机遇。

最后我想强调的是，共同富裕是解决新时代发展不平衡不充分主要矛盾和跨越中等收入陷阱的重要手段，在中国共产党的坚强领导下，通过共同富裕的思想创新、理论创新、实践创新、文化创新，中国共同富裕道路一定能够超越北欧模式、中东模式、拉丁美洲模式、东亚模式，有着光明的未来，让人民群众真真切切感受到共同富裕看得见、摸得着、真实可感。

（作者单位：嘉兴学院中国共同富裕研究院、经济学院）

关于扎实推动全体人民共同富裕的一些思考

蒋永穆

实现共同富裕，是马克思主义理论的一个基本目标，也是我国人民自古就有的一个美好愿景。中国共产党自成立之日起，就将实现全体人民共同富裕作为自己重要的奋斗目标，带领人民在革命、建设和改革中进行了不懈探索。步入新发展阶段，在脱贫攻坚战取得重大胜利、全面建成小康社会任务如期完成的背景下，推动"全体人民共同富裕取得更为明显的实质性进展"愈发迫切。那么，在绝对贫困这个"底线问题"已经得到有效解决的基础上，如何推动共同富裕这个"高线问题"得到逐步解决？

第一，在高质量发展中促进全体人民共同富裕。高质量发展是体现新发展理念的发展，可以有效地解决城乡间、行业间、群体间发展差距过大的现实问题，是实现全体人民共同富裕的根本路径。当前，我国经济社会发展的质量仍不够高，突出表现为发展的平衡性、协调性和包容性不足：城乡之间、区域之间发展不平衡，实体经济与虚拟经济之间、物质文明与精神文明之间发展不协调，企业之间、不同群体之间发展不包容。这些发展质量不够高的问题，直接影响着全体人民共同富裕的推进。因此，要坚持以共创为导向，提升发展的平衡性，贯彻落实乡村振兴战略，做好脱贫攻坚与乡村振兴的有效衔接，促进城乡融合发展，并创新区域间结对帮扶方式，加速各类资源在不同区域间的有序流通，促进区域协同发展；以共生为准则，提升发展的协调性，正确处理实体经济与虚拟经济的关系，加大对实体经济的扶持力度，营建虚拟经济与实体经济互助发展的良好环境，提升实体经济发展的竞争优势，注重精神文明建设，促进物质文明与精神文明协调发展；以共享为目的，提升发展的包容性，坚持问题导向，出台相关政策纾解企业发展存在的困境，为各类企业提供平等竞争的机会，并强化民生意识，完善社会保障体系，满足人民日益丰富的美好生活需求。

第二，在完善三次分配制度中促进全体人民共同富裕。作为社会主义基本经济制度的重要组成，按劳分配为主体、多种分配方式并存的收入分配制度，是扎实推动全体人民共同富裕的基础性制度依托，在维护社会公平正义、缩小地区发展差距、防范化解各类风险等方面具有重要作用。当前，受各种复杂因素的影响，我国居民在收入分配中存在着比较普遍的机会不均等现象，收入分配制度体系亟待完善，需要坚持以更加注重公平为价值导向，不断完善三次分配制度，彰显社会主义分配制度的内在优势。厉以宁先生在20世纪90年代谈到三次分配时，中心思想就是初次分配要使各种要素在市场中去实现，更加注重效率；第二次分配由国家通过财政、税收这些政策进行协调，更加注重公平；第三次分配则主要讲社会捐赠。因此，首先要持续深化社会主义市场经济体制改革，围绕公平竞争的主线，确保各类要素平等参与分配，更好地发挥市场在要素资源配置中的作用；其次要持续深化收入分配制度改革，破解更深层次的社会利益格局失衡问题，扫除影响收入分配公平的体制机制障碍，妥善化解外部局势变化带来的不稳定性和不确定性；最后要规范收入分配调节秩序，完善三次分配领域的法律法规体系，在保护合法收入的同时，清理规范隐性收入，严格取缔非法收入，引导民众积极参与社会公益，确保收入分配秩序符合人民群众的整体利益。

第三，在数字经济健康发展中促进全体人民共同富裕。共同富裕是社会主义的本质要求，数字经济是全球发展的未来趋向，二者都是社会主义现代化建设的重要主题，具有强烈的互动耦合。应当看到，作为新一轮科技革命的产物，数字经济是现代新兴生产力的代表，正在成为重组全球要素资源、重塑全球经济结构、改变全球竞争格局的关键力量，可以通过提升社会生产效率、拓宽不同群体发展渠道、加快产业绿色转型、优化市场运行机制、丰富个体社会生活等方式促进共同富裕；同时也应当看到，在市场配置资源的过程中，数字经济必然要追求更高的效率和更低的成本，进而在多个维度对推动全体人民共同富裕带来潜在风险和挑战：数字垄断可能提高社会的进步成本，数字鸿沟可能拉大发展的相对差距，数字技术可能造成生态的绿色盲区，数字壁垒可能滞碍市场的要素流通，数字劳动可能导致个体的异化发展。因此，要在充分研判各类风险的基础上，坚持以新发展理念为指导，推动数字经济健康发展，引领全体人民共同富裕取得新的进展。具体而言，要坚持以创新为第一动力，深化数字经济质量变革，力争达到共同富裕所要求的生产力发展水平；以协调为内生特点，统筹经济社会发展全局，打造更加公平合理的发展格局；以绿色为普遍形态，打造高效节能产业模式，营建具有良好生态环境的共同富裕新生活；以开放为必由之路，构建包容互信数字生态，创造庞大的社会协同效益，在更高水平的开放中推动世界发展，实现共同富裕；以共享为根本目的，营建自由普惠数字生活，真正实现发展成果由人民共享。

习近平总书记指出："实现共同富裕不仅是经济问题，而且是关系党的执政基础的重大政治问题。"因此，扎实推动全体人民共同富裕，要坚持以马克思主义政治经济学为指导，在生产力与生产关系、经济基础与上层建筑的辩证运动中系统谋划，充分体现新发展阶段的特征、新发展理念的意蕴和新发展格局的要求。

（作者单位：四川大学经济学院）

数字经济发展的劳动力市场特征

高文书

  数字经济是我国现代化经济体系建设的重要支撑，是推动中国经济增长的新动能。数字技术与传统产业的融合催生了新产业、新业态和新模式，导致劳动力就业呈现新变化趋势。首先要强调的是数字经济的发展对共同富裕目标的实现具有重大意义。根据国家统计局有关数字经济的界定，数字经济的区分大体上可分为两个方面，其一是数字产业化，其二是产业数字化。根据国家统计局的定义，同时也充分参照国内外相关机构关于数字经济分类的方法，确定了数字经济的基本范围。其中，数字产业化部分即数字经济核心产业，是指为产业数字化发展提供数字技术、产品、服务的各类经济活动，包括计算机通信设备制造业、软件和信息技术服务业等。产业数字化部分则是指以数据为新生产要素进而实现数字技术与传统产业的深度融合。因为数字经济核心产业对所包含的行业存在具体的指向，所以这一类别可以明确地识别出来。在初步的市场调查中，只要将行业和职业细分，就能够顺利实现对数字产业化的识别。然而，产业数字化的界定更加宽泛，在实际调研中难以有效界定，例如部分微观主体的生产经营活动实行全平台数字化，又如实体销售和线上销售并行的运营模式，对产业数字化的界定难上加难。

  近期以来，有学者测算出来的结果表示，数字经济占 GDP 的比重达到 18% 左右，数字经济就业人员大概占总就业人口的 10%。如果按照工信部的数据测算，数字经济规模可能会更大，所占比例更高，数字经济对增强经济发展动能的重要性进一步凸显。

我采用中国社会状况综合调查的微观数据进行了测算，该调查是双年度的纵贯调查，最新一期是 2021 年，包含 1 万多个样本，但数字经济核心部门的样本量相对较小。通过对数字经济和其他行业的比较发现，数字经济从业人员至少具有"两高两低"的特点，即从业者的受教育程度高、月收入高，平均年龄低、工作年限低。"两高"是指核心数字部门的受教育程度高，与 ICT 相关的产业平均受教育年限达到 13.5 年，在全部行业中排名第 5，比全部从业人员平均受教育年限（11.51 年）高出 17.03%。从受教育程度看，数字经济核心部门从业者以大学及以上学历为主体，一半以上为大学学历。收入水平也非常高，体现在其平均月收入为 10553.22 元，在全部行业中排名第 5，比全部从业人员平均月收入（6649.88 元）高 58.70%。两低则是指平均年龄低，行业中以年轻人居多；工作年限低，可能与行业发展时间较短有所关联。

由前面的测算可知，数字经济核心部门就业人员呈现高收入特征，因此有必要对人力资本回报率做进一步分析。基于简单和拓展的明瑟方程即可检验，结果显示教育的工资回报率仍保持在 6.35% 左右，但纳入数字经济核心部门与教育年限的交叉项后，教育年限的工资回报率在数字经济部门相应增加 1.64 个百分点，达到 7.94%，也就是说大学学历的劳动者在数字经济核心部门的回报率能达到 8% 左右。总之，同等条件下数字部门的人力资本回报率更高，这将有可能扩大社会收入差距。除此之外，技能培训的回报率在数字经济核心部门同样处于较高水平。在调查问卷中的一个问题是："你过去一年有没有参加一个月以上的培训"，参加过技能培训的劳动者都得到了相应的工资增长，在数字经济核心部门的技能培训回报率还会额外增加。初步研究发现，数字经济核心部门工资高且人力资本回报率更高，马太效应进一步显现。

数字经济有关社会保障的讨论一直层出不穷，数字经济核心部门从业人员的社会保障状况良好。但是在产业数字化部门，其数字经济发展的影响程度较深，催生了新业态并改变了传统就业模式，由此带来新的就业模式。新就业模式与传统的标准就业有所不同，被定义为非标准就业，主要是通过数字平台实现大规模供需匹配。由于从业人员与企业劳动关系的不明确，导致新就业形式无法与现有的社会保险体系相适配，参保率低。我们曾做过相关的调查，大概1万名滴滴司机的调查结果表明，社会保险的参保率只能达到20%左右。而在20%左右的比例中，绝大部分还是来自首约汽车为司机提供的劳动合同（此类网约车司机可以享有社会保障）。其余滴滴司机则未与平台签订正规劳动合同，平台与个体之间雇佣关系不明确、模糊化，绝大多数司机未签署劳动合同，无法被纳入现有的社保体系。越来越多的人认为不应以雇佣主体来界定契约双方关系，应以一种工作任务来决定。当中介平台为劳动者提供工作机会时，社保制度逐渐地从依托于雇主转为依托于平台，甚至依托于工作任务。伴随着数字经济的蓬勃发展，新就业形式脱离了传统的雇佣关系，其就业比例越来越高。全世界范围内的新就业形式呈现相同特点，社会保障问题引起广泛讨论和关注。我国未来对社会保障体系的修改和完善仍将面临巨大的挑战。

（作者单位：中国社会科学院大学经济学院）

需要重视对财产差距的研究

邓曲恒

收入分配已经成为各界关注的热门话题，学界从各个层面在共同富裕的语境下对收入分配进行了很多的讨论。除了收入的差距以外，还有一些问题值得深入研究。比如财产差距问题。收入是流量，财产是存量，两者的分配状况都关系到切好分好"蛋糕"。财产与收入之间具有密切的联系，收入的结余促成了财产的积累，而财产也能通过财产性收入等渠道促进收入的增长。此外，财产作为居民的资产，其自身也具有保值增值的功能，同样也会促成财产的积累。收入分配与财产分布也是相互影响的。作为收入积累的存量，财产差距不仅往往与收入差距呈现出一定的正相关性，而且由于财产累积效应的存在，财产差距往往要大于收入差距。在改善收入分配格局的同时，注重财产差距的缩减和财富分配格局的优化，能够有力推动全体人民共同富裕目标的实现。

财产差距问题最近得到了党中央的高度关注。党的十九届五中全会明确提出，要改善收入和财富的格局。《中共中央　国务院关于支持浙江高质量发展建设共同富裕示范区的意见》也提出了要更加优化收入和财富分配格局。

家庭结构变动对家庭间财产积累的影响涵盖了家庭微观结构、家庭的风险分散功能和家庭间教育分布等范畴。具体来讲，家庭结构影响居民财产分布的途径至少包括如下几个方面。首先，受计划生育政策、社会养老保障和住房改革等制度变迁的影响，城镇地区家庭规模不断缩小，家庭内劳动力相对数量减少，家庭结构小型化趋向日益凸显。一方面，家庭规模决定了对家庭财产的分享人数，而劳动力的数量和家庭成员的劳动供给行为又通过影响家庭收入而作用于财富积累，因此，家庭结构的小型化对财产差距有着重要的影响。另一方面，家庭结构变动对财产差距的影响还取决于家庭类型的变化对不同财产分布的影响。比如，如果夫妇核心家庭的增加主要是由于低财富阶层家庭的增加而非富有群体增加的影响，那么财产分布差距有可能进一步扩大。其次，家庭结构可能通过家庭内部保险机制的差异而作用于家庭间储蓄及财产积累的过程。比如，为了提高未婚子女未来在婚姻市场和人才市场的竞争力，核心家庭会增加预防性储蓄以及在房产方面的投资。相对而言，复合家庭（夫妇和两个及以上已婚子女和孙子女的家庭）中较高的育儿教育支出和医疗支出可能会导致家庭储蓄减少，并直接影响其财产积累的过程。最后，家庭成员的教育水平分布决定了家庭内部的人力资本水平，进而影响到家庭之间的财产积累。其结果是，不同类型的家庭间的财产积累具有明显差异性，而家庭结构的变动也会通过上述途径作用于家庭财产积累和居民财产分布差距。

基于中国居民收入分配调查1995年和2018年的城镇数据，我们发现1995—2018年，在单人户家庭和夫妇核心家庭占比大幅增加的推动下，城镇地区家庭结构呈现出小型化的变动趋势。家庭规模的小型化趋向使家庭内部和代际财产再分配的可能性降低，同时家庭结构变动会通过影响家庭的劳动供给、家庭内部保险机制和家庭间教育分布而作用于家庭财产分布差距。

我们对MLD指数的时序变动进行了分解，以估计家庭结构变动对城镇内部居民财产分布差距的影响。研究发现，在仅考虑家庭户类型的情况下，这一时期家庭结构变动是影响城镇居民财产不平等的重要因素，解释了1995—2018年财产分布差距扩大的26.60%。

然而，MLD指数分解无法控制这一时期其他可观测特征变化对财产分布差距的影响，因此可能导致对家庭结构影响的高估。我们因而也在采用改进后的 DFL 分解方法控制了可观测特征变化的影响后模拟了反事实的财产分布，以分离出家庭结构变动对城镇内部居民财产差距变化的作用。结果同样发现，1995—2018 年，家庭间财产分布差距的 11.30%—16.91% 要归因于这一时期家庭户类型的变化。

我们的研究表明，家庭结构的变动是影响财产分布差距的重要因素。在家庭规模不断小型化的背景下，由于家庭内部财富贡献人数减少，家庭内年龄结构和劳动供给行为发生相应变化，家庭内部保险机制也相应改变，其结果是家庭结构对扩大财产分布差距的作用会越来越重要。基于此，要继续推动财产税和房产税的出台，并以家庭为单位进行调整，能够在一定程度上抑制财产差距的扩大。

（作者单位：中国社会科学院经济研究所）

金融服务实体经济与风险处置

加强中国金融学的理论创新

曹廷求

2016年5月17日，习近平总书记在哲学社会科学工作座谈会上指出，要加快构建中国特色哲学社会科学，重点是学科体系、学术体系、话语体系建设。我们理解，建立中国特色哲学社会科学是坚定"四个自信"，尤其是理论自信的重要步骤。中国金融学作为中国特色哲学社会科学的一部分，大有可为。我们需要深入学习领会习近平总书记的讲话精神，坚定信心，迎头赶上，结合学科实际，努力实现中国金融学的理论创新。

过去一个时期以来，我国金融业在取得快速发展的同时，金融业态、金融生态都发生了非常大的变化，比如移动支付已经变成老百姓日常衣食住行的一部分，同时，通过实践对理论推动作用的发挥，使金融的理论创新面临非常好的历史机遇，触发了对金融边界、金融功能、金融本质的重新认识和界定，甚至会出现对金融学认识的质的飞跃，这些都为新时代中国特色金融学的建设提供了肥沃的土壤。下面我举个例子加以说明，不当之处请批评指正。

这个例子从现在的学术范畴来讲就是科技金融。大家知道，科技是推动金融业发展的重要引擎，这已被历史反复证明。具体到银行业来说，我国的很多银行都在搞，也取得了很大的进步。我主要跟踪的是中国建设银行（以下简称建行），做得比较有特色。近几年建行在新金融理念引领下重点实行了科技金融、普惠金融、住房租赁三大战略，我的理解是这三个战略是相互契合、相互融通的，将来的综合优势会非常明显。建行现在做的一些事情不仅对他们自身会产生巨大的影响，也会潜移默化地为金融理论创新做出贡献。

具体来讲，山东寿光是蔬菜之乡，那里的蔬菜大棚已经发展到第7代，老百姓坐在家里的炕头上，用手机完全可以控制大棚，比如通风、采光、温度、湿度、浇水等，非常现代化。建行开发了一个平台，然后把这个平台和控制大棚的手机联网，在建行的大楼里想看哪个大棚，里面种的是黄瓜还是茄子，哪个茄子长到什么程度都能看到。更进一步，他们发明了一个智慧秤，蔬菜往上面一放，重量、水分、农药残留等参数就传到平台上来了。随着蔬菜从采摘、运输到批发流通等各个环节，从人力小三轮车、电动三轮车到小卡车、大卡车等各种类型的装载工具，从种菜的田间地头到村镇的蔬菜小批发市场、寿光蔬菜批发市场、目的地大城市的大型批发市场等各个生产流通场景都实现了全程跟踪，同时把从事种子化肥等原材料供应、蔬菜种植、批发、零售、运输各环节、贩运、购买等各级市场主体的数据信息全部采集到建行的科技平台。将来建行就可以利用这些信息为这些市场主体提供精准的金融服务。建行山东分行正在沿着这一"科技金融+产业链（供应链）"的思路，将上述做法积极推广到玉米、苹果等大宗农特产品，大大拓展了金融服务的边界，革新了银行业务的成本收益计量计算方式方法，改变了银行业市场的竞争态势和竞争行为。

他们进一步实施住房租赁战略，将上述做法推广到了商品住房领域，按照上述思路将土地供应、开发商、建筑装修材料提供商、建筑公司、装修公司、房产中介、家用电器生产商和大型卖场、养老院等住房涉及的市场主体以及房产监管部门、质量监测机构等全部纳入他们开发的住房租赁平台。将来如果进一步将住房子的个人和家庭，以至于把个人和家庭的消费品和日常生活用品再纳入这个系统，然后再开发一系列金融产品，这些市场主体和个人就可以在这个平台上实现内循环式的交易了。试想一下，我们周边有哪些与房子和住房子的人没有关系？基本上都有关联。

　　这样就随之产生了三个问题。第一个问题是，如果真的发展到那一步，银行还叫银行吗？那时的银行实际上就演变成了一个生活综合服务提供商，和现在的大型电商平台基本没什么区别。从理论上讲这就突破了银行的边界，需要我们对银行和金融的边界及其功能进行新的定位和认识。第二个问题是，到那时候，由银行演变成的生活综合服务提供商就要和现有的大型电商平台竞争，那么谁会取胜呢？由银行演变成的市场主体有一个优势是其他市场主体难以比拟的，就是它与生俱来的金融功能，可以把吸收存款的储蓄功能转换成资金优势，再把资金优势转换成竞争优势。第三个问题是，如果建行转型成功，很多指标可能就会领先，国内其他的银行就会跟进，中国的银行一旦转型成功，外国的银行就会仿效，那时中国的银行发展和创新就有可能走在世界前列或者说引领世界银行业的创新和发展。

　　从20世纪70年代以来，几乎所有的金融创新基本上都发生在美国，这也是美国成为现代金融理论中心、引领现代金融理论发展的现实条件。新时代我国金融业的创新发展和中国银行业的实践探索为现代金融理论创新提供了宝贵的素材和丰富的营养，也为中国特色金融学的创建提供了可能。我们要贯彻落实好习近平总书记讲话精神，把我国已有的各项金融业的创新实践总结好，并基于此提炼和总结规律性成果，进一步把实践经验上升为系统化的金融学说，实现金融学的理论创新，为建立中国特色金融学理论体系做出贡献。

（作者单位：山东大学经济学院）

金融如何支持实体经济及相关金融风险处置

王 博

我们这个分论坛的主题是讨论"金融服务实体经济与风险处置",下面我就围绕这个主题并结合我们团队这几年所做的一些具体研究工作,谈一下我对这个主题的几点认识。

(一) 金融如何支持实体经济高质量发展

我认为金融支持实体经济这一块的研究工作,应该主要围绕金融如何支持科技创新。因为这两年中国经济发生了很大的变化,我们以前的科技创新走的是模仿路线,现在可能更多要走在技术前沿上进行原创性创新的道路,且我们只能是自主创新。但由于创新活动的巨大不确定性,金融如何服务和支持科技创新在现阶段则更凸显重要性。前一阵子中金公司的彭文生团队发表了一篇很有名的研究报告《创新——不灭的火炬》,我觉得很有启发意义。其实从历史经验来看,各个国家关于金融如何支持科技创新的国别差异性比较大。在中国也有很多人讲,究竟我们是应该学美国模式还是应该学德国模式?但有一个共识是,包括这些发达国家在内,他们都有一套成熟的支撑体系,用丰富的金融体系来支持科技创新活动。

(二) 关于风险处置方面

国际金融和系统性风险是我们团队做得比较多的研究领域。首先,这两年我们跟中国建设银行建立了南开—中国建设银行系统性风险研究实验室，基于中国建设银行的海量数据，我们在银行的数字化转型方面做了大量研究。大数据尤其是海量微观交易数据可以为我们的前沿研究工作提供更多可挖掘的数据资料。其次，我们做的风险方面的研究主要是面向经济主战场和国家重大经济需求，且主要集中在绿色金融和数字金融两个方面。中国经济绿色转型过程中的风险是不容忽视的，无论是物理风险，还是转型风险。比如，气候变化会导致海平面上升，本身就会导致很多问题。沿海地区的房屋贬值，包括很多银行的抵押贷款资产都可能会发生不小的变化。此外，在绿色转型过程中，无论棕色企业还是绿色企业，其转型都是有阵痛的，转型风险要采取哪些必要措施来加以控制是一个很好的研究课题。个人觉得，30∶60的"双碳"目标，对中国很多金融机构的压力还是非常大的。再次，普惠金融如何实现普惠性也是一个值得深入研究的话题，个人觉得可以结合数字化技术做更多的研究尝试。最后，从国际金融角度研究输入型风险，比如，现在的全球价值链，由于新冠肺炎疫情或者地缘政治原因，供应链、价值链可能会断掉，这可能会构成一个风险。当然，中国要继续走金融开放的道路，但需要谨记的是将来双向金融开放可能会形成一些新的风险点，这些风险点都会给我们提供更多的研究素材。

（三）地方政府债务是一个交叉研究领域

天津的地方政府债务是比较有特点的，最大的问题是隐性债务一直看不太明白，因为隐性债务跟地方的中小银行的关联比较大。地方中小银行可能造成财政和金融风险的相互外溢，因为中小银行和地方国企的股东基本上都是地方财政局或国资委。我相信，中国丰富的金融实践必将为中外学者进行金融研究提供更多素材，也为我们更好地讲好中国故事打下良好的基础。

（作者单位：南开大学金融学院）

以金融支持企业创新

田 轩

改革开放 40 多年来，中国经济取得了举世瞩目的成绩。1980 年，我国 GDP 总量仅占美国 GDP 总量的 10% 不到，到了 2019 年，这一数字增长到了 65%，我国已成为全世界最大的工业国。2020 年，面对突如其来的新冠肺炎疫情，美国等其他国家的经济出现负增长。然而，面临同样情况，我国的经济依然保持正增长，GDP 超过 100 万亿元。从总量上看，中美的差距越来越小。然而，从经济发展质量来看，中国经济发展质量与美国依然存在差距。如何保证我国经济高质量发展，是我们应当考虑的重要问题。

我的研究主要聚焦如何利用金融的手段和金融力量支持企业创新，主要从微观、中观、宏观三个方面搭建了一整套研究框架。例如，在宏观层面，我们探索了资本市场结构对创新的影响。利用全球 30 多个国家及地区资本市场结构及创新水平相关信息，我们发现，与信贷市场相比，资本市场越发达，对创新的激励作用效果越好，这对于资本依赖型行业和技术密集型行业更为明显。这一发现对我国资本市场改革具有重要的现实意义。我国资本市场长期是以银行为代表的信贷市场为主，社会融资有 90% 是通过信贷方式实现的。从偿付结构来看，债权人的收益由提前约定的利息决定，在企业不破产的情况下，与企业本身的发展关系不大，所以债权人只需关注企业的违约风险，不用关注企业的长期发展。与之相比，企业股东能从企业的不断成长中获得无限收益，与企业的成长关系更为密切。因此，资本市场，或者说直接融资市场的发展更有利于激励企业技术创新。从这一点来看，我国大力发展直接融资的政策是非常正确的。在宏观层面我们还研究了政策不确定性对企业的影响。我们发现，政策的左偏还是右偏对企业的影响都不大，因为企业家可以通过调整投资决策来适应国家政策。真正具有重要影响的是政策的不确定性。当企业家无法判断未来政策是左偏还是右偏时，只能选择等待和观望，适当减少长期投资。所以，政策的不确定性对企业创新具有比较负面的影响。

在中观层面，我们主要关注资本市场参与者，例如监管层、机构投资者、金融分析师、对冲基金等，以及资本市场环境，比如股票流动性等对创新的影响。例如，我们发现长期机构投资者及主动参与公司治理的机构投资者更能够激励企业创新。因为创新周期长，不确定性高，所以需要具有一定耐心的长期资本，比如像风险投资，养老基金、大学的捐赠基金等。又比如，我们发现金融分析师对于企业创新具有一定的负面作用。虽然金融分析师能降低信息不对称，减少企业投资成本。但是，金融分析师需要对企业短期收益进行预测，可能过于关注企业的短期盈利。这些预测指标给管理者带来了短期业绩压力，使他们可能为达到短期绩效目标而牺牲长期发展。因此，对企业创新具有一定的负面作用。

在微观层面，我们主要关注企业自身。企业层面数据的可获得性强，给我们提供了很大的研究空间。例如，我们关注企业高管的特质对企业的影响。研究发现，企业高管过度自信对企业的投资及业绩都具有负面影响。然而，在激励创新的逻辑框架下，该结论恰恰相反。创新面临不断的试错与尝试，需要管理者有足够强大的心理，因此，对自己非常自信、自大、自恋，甚至唯我独尊的人或许才能坚持下来。

当我们把能激励企业创新的因素进行归纳之后发现，所有的因素背后似乎隐藏着一个重要的逻辑，即激励企业创新的最优模式需要在短期内对失败高度的容忍加上长期对创新成功的回报。

这一逻辑和今天的主题"金融服务实体经济"高度契合。例如，我们强调发展多层次资本市场，对不同阶段、不同类型的企业提供不同的金融服务。非常成熟稳定的企业，可以到主板上市，融资成本相对较低，融资也很便利。然而，主板的上市条件及交易模式是否对所有企业都适用，则需要具体分析。对于应当为创新型科技型企业设立怎样的融资渠道，我国从2009年开始进行了多轮尝试，先后设立了创业板、科创板以及北交所，尝试不同的上市要求，推出市场分层制度及转板制度等，并开始逐步全面推行注册制改革。多层次资本市场背后的逻辑就是对失败的容忍。又比如，现在科创板和创业板所允许的双层股权结构，即AB股模式，也包含同样的资本逻辑。AB股制度可以算作舶来品，美国首个发行AB股的公司是全球科技巨头谷歌。所谓AB股，是指一个企业发行两类股票（A/B），这两类股票具有同样的分红方式，但却具有不同的投票权。例如，A类股可能是一股一票，B类股可能是一股十票。对企业高管及创始人而言，在企业上市后股权已经高度稀释的情况下，持有B类股票能够牢牢掌握公司的控制权，这种差异化的制度安排能够非常有效地保护创新型的企业，让高管和创始人能够专注企业创新及长期发展，而不是短期回报。这就是失败容忍的逻辑。美国的创新型科技公司，像Meta（原facebook）、谷歌、Linkedin等都采取了双层股权结构。2017年，该结构在我国香港市场上开始出现，包括小米、美团等科技公司陆续采用了该结构。2019年，该结构又进一步延伸到科创板和创业板。大陆第一家同股不同权的上市公司是优刻得。它的高管在2019年9月27日过会时曾经特别高兴地说："我们是国内第一家AB股的模式上市的公司，虽然发行股票了，股权稀释了，但是我还占公司的控制权，能够按照我的预想做企业的长期的投资规划和创新。"

总的来讲，这一整套制度安排背后的逻辑都是激励企业创新，帮助企业长期发展。可以看到，我国的资本市场制度在向好的方向转变，也越来越契合其支持实体经济发展的使命。我们的学术研究，也希望通过对美国及发达国家资本市场的研究，学习其成功经验，吸取其失败教训，去粗取精，去伪存真，将其中正确的做法与我国的发展实践相结合，让资本市场切实服务于实体经济，推动我国经济高质量发展。

（作者单位：清华大学五道口金融学院）

高质量的会计信息是
金融服务实体经济的关键

靳庆鲁

金融服务实体经济涉及最主要的利益主体是金融机构以及其所服务的实体企业。从实体企业方面来讲，实体企业健康与否很重要，其中高质量的会计信息是关键，有的企业看上去健康但内损严重，所以高质量会计信息也是实体经济长治久安的保证。另外，就是公司的价值创造能力。根据实物期权公司估值理论，公司做得好就应该追加投资，做得差就应该缩减投资，因此，要有一种良好的治理机制去保障公司的良好运行，更好地实现资本逐利，在公司的良性发展中消除所蕴含的风险。从金融机构方面来看，首先，要了解所服务的实体企业，要具有良好的风险识别能力。其次，要有一个科学的恢复计划和处置计划，也就是金融机构自身的居安思危能力，要具有合理的治理架构。总体而言，对于实体企业来说，重要的是信息披露问题；自身实力很重要，这是价值创造能力的问题。对于金融机构来讲，风险识别很重要，能够防患于未然；恢复和处置计划很重要，这样可以避免风险外溢。

除了金融机构和实体企业，当然还有信息中介和金融中介，如何发挥信息中介的作用，让信息更好传递到金融机构；如何发挥好金融中介的作用，让资本更好流向好公司。只有这几方协同治理，才能切实提升资源配置效率，助推经济高质量发展。

另外，在金融服务实体经济与风险处置的过程中，如何处理政府和市场的关系也至关重要。有为政府和有效市场是一个理想状态，政府和市场如何形成合力，有时表现为政府向市场放权，简政放权能让企业更好地依据自己的运营效率进行投资决策，从而在市场中激发企业活力；有时表现为政府和市场联合发力，比如政府和市场两种力量共同支持，助推企业跨越式发展；政府和市场两种力量共同限制，从而让"僵尸企业"更快出清。这有助于金融风险的防范和化解。

此外，大数据赋能的数字化时代，对于政府和市场之间，以及金融机构和实体企业之间，都提供了很好的分析平台。立足于市场层面，信息活动发生于市场主体之间，贯穿于市场运行之中，大数据打开的是实体企业与金融机构之间信息交换与相互学习的通道。放眼于整个经济体，市场是组织经济活动的基础力量，政府是调控经济运行的帮扶之手，大数据改善的是市场与政府之间信息连通的效率，实现市场与政府在资源配置中的互补优化。

（作者单位：上海财经大学会计学院）

金融服务实体经济与风险处置

周铭山

围绕金融服务实体经济与风险处置主题，我汇报三个方面内容：一是金融和实体经济的关系；二是金融市场的发展与改革；三是金融和创新的关系。

（一）金融和实体经济的关系

党的十八大以来，习近平总书记对于做好金融工作做了一系列重要讲话，提出了明确要求，集中体现在两次政治局集体学习上习近平总书记的讲话，以及中央经济工作会议上习近平总书记的重要讲话。习近平总书记高度重视金融工作，多次讲话都以金融与经济的关系作为非常重要的逻辑起点，从国家总体发展战略高度强调了金融服务实体经济的重要性，有许多非常精辟的论述，例如"金融活，经济活；金融稳，经济稳""经济兴，金融兴；经济强，金融强""经济是肌体，金融是血脉""金融发展必须切合经济发展和人民发展需求，必须为实体经济的发展提供服务"。习近平总书记将实体经济比作"根"和"肌体"，金融比作"枝叶"和"血液"，以此来阐释金融与实体经济互相促进、共生共荣和相得益彰的辩证关系。这些论述蕴含着丰富的历史逻辑、理论逻辑和实践逻辑。特别是在当下大国崛起的背景下，金融成为大国博弈的主战场，习近平总书记对金融三个非常重要的论断是我们做好金融工作的根本遵循。第一，金融是重要的核心竞争力；第二，金融安全是国家安全的重要组成部分；第三，金融制度是经济社会的基础性制度。

(二) 金融市场的发展与改革

第一，金融供给侧结构性改革与金融稳杠杆、防风险和促增长的关系。金融供给侧结构性改革是中央对于做好金融工作的重要部署，有三个方面的问题需要深入研究。一是深入推进金融供给侧结构性改革受财政与金融关系的制约。目前，我国很多金融方面的问题与我国在财政和金融之间的关系没有理顺有关，导致部分金融改革难以突破。二是推动金融风险的市场化处置。当前我国金融风险处置并非完全市场化的行为，虽然过去几年发生过一些债券违约事件，如"永煤违约"事件，而实际上各个地方的债务风险，包括银行风险的释放都是具有一定尝试性质的风险释放，并非一种完全市场化的行为。当然平衡好、处理好风险释放的节奏是非常重要的。三是抑制增量债务风险。近些年来，地方商业银行等地方金融机构风险处置力度不断加强，但即使存量风险化解的力度很大，如果不跟进根本性的改革，不理顺财政和金融的关系，将很难抑制债务增量的风险。

第二，资本市场基础性制度的改革。近些年来，我国对大力发展直接融资有很多创新性的举措，在科创板的上市制度以及对上市企业在 AB 股等方面都进行了一些新的创新。资本市场上市制度固然非常重要，但为了实现资本市场推动科技创新的目标，还需要进一步提高上市公司的质量，提升中小投资者回报。金融的三个核心功能是资源配置、风险管理、市场定价。中国上市公司存在大量的关联交易，如母公司跟子公司之间的关联交易，地方商业银行很多贷款都是给其股东包括民营股东的。从金融市场本身的功能出发，大量的关联交易使金融风险不能市场化，金融定价机制和功能受到一定制约，这将会损害金融发挥其核心功能。因此，为了实质性推动资本市场基础性制度改革，仍需要通过法治化和市场化的建设，提高上市公司质量，保护中小投资者利益。

第三，金融科技发展。我国高度重视数字化的发展，习近平总书记亲自主持政治局学习数字经济、区块链等问题，数字化在金融中的应用，可以更好地推进普惠金融的发展，区块链技术应用已延伸到数字金融、供应链管理、数字资产交易等多个领域。数字技术结合金融带来的创新、创造、创意，推动着金融服务结构和质量的大转变。此外，金融科技创新层出不穷，逐渐成为全球金融和经济发展的全新驱动力和增长点，对全球金融资源分布和金融中心格局变化产生深刻影响，在当前背景下，这也是大国博弈的战场之一。

（三）金融和创新的关系

1982年已有学者提出了国家创新体系的概念。党的十九届五中全会明确提出国家创新体系的概念，在谋划"十四五"时期发展路径时，"核心地位""战略支撑""国家创新体系"，这些关键的"定位词"，表明对创新的高度重视。国家创新体系与公司角度的创新有所不同。在传统经济学框架下，在企业这个创新主体中，可以通过适当的激励机制去激励企业高管承担风险，市场从长期来看也会为真正具有创新能力的公司提供高额回报，具有战略眼光的投资者或者有耐心的资本愿意容忍失败、鼓励创新，在此背景下，政府制度的发力点着重于通过保护知识产权等手段激励创新。但从国家创新体系的角度来看，仅仅通过企业内部股权激励等方面的制度改革以激励创新的作用远远不够。在国家创新体系中，创新主体、基础制度和外部环境都很重要，比如在高校，尽管过去一段时间许多高校投入巨大，但很难确定大规模的投入在技术创新中发挥的真正作用。目前我国的关键技术、通用技术仍需引进，说明我们还缺乏提供通用技术研发创新的一些非常重要的实验室等平台，我们还比较缺乏像华为这样优秀的科技企业。所以，基于国家创新体系的角度，我们需要从更加宏观的格局和角度思考，如何真正实现原始创新重大突破，能够在未来科技发展进程当中发挥引领作用。

（作者单位：中南财经政法大学）

新型城镇化与区域协调发展

提高城镇化集聚效应 协调城市群发展

陈昌兵

在新阶段、新理念、新格局背景下，新型城镇化应注重提高城镇化集聚效应和协调城市群发展。从城镇化发展的角度来说，人由农村到城市，在城市产生集聚效应。城镇化的核心就是不断提高集聚效应，城镇化的发展动力在于集聚，如果城镇化发展没有形成集聚效应，这样的城镇化是没有效率的。如果违背了城镇化集聚效应，采用房地产拉动经济，或者别的方法，这些都是不利于城镇化发展的。目前，高质量的城镇化发展显然是很重要的。真正做好城镇化就是构建创新型城镇化，须注重如下两个问题。

第一，注重提高城镇化集聚效应。在城市化发展过程中，城市化中的资源配置及其效率是十分重要的。如何构建一个创新型的城市，从资源配置来说，这就要求具体分析在城镇化过程中，居民、企业家、企业、政府等的行为方式和它们的资源配置及其效率等。

第二，协调城市群发展。城镇化的发展延伸就是城市群，城市群发展也是区域发展。以产业链为基准协调城市群发展，这将构建一条完善的产业链，这样有利于城市群发展和区域发展。现在讲产业链的安全，以产业链带动城市群的生产链发展。这样就能保证产业链的安全，也就保障了整个国家安全。城市群及其区域的发展，各个城市之间的协调是城市群发展的关键。由于城市群中各城市的行政权力不一样，如长江三角洲，行政上有属于上海的、江苏的和浙江的，下游的城市属于安徽的。这些地方隶属于不同的行政单位，如何协调它们之间的利益关系，是以市场经济机制发挥作用为主，还是以政府的计划机制发挥为主？这些将涉及各个不同经济体的行为分析。消费者、厂商、政府的行为如何协调，如何调整他们之间的利益关系？这就要求构建协调城市群发展机制，从而保证城市群的高效发展。

（作者单位：中国社会科学院经济研究所）

结构与网络视角下的中国"双循环"新格局

李 敬

目前关于"双循环"的各种讨论，大多从理念与方向上去谈，而很少涉及"双循环"的现实细节。如果对于这些细节不了解，我们很难找到加快推动构建新发展格局的政策切入点。

我们观察"双循环"具体的细节，有两个比较重要的视角。

第一，结构视角。"双循环"我们强调以内循环为主体，因此，大多数研究仅仅关注国内循环和国外循环部分的比例结构，但事实上，我们还强调各个地方不能搞自我小循环。因此，国内循环当中应该还要关注区域之间的结构问题。从结构的视角来看新发展格局，应该从"双循环"视角调整到"三循环"视角。这样有两个比例是比较重要的。一是国内循环与国际循环的比例。国内循环为主体，显然国内比例要占大头。二是国内循环当中区域间的循环与区域内循环的比例。各个地方不能搞自我小循环，区域间循环部分应该大一些。因此，从结构视角来看，实现国内循环和省际区域间循环两个占比相对较高，可能才是更合适的。现有研究对中国国民经济循环的刻画总体还比较模糊，大多用对外贸易依存度、经常项目顺差和内需对经济增长的贡献率来间接反映"双循环"情况。显然，这些指标不是国民经济循环的直接内涵性指标，不能充分反映国民经济循环中生产、分配、流通、消费等环节在国内国外的分布情况。此外，这些指标忽视了内循环的结构比例，没有考虑通过区域自我小循环来认识国内大循环。我们从3个方面和6个维度来测算省内循环、省际循环和国际循环三个循环的比例及变动趋势，可更全面反映中国国民经济循环的现实状况和具体细节。

第二，网络视角。中国国民经济在区域间循环往复运行，由于区域间的经济互动，便形成了国民经济循环在区域间的多边网络关系。网络是国民经济循环在区域间的重要表现形式。中国国民经济生产、分配、流通、消费等环节在区域间的循环必然形成一个复杂的经济网络。这个网络密度越大，说明区域间的分工和经济联系就越紧密，更能体现国内大循环的主体地位。通过网络分析，可以揭示不同区域在国民经济循环中的地位和作用，找到驱动国民经济循环在区域上的关键点位。通过网络动态分析，还可以探索促进区域间分工和经济联系的内生和外生动力。因此，新发展格局下从网络视角来透视中国国民经济循环是非常重要的。遗憾的是，受研究数据和方法限制，现有研究很少从这一视角来讨论。我认为从分工网络的角度来思考国民经济的循环，可以看到更多的循环细节。

为了更深入了解双循环的现实细节，我从结构视角和网络视角进行了一些研究。做这个工作，需要运用一些数据和方法。由于投入产出表可以比较全面反映国民经济循环中生产、分配、流通、消费等情况，因此，运用投入产出表可以更好地刻画国民经济循环细节。我们不仅要关注中国国民经济"双循环"，更要关注省内循环、省际循环和国际循环"三循环"，因此需要中国区域间投入产出表。将区域间投入产出表中的中间投入、中间需求和最终需求（农村居民消费、城镇居民消费、政府消费、固定资本形成）3个方面6个指标作为国民经济循环指标，针对"三循环"，分别计算国外占比、省内占比和省际占比，这样便有18个指标，可较好反映国民经济循环的各个环节情况。对中国内地31个省份区域间投入产出表进行部门加总，可以得到中间投入和中间需求矩阵以及农村居民消费、城镇居民消费、政府消费、固定资本形成4个最终需求矩阵。基于这些矩阵，可进一步计算出反映国民经济循环的18个指标的具体结果。结果显示，2012—2017年中国国民经济循环国外占比、省内占比和省际占比分别为8.3%、73.1%和18.6%。因此，90%以上的循环都在国内。这一结论与我国对外贸易依存度下降、经常项目顺差缩减、内需对经济增长的贡献率提升是相吻合的。根据中间投入、中间需求和最终需求在省际的分布，可初步判断，位于长三角的江苏和珠三角的广东在省际循环中占据重要地位。

从网络视角来看，国民经济循环中区域网络关系具有相对稳定性。江苏、广东、浙江、上海、北京、河南、安徽、重庆、辽宁9个地区在省际循环中处于中心地位；东部地区、特别是长三角地区处于核心地位。基于"双循环"的这些基本情况，我们进一步建立了网络关系动态演化模型，计量分析形成这一格局的因素。

第一，内生结构性因素。包括反映一个地区与其他地区已有关联关系数量对区域网络关系演化影响的出度效应，还有互惠效应和传递效应等。互惠效应源于3个方面重要机制。信息机制。网络中具有联系的两个地区会产生更多信息流动，因此相互更为了解，减少交易的不确定性。"回程货"机制。交通工具将一个地区的产品运往另一个地区后，如果有回程货物，则可以大大减少返回空置率，降低运输成本。贸易平衡机制。在国际贸易中，两个地区之间的贸易不平衡是产生贸易摩擦的重要原因。事实上，互惠关系是大多数网络的基本特征。因此，互惠效应预期为正。

第二，外生属性因素，包括交易成本因素、经济发展水平因素、产业结构因素、人口规模因素、劳动力素质因素等。实证结果显示，内生结构性因素对区域网络关系演化的相对重要性为43.3%。互惠效应表明，区域之间的关联呈现"礼尚往来"特征；传递效应表明，区域之间的分工呈现显著传递性和分工深化现象。8个外生属性因素对区域网络关系演化的相对重要性为56.7%，可为加快推动构建新发展格局提供有效政策切入点。

基于以上结论，提出如下政策建议。

第一，要打破各省份的自我小循环，推动省际分工合作，消除省际市场壁垒，促进投资贸易便利化，推动省际循环占比提高。需强调的是，中国经济的外部依赖性依然不容忽视，因为从绝对数量来看，国外循环部分的数量依然呈现增长态势。中国要抓住RCEP签署的战略机遇，做好国际贸易陆海大通道，发挥内陆开放与沿海开放综合优势，构建全方位开放新格局。

第二，优化内循环区域战略布局，充分发挥在内循环网络中处于核心和中心地位区域的作用，形成"网络拉力"；同时要充分发挥省内循环占比较高地区的"洼地"作用，破除循环"阻力"，织密区域间循环网。在东部地区，要充分发挥广东、江苏、浙江、上海和北京的带头和引导作用；在中部地区，要充分发挥河南、安徽的支撑作用；在西部地区，要充分发挥重庆、四川在西部大开发中的重要战略支点和"一带一路"与长江经济带的联结点作用；在东北地区，要充分发挥辽宁的作用。要将这些区域打造成推动国内循环的重要枢纽和动力源。

第三，要积极引导网络的"内生推力"，积极释放传递效应和互惠效应。秉承"朋友的朋友更容易成为朋友"的理念，各区域要积极依托现有伙伴关系，积极拓展新的产业链伙伴。

第四，要多渠道增添网络"外生动力"。要大力削减交易成本，降低省际交通成本。要积极推动产品市场和要素市场发育，特别要充分发挥金融、人力资本等要素市场对国内大循环的重要作用，要健全企业信用体系，大力发展票据市场，健全企业间支付结算体系，优化国民经济循环的微观基础；要建立产业链金融体系，促进国际国内产业链重构；健全消费金融服务体系，发挥扩大内需的战略基点作用；健全区域金融服务体系，促进区域间产业分工。要充分发挥人口规模在中间产品、农村居民消费品、城镇居民消费品和固定资产投资循环中的优势和作用。要优化产业结构，提高非农产业占比；提高劳动力素质，发挥人口素质提升在促进城乡消费网络循环中的作用。

（作者单位：重庆工商大学）

中国未来高质量发展要实现"双重城市化"

刘瑞明

自从1978年改革开放以来,中国的城市化取得了长足的进步,城市化率从1978年的17.9%上升到了2019年的60.6%。这种城市化进程,构成了中国过去40多年高速增长的持续支撑动力。

然而,尽管中国的城市化取得了举世瞩目的成绩,但是,从理想的角度来看,中国目前的城市化发展既不平衡,也不充分,呈现出一种"跛行城市化"的态势。一方面,中国的城市化率表现出不充分性,依然有着很大的提升空间;另一方面,中国的城市化率在地区间、人群间表现出明显的不平衡性。伴随着时代的进步,这种"跛行城市化"越来越成为经济高质量发展的阻滞因素,也引发了一系列经济社会问题,亟须纠正和完善。

在未来,我们需要的城市化,不仅要使城市化越来越充分,能够继续构成经济高速增长的持续动力,而且要能够摆脱不平衡的桎梏,使经济发展的果实能够惠及每一个贡献主体,实现高质量发展。为了实现这一目标,在未来实现高质量发展的过程中,我们需要重点实现"双重城市化"。

"双重城市化"的第一重含义是,人口要继续由农村向城市转变。纵观经济历史,人类社会之所以在过去0.01%的历史里创造97%的财富,很大程度上归因于三次工业革命的变革。而工业革命的果实,在现代的城市体系中表现得最为明显。所以，工业化往往和城市化相伴相生。从全世界的发展规律来看，城市化和工业化的进程也构成了绝大部分国家发展的重要动力。

目前，以常住人口统计的中国城市化水平是60.6%，在过去的40多年中，以每年大约1个百分点的速度进行"农—城"人口结构的转换。而如果对比城市化的国际经验和规律，发达国家的城市化率普遍在80%以上。也就是说，按照国际经验，我们还有大约20个百分点的增长空间和转移空间。如果这种转换速度可以保持在每年1个百分点，就意味着，在未来20年中，这种由农业转换为工业和服务业、由农村人口转换为城市人口的城市化进程，依然会形成我国经济稳定发展的支撑动力。

"双重城市化"的第二重含义是，已经转为城市常住人口的居民要实现"市民化"。尽管以常住人口统计的中国的城市化水平已经达到了60.6%，然而，这其中，相当一部分并未实现"市民化"，处于一种"身在城市籍在农""一只脚在城里，一只脚在城外"的"半城市化"的尴尬状态。如果以户籍城市化率来统计，我们的城市化水平只有44.38%。这其中相当一部分城市人口是以"农民工"的身份存在的。如果我们追根溯源，这种"半城市化"的状态的病因表象上是在户籍，实质上是与户籍捆绑在一起的教育、医疗、养老等一系列政府公共服务资源的紧缺性和竞争性，而这些领域的不充分又进一步是由我们迟滞的改革理念造成的。

客观来看，这种"半城市化"的状态不仅对那些对城市建设和工业发展具有杰出贡献的"农民工"群体是不公平的，而且也无法有效激发这部分人群带来的经济增长潜力。国家统计局的数据显示，2019年，我国农民工数量高达2.9亿人。而根据国务院发展研究中心的测算，如果我们每年能够使1000万农民工实现市民化，则可以实现经济增长率1个百分点的提升。也就是说，保守估算，如果能够让现有的2.9亿农民工"市民化"，在未来的大约30年里每年至少会增加1个百分点的增长率，推动未来持久的高质量发展。因而，在未来"城市化"的进程中，将"半城市化"的居民"市民化"是另一个必须实现的任务。

进一步地，"双重城市化"并不是孤立的。"第一重城市化"有所滞后的部分原因在于我们"第二重城市化"的条件不成熟，使大量本想进城的农村人无法进来，阻滞了"第一重城市化"；"第二重城市化"之所以滞后，一方面是因为我们发展阶段的历史客观条件束缚，另一方面则是由教育、医疗、社会保障等方面的改革理念的滞后导致的供给不充分，进而在资源有限的情况下制造了户籍这一人为的壁垒。

也就是说，如果我们能够改变发展理念和改革思维，在这些民生保障方面做好布局和规划，改革既有的供给体制，就会在破解民生保障不充分的基础上，将城市化进程不平衡的问题迎刃而解。在此基础上，如果我们将"第一重城市化"和"第二重城市化"同时稳步推进，发挥出改革的"联动效应"和"协同效应"，就会激发出更大的增长潜力。

事实上，从高质量发展的内在要求来看，它既包含了公平的因素，又内含了效率的要求。而"双重城市化"毫无疑问是高质量发展过程中能够同时实现公平和效率的重要支撑力。通过"第一重城市化"，我们可以让城市化进程对于高质量发展的推动更加有力、更加充分；但是，如果不能解决好"第二重城市化"，两个轮子就会呈现"一高一低"的非平衡状态。所以，通过"第二重城市化"，我们可以让城市化进程中的短板得到迅速补充，不仅能够保障效率，而且也能够保障公平。从而，通过"双重城市化"，使城市化的进程和经济发展都更加平衡有力，共同稳步推进未来的高质量发展。

（作者单位：中国人民大学国家发展与战略研究院、国有经济研究院）

加快推进城镇化有助于
改善收入分配和促进消费

罗 知

我们团队一直关注中国的收入分配问题。中国改革开放后的快速发展无疑与其大力追求效率（GDP 增长）最大化有关，城镇化的快速发展是推动中国经济增长的重要动力，但收入分配的情况却不容乐观。"十四五"时期城镇化率还将持续增长，在这个过程中能否兼顾效率与公平，是非常值得关注的。

之前的城市经济学理论都是以效率最大化为理论基石和目标函数的。但他们既没有研究最优城镇化水平，更没有在目标函数里考虑收入分配或不均等指标。我们构建了两个一般均衡理论模型，分别是最大化效用和最大化社会福利。前者不考虑收入分配，后者兼顾人均收入（代表效率）和不均等（代表公平）。理论模型表明，当城镇内部的不均等足够小，或当移民成本足够大时，兼顾效率和公平的城镇化水平高于自由市场均衡下的城镇化水平。

具体到中国，由于户籍制度的限制，中国的城镇与农村长期处于分割状态，城乡间移民成本尤其是无形成本很大。这样一来，按照我们的理论模型推断，政府关注不均等会促进城镇化。我们也通过实证研究证实了这一点。各省在每年的《国民经济和社会发展计划执行情况与国民经济和社会发展计划草案的报告》中如果关注收入不均等的变量，那么城镇化水平将显著提高，且这个结果相当稳健。

这一研究的结果说明，要改善收入分配，迈向共同富裕，政府需要加快推进城镇化，有助于实现效率和收入分配的双赢。就中国而言，过去的快速增长主要得益于改革开放，改革刺激了供给，而开放几乎无限制地扩展了需求，这成就了中国的"世界工厂"地位。但2007年美国的次贷危机，和接踵而至的欧债危机，使全球陷入了长期萧条，也使中国经济进入了"三期叠加"的困境。如果不能扩大内需，居高不下的收入差异以及与之紧密相关的城乡分割无法得到有效缓解，中国的内需将无法从根本性上获得提升，中国经济将无法走出目前的困境。

在我们团队的最新研究中，也发现了城乡分割是导致我国消费低迷同时收入分配恶化的原因之一。根据微观经济学的基础假说，边际消费倾向是递减的。这意味着如果把一元钱从富人转移给穷人，社会总消费是会上升的，即收入分配和总的消费应该呈现负相关的关系，收入分配越公平，消费越高。但是，用中国数据进行回归，使用不同的不均等指标和不同的自变量组合控制很多变量之后，并没有看到这样一个现象出现，反而发现中国收入不均等和消费是正相关的。这显然与边际消费倾向递减的基本经济学原理存在矛盾，也与财政转移政策的目标和预期效果相悖，我们称之为中国的"收入不均等—消费正相关"之谜。

我们通过理论和实证的研究证明了城乡分割会导致城镇居民和农村居民并不属于相同的群体，从而导致他们并不在同一条收入消费曲线上，因此城镇边际消费倾向高于农村。在这种情况下，当收入从相对富裕的城镇居民转移给农村居民（收入分配改善）时，消费不升反降。这意味着，如果单纯地通过城镇向农村进行转移支付或者补贴，不仅不能提高消费，相反会降低消费。我们利用各种方法证实了城乡分割是导致不均等与消费之间正相关的主要原因。而在城市内部，由于城市居民属于同一组人，城市内部收入分配可以提升消费，在农村内部也会有这样的现象，但是把城乡之间的差距考虑进去以后，消费和收入分配的负相关关系就完全转变成一个正相关的关系。

最后，我们还发现，不均等—消费之间的关系呈倒"U"形，即消费与不均等之间的关系随着城乡分割的加重而强化，并随着分割的减轻而削弱。

以上研究结果都表明，中国迫切需要解决城乡分割问题，特别是城乡之间在教育、医疗卫生和社会保障等方面的政策壁垒，否则共同富裕目标下收入分配的改善和成本巨大的转移支付所带来的，不是国内消费的上升，反而可能是下降，严重危及双循环和中国经济的持续发展。

中国从20世纪90年代中后期就开始启动内需，但效果一直不尽如人意，其根本原因在于严重存在的城乡分割；在城乡分割存在的情况下，盲目地进行"反哺"性质的再分配，即便可以降低收入不均等，也并不能增加内需，而巨大的财政开支和政策成本带来的是相反的结果：拉低国内需求，危及"双循环"并拖累中国的经济增长；中国应该尽快全面实施户籍制度改革，加大力度推进市民化、城镇化，消除城乡之间在教育、医疗卫生和社会保障等方面的政策壁垒，促进城乡融合。这不仅可以在长期改善收入分配，还是提升国内消费、畅通"双循环"的前提条件。

（作者单位：武汉大学经济与管理学院）

关于城镇化区域协调发展的三点看法

隋福民

我一直以来关注的学术主题都是中国近现代农业农村发展史。结合自己的专业特点，谈三点对城镇化区域协调发展的看法。

（一）城镇化需要考虑中国的历史传统

农业革命以来，由于人口的聚集和产业的发展，中西方都出现了城市或者说城镇。但需要注意的是，中西方的城市发展道路是不同的。欧洲城市的概念主要是城邦，所谓城邦其实就是大的农村聚落的进一步发展和相互勾连，然后逐渐变成城市。他们没有孕育出中央集权体制，而中国的大一统则让中国的城市更具有政治色彩。中国的城市是一个"城"加一个"市"，城更多的是政治概念，集权体制下需要官吏来对一定区域的经济进行管理，官吏所在的地方就是城市，官吏需要吃穿用度，需要办理向中央的缴税事宜，需要一些人协助，因此，需要有交易市场。中国的"市"就是交易场所的意思。通过交易市场，可以满足人们的需求。交易的产品从哪里来？主要来自农村，包括粮食等农产品，也包括小农家庭生产的副业产品，同时，也有一些手工业产品。欧洲城邦兴起的过程中也伴随着产业的发展，主要有商业，在后期也有一些工业。相比而言，中国的工业在城市中是不发达的。当然，那时的工业主要是手工业，城市里有一些官营手工业，但主要是在农村。城市和农村的关系相对紧密，是中心和腹地的关系。工业在城市中取得发展，或者说有些城镇甚至是因农村崛起而成为城市，主要发生在近代。工业革命以来，各国都在努力争取早日工业化，或者说向工业社会转型。中国也是如此。因此，很多城市由政治型城市转变为经济型城市，有些城市原来是政治型城市，由于经济不发展自然而然地衰落了，有些原来不是城市，像上海这个地方，原来就是一个小渔村，后来才变成大的经济城市。很多港口城市，也都有这个特点。城市和农村的关系，城市和城市之间的关系随之发生了变化。

（二）城镇化应看到不同地区的不同特点

中国现在已经崛起了很多城市群。但从关联性上看，即从城市对农村的带动作用、大城市对小城市的带动作用上看，不同的区域特点不一样。表现较好的是长三角，上海是主要的龙头，其他城市也发展得不错。农村的产业也很多，农民有很多的非农就业机会，日子过得也很好。学界有人喜欢通过观察灯光来衡量某一地区的经济发展水平。灯光亮且区域大，说明这个地方城市建设和产业发展水平较高。以上海为龙头的长三角灯光是比较亮的，而且，不光上海亮，上海周边都很亮。不好的是珠三角，珠三角有一块好，就是深圳、广州这一区域较好，粤北、粤东、粤西不是很好，没有发挥辐射带动作用，这与地理因素和珠三角本身外向型经济的特点有关。北京周边属于京津冀城市群，但最亮的就是北京和天津，河北相比而言差一些。中国社会科学院经济研究所有一个传统的历史调查项目，即"无锡、保定农村调查"，调研过程中我们发现，无锡的总体发展和乡镇企业的发展都非常好，农村人也有很多就业机会，收入水平很高。到保定，人们就开始抱怨，说人才留不住，都被北京吸引走了，就是我们常说的"虹吸效应"。东北这一地区也很有特点。目前，处于一种滑落状态，人口不断地外流，物价水平低，原来有一些重工业基础，但新的企业不多，尤其是民营经济发展相对滞后。为什么东北会这样呢？东北原来工业基础很好，东北人到外面，到深圳、南方都成了技术能手，很多深圳工厂利用的都是东北人过去在企业里的经验，但是在东北就搞不好。这值得我们思考。总之，区域发展包括城市群发展在不同区域有不同的特点。

（三）城镇化需要考虑中国的农村特点

到了现代之后，我们国家的一个重要目标就是要完成工业化，这实际上也是近代以来的目标，但之前没有能力完成。新中国成立后，具备了独立自主的条件。我们采用的办法就是计划经济模式。我们采取了一些城乡分隔的户籍制度，这导致我们的城市化水平不高，我计算过，大概20%左右的水平，从20%增长到40%，再到目前的60%，都是在改革开放之后完成的，尤其是在加入WTO之后，增速非常快。但需要注意的是，我们的城镇化率或者说城市化率都是以常住人口来计算的。如果计算户籍人口，城镇化率就没有这么高，现在可能就是40%左右。这里就引发了一个问题。为什么户籍人口城镇化率和常住人口城镇化率出现了差距，是我们做得不好吗？还是现实当中存在一些困难解决不了？我觉得这里边包含很多问题，解决起来可能需要时间。比如，我们想让农民工进城，变成常住人口，但是这很容易实现吗？我们以北京为例。即使政策允许外地农民工的孩子在北京上学，北京也有这样的学校，即农民工子女学校，但这是单独划分出来的，专门的一所学校，相对封闭，没有北京本地的孩子。北京市任何一个家庭，如果子女上了那所学校，家长肯定不愿意，肯定会想办法弄出来。这就是一个现实障碍。另外，农民进城也难以放弃土地，为什么不放弃土地？进城之后打工，打工六个月、一年，最后都要回家，因为他们只有农村的社会保障。这些现实政策怎么去解决，都是城镇化需要面临的问题。

20世纪90年代，中国就讨论过中国的城镇化道路应该怎样走的问题，到底是以大城市为中心推动城市化，还是大中小城市＋城镇一起协调发展。大城市配置资源的效率较高，但城市的承载是有边界的。我们提出城镇概念，但也发现一些问题。农民不愿意去城镇，喜欢去大城市，因为大城市有产业，城镇没有产业，城镇房子六百块一平方米卖不出去，大城市的高房价又不是一个农户家庭可以承受的。

这些都是需要进一步解决的问题。总而言之，无论从历史的角度来看，还是从现实的角度来看，我们的城镇化道路都需要更多的探索，需要结合我们的国情，结合我们的历史，走出一条中国特色的城镇化道路。

（作者单位：中国社会科学院经济研究所）

新阶段我国区域协调发展与空间布局战略

姚树洁

为什么党的十八大之前近30年的非均衡发展能够实现快速的经济增长呢？1978—2012年，我国人均GDP年均实际增长率超过9%，这是中国经济发展的第一个伟大奇迹。主要是改革开放刚开始时，我国是人口和农业大国，国民经济基础薄弱，人均GDP比非洲撒哈拉沙漠以南国家还要低一半以上，是世界最穷的国家之一。我们当时城镇化率只有百分之十几，农村人口占比近90%，是彻头彻尾的贫穷农业大国。在计划经济体制下，政府干预一切经济社会活动，没有自由市场，没有现代工商业。

从一个贫穷的农业大国向现代工商业大国转变，从计划经济体制向市场经济体制转变，面对薄弱的物质及工业基础，也没有现成的体制机制可循，我们只能通过试验的方法，培育4个沿海开放经济特区，14个沿海开放城市，引入外国资本和先进的管理模式，允许市场经济和自由竞争。那么，为什么选择这些特区和沿海开放城市呢？因为这些临海城市和当地群众有两个重要特征：一是思想比较解放，总是走在体制机制改革的最前面；二是毗邻香港和具有海上运输的优越条件。

早期开放的广东人有这样的口号，"见到红灯绕着走，闪着黄灯继续走，出现绿灯加速走"。广东人敢冲、敢试错的精神历代相传，这是人多地少逼出来的敢闯精神。福建、浙江和江苏人也是一样的敢冲、敢试错。他们勇于冲破旧体制的种种束缚，同时，也能够发挥社会主义集中力量办大事的优势。在当时比较穷，技术、人才、资金都比较短缺的情况下，集中少数城市培育经济增长中心，然后"以点带面"，拉动局部地区和全国经济的迅速发展。

但是，"以点带面"战略，在交通基础设施还非常落后的背景下，经济增长中心能够拉动的区域范围特别有限，因而在20世纪末之前，我国经济快速发展主要集中在东部沿海地区，广大内陆地区的发展无法受到东部经济增长中心的拉动或辐射。我早年基于改革开放的前面25年跨省面板数据的实证研究结果发现，这一时期中国形成了一个三阶式瀑布型结构：从东部地区、中部地区到西部地区，经济发展水平和人均收入呈现明显的逐级下降现象。连续25年，按照可比价格计算，人均GDP增长率，东部地区比中部地区每年高出1.6个百分点，比西部地区每年高出2.1个百分点，发展差距长年累月拉大，只有东部地区比较富有，中西部地区却相对越来越落后，使我国人均收入基尼系数快速上升。

世界银行在21世纪初的一篇研究报告中提出，中国基尼系数有1/3来自城乡差别，1/3来自地区差别，只有1/3不能被这两个因素所解释。但是，在区域、城乡差距不断拉大的同时，全国经济为什么能够持续高速发展呢？这主要是因为原来的基数很低，东部地区的工业通过来料加工释放出很大的产值增长空间，对全国经济增长起到很大的促进作用，也为早期构建庞大的工业体系，奠定了牢固的基础。国内企业通过外资企业的"干中学、看中学"，大力提高国内经济的竞争能力和技术吸收、消化、再创新能力。

不过，根据资本边际报酬递减规律，比较富有的地区资本边际报酬会不断走低，需要向落后地区投资才能维持比较好的总体回报率。主要是因为生产要素价格不断提高，可用土地空间缩小，污染强度提高，使发达地区的生产成本不断提高，挤压资本获利空间。20世纪末和21世纪初，我国东部地区资本报酬递减面对两大挑战：一是东部富有地区经济增长遇到了天花板瓶颈；二是因为内陆地区缺乏经济增长中心而无法有效吸收东部资本。为了解决第二个问题，我国政府在20世纪末提出了西部大开发、中部崛起和东北振兴三大战略。1997年，重庆变为直辖市，是西部大开发、培育西部自己经济增长中心的典型案例。

在前面提到的实证研究基础上，我们提出对应的政策建议：一是努力在内陆地区建立经济增长中心；二是加快内陆地区现代化交通基础设施建设。内陆经济增长中心建设，有利于有效承接东部地区的产业，有效吸收东部地区溢出的大量资本。加上交通基础设施完善，吸引外资和对外开放，广大中部地区、西部地区就可以被激活，缩小与东部地区的发展差距，释放全国可持续发展能力。

进入21世纪以后，经过几十年发展，我国交通基础设施建设在上述三大国家区域战略加持下，内陆地区已经出现了7个超万亿级（GDP万亿元）的超大城市，包括重庆、成都、西安、郑州、武汉、长沙、合肥。这些城市对当地经济的拉动作用非常强大。除此之外，成渝地区双城经济圈异军突起，明显得力于重庆直辖市的持续强劲发展。如今，川渝两省市GDP总量已经超过8万亿元，与全国第三个经济大省（山东）的GDP旗鼓相当。2021年，重庆市人均GDP已经超过山东省，居全国所有省份的第9位，假以时日，重庆人均GDP超越广东不是梦。川渝两省总人口1.16亿人，广东是1.26亿人，京津冀三省份是1.1亿人，长三角四省份人口是广东的近2倍。上述4个区域，3个是中国最大的经济增长引擎，均位于东部沿海地区，加上位于长江上游的成渝地区双城经济圈，形成了我国目前最有特色的菱形空间地理结构，向周围辐射400千米，可以覆盖全国90%以上的人口和GDP，是我国能够取得持续高质量发展的最稳固的区域协调构架，这是一篇必须做好、做优、做出特色的大文章。

中国还有20个左右相对比上述四大经济增长极小的所谓区域性城市经济增长集群。其中，武汉都市圈是长江中游经济增长的重要引擎。早在2017年我就提出，本来武汉都市圈是可以作为我国经济增长第四极的，但是，如果把武汉都市圈与京津冀、长三角和粤港澳大湾区连起来却只能形成一个大三角形，其面积与成渝经济圈联通沿海三大经济增长极所形成的大菱形相比只有一半之大。这就是为什么成渝比武汉更重要的原因。不过，有学者提出可以把武汉融入这个菱形结构中，形成一个"三维结构"的钻石形状，所能辐射和带动周边地区的能力将会更强大，我觉得这也是非常有道理的设想，不过其基本原理还是通过内陆大都市圈带动中部崛起和西部大开发。

实际上除了武汉都市圈，还有中原城市群、关中城市群、辽东城市群、环渤海城市群、闽三角城市群、西南城市群等，都是最近 20 年发展最快的区域，对维持我国在新常态下经济稳定增长起到了不可或缺的支撑作用。

不管是"以点带面"，还是"以群带面""以板带面"，都是时代的产物，也是均衡发展动态演变的需要。我在 2015 年首次提出"马阵跨阱"和"板链拉动"的空间地理发展战略，是促进我国经济高质量可持续发展的理论和战略选择。"板"指的是城市板块或城市群；"链"指的是高铁、高速公路、航空、水运和"互联网 +"，也可以包括"一带一路""中欧班列""西部陆海新通道""东北海陆大通道"等向外延伸。通过链条联通区域内各个城市，联通城市板块之间的中心城市，加速生产要素和信息在城市之间、城市板块之间的流通，降低交易成本，促进发达城市或发达城市板块拉动落后城市和农村，促进区域内部和区域之间协调发展，最大限度挖掘全国所有地区、所有生产要素的发展潜能，形成"快马拉慢马，慢马追快马"的"马阵跨阱"磅礴之势，这里的"马"指的是地级及以上城市。国内循环畅通，是均衡发展的前提，也是国内大循环发展的结果。"马阵跨阱"趋势的形成是促进"双循环"新发展格局的重要基础，因为国内生产要素潜能迸发，可以让我国经济内生增长具备抗拒一切外来冲击的能力及韧劲，这反过来可以为高水平对外开放赢得主动权。

如何做好这篇文章？区域发展不均衡不行。我后来又提出了一个补充概念。那就是"以微观均衡促进宏观均衡""以微观循环促进宏观循环"。我们可以用机械手表的工作原理来表述。一块机械手表的后盖被打开以后,我们能看到什么呢?我们能看到的是许许多多大小不一的齿轮在不停运转。一个齿轮咬着另一个或几个齿轮运转,我们可以把齿轮的运转叫作"微循环",一块手表里面有无数个这样的"微循环"。只有所有的城市和地区都健康持续发展,全国经济才会健康持续发展,这就是"以微观循环促进宏观循环"的经济学原理。

我们区域"微循环""大循环",要求全国300多个地级及以上城市一定要趋同协调发展。武汉也不需要争第四极、第五极,只要把湖北拉动好了,协调好了,武汉的作用就发挥好了。广东把省内经济协调好了,成渝把川渝协调好了,就能为"全国一盘棋"贡献协调发展的力量。在京津冀地区,为什么非要搞雄安新区?我的理解是这样的:因为天津和北京虹吸力太大,吐出力太少,河北被北京、天津吸空了,需要雄安新区来均衡。粤东、粤西、粤北也是被珠三角吸空了,但现在还没有找到均衡广东经济发展的有效路径。区域协调发展比较好的城市板块是长江三角洲。城市板块内部尚且无法协调均衡发展,要做到"全国一盘棋",那就太难了。因为中心城市再大,最多也只能吸纳全国20%的人口,其他的人口怎么办?如何发展?需要的就是上述所描述的"微循环",然后再形成城市板块趋同发展的"大循环"。

(作者单位:辽宁大学李安民经济研究院、重庆大学经济与工商管理学院)

粤港澳区域经济一体化发展的思考

张建武

受益于改革开放，凭借地理区位优势，广东通过"前店后厂""三来一补""筑巢引凤""借船出海""内引外联"等一系列创新举措积累了经济发展的第一桶金。但在不同的制度背景下，长期受不同文化的影响，粤港澳经济一体化发展的路径、模式应该如何，一直是改革开放以来大家研究探索的问题。改革开放40多年，粤港澳三地的合作日益紧密，涌现出不少致力于推动三地经贸、文化等合作的企业和企业家，比如潮汕大企业家就特别多。中国特色社会主义进入新时代，传统发展模式受到越来越多的挑战，所以，基于未来粤港澳区域经济一体化发展问题，从生产力与生产关系、经济基础与上层建筑的关系上，我主要从三个层面进行思考。

第一，区域协调发展过程中人与人之间的关系。相对来说，研究粤港澳区域经济协调发展的成果比较多，主要集中在产业链融合和创新，经济发展规划对接，构筑港澳大湾区共同市场等方面。但必须清楚看到，粤港澳区域经济一体化的发展与粤港澳区域制度、政策、文化理念等体现人与人之间非经济因素关系的协调发展密不可分。在经济合作发展的过程中，理念、文化、意识等上层建筑方面的广泛交流必不可少。

第二，人与自然的关系。习近平总书记多次强调"人与自然是生命共同体"，人类来自自然，自然养育了人类，人与自然本应和谐相处。但人类为了短期的经济利益一直在向大自然过度索取，无节制地开采、砍伐、污染等行为给生态平衡带来了严重的影响。当下的新冠肺炎疫情也让人们有了更多的深入思考：人类对环境的破坏终究会面临大自然的报复，这是人和自然关系破裂的表现。城市、城镇化一直是我们研究的重点对象，在制定区域经济发展政策时一定要把人的经济活动放在自然的约束下进行统筹思考。"绿水青山就是金山银山"，良好的自然环境与条件是生产力的重要组成部分。

第三，任何一个区域都是一个生态系统，保持生物多样性是绿色可持续发展的物质基础。在大自然面前，人类的扩张能力、征服能力、利用能力已经被无限扩大了，尤其在城市范围内，对生物多样性的伤害很大，所以，为了粤港澳的美好明天，我们应该关注生物多样性问题。

粤港澳大湾区是"一国两制三法域"的特殊地区，近年来粤港澳大湾区交通基础设施逐步完善，交通的便利促进了区域间人员的往来流动；而且，其他贸易、金融投资也越来越便利，但是，粤港澳毕竟还是一个"一国两制三法域"的特殊地区，如何一体化，需要在制度上进行创新研究。

在粤港澳的一体化过程中，还有个心理认同方面的问题，粤港澳三地地理位置相邻，本属一个文化体，同宗同源，但由于历史的原因，三地社会制度等差异又使港澳与大陆有些差异。

广东成立了前海深港现代服务业合作区，对推进粤港澳大湾区建设、支持深圳建设中国特色社会主义先行示范区、增强港澳同胞对祖国的向心力具有重要意义。还有广东自贸区横琴片区以及广州南沙自贸区。这三大片区都是政府在布局，而且明确了广东自贸区三个片区的功能布局，以金融为例，前海蛇口将建设我国金融业对外开放试验示范窗口，而南沙重点发展特色金融，横琴则发展商务金融服务。香港、澳门是较为成熟发达的市场经济体，广东市场经济也相对较为发达，三地在经济运行、规则标准、市场监管等方面更容易合作，并产生协同效益。但是，三地合作的抓手不是单单取决于市场，因为市场解决不了非均衡发展的问题，必须依靠政府来解决。

从统计数据大概来看，1989—2021年，广东GDP总量连续近33年稳居全国第一，但是从区域间的发展来看，粤东、粤西、粤北经济发展与珠三角地区的差距较大。由于虹吸效应，人才资源、教育资源、医疗资源、高质量的就业岗位等也相对集中在珠三角地区。目前珠三角加上香港、澳门人口达7000多万人，按上一轮普通的增长速度，预计下一次人口普查，珠三角、港澳总人口可能会接近1亿人。这么庞大的劳动力和人口规模，从劳动创造社会财富来理解，未来粤港澳大湾区将成长为一个巨大的增长极。

（作者单位：广东外语外贸大学经济贸易学院）

高水平对外开放与合作共赢

共同富裕、数字经济与对外开放

黄先海

我向大家汇报和分享两大问题：一是对外开放与共同富裕问题，二是数字经济发展问题。

关于对外开放与共同富裕问题，也就是我们搞国际经济或国际贸易学的人怎么来看共同富裕，这确实是一个需要研究的重大问题。

共同富裕问题是一个世界未解的大课题，我国也还处于探索过程中。贸易与不平等一直是国际经济学界关注的重点。一方面，贸易开放促进了发展，增进了财富，有利于共同富裕；另一方面，贸易也会带来不平等，贸易双方中有可能一方获益更大，另一方获益更小，甚至是贫困化增长，这样差距就扩大了，不平等就凸显了。在真实世界中，贸易开放到底是财富增进效应大还是不平等效应大？这个要做大量的实证研究。比较理想化的预设是，贸易开放促进了富裕增长，但也带来了不平等，不过那个不平等是高层次的不平等，即在财富已有增进的基础上的收入不平等。如果这样的话就相当好了，当然这要做实证。

目前世界上的所有国家如果从财富增进与收入均衡两个维度来划分的话，可分为四种组合：第一种是相对来说既富裕又均衡的国家，如北欧的挪威、芬兰、瑞士等；第二种是富而不均的国家，如美国，人均 GDP 很高，但不均等的程度在扩大，这几年的贫富差距越来越扩大，国内矛盾也是越来越突出；第三种是不富又不均的国家，如一些拉丁美洲国家；第四种是贫穷而均衡的国家，即共同贫穷，如大多数非洲国家。因此，共同富裕问题是一个在世界范围内都没有破解的问题，值得好好研究与探索。

关于中国建设共同富裕的内涵和路径。从内涵上来讲，我国的共同富裕是增长型的共同富裕。首先是增长，是富裕，再是共享。浙江推进的共同富裕，叫作"浙江省高质量发展建设共同富裕示范区"，首先是高质量发展，前置词是发展，然后建设共同富裕，这个就很精准。

关于共同富裕的路径选择。简单地概括，就是"提低、扩中、调高、打非"，提高低收入阶层、扩大中产阶层、调节高收入阶层。目前在浙江的探索过程中一个值得关注的问题是对"调高"如何解读？共同富裕搞得好不好，一个重要的方面是怎么对待富人？目前我们在浙江了解到确实是有些富人担心劫富济贫，害怕逼捐、迫捐。我们发现有些民间资本的投资是下降的，就是担心要劫富济贫，不愿意把财富做大，因此，这个问题要处理好。对待富人，我自己的观点是，首先是激励他们继续做大做强，然后是适度的调节，第三次分配的捐赠是引导性、鼓励性的，这样就能比较全面地把握好政策。

推进共同富裕还有一个关注点是城乡收入差距，解决这个问题既要靠区域发展的均衡性，也要靠人的流动性来解决。类似"铁打的营盘流水的兵"，不是把每个村都建成共同富裕的典范，而是把每个人都纳入共同富裕的洪流中，通过人的流动和人的富裕程度提升来解决城乡收入差距。聚焦于人的共同富裕，主要路径是两个，一个是城镇化，另一个是注重教育、人力资本的投入，特别是对落后地区来说，对人的受教育程度的提高是非常重要的，这叫作全生命周期的人的共同富裕，即不能让贫困地区的小孩输在起跑线上，上不起学、不上学或中途辍学，要通过教育、知识来改变命运，达到共同富裕。

第二大问题是关于数字经济发展的问题。我自己觉得这方面的研究空间巨大，中央政治局学习会议高度关注了数字经济，会议通稿中有几句话说得非常好，就是数字经济正成为重组全球要素资源、重塑全球经济结构、改变全球竞争格局的关键点。因此，数字经济显得越来越重要，数字变革时代正在到来。我们作为经济学者要把数字经济的理论研究放在更突出的地位，这个领域也是我们中国经济学界以后有可能在全球经济学界抢占到的一个学科制高点。我自己已经提出来，浙江大学要打造数字学派，聚焦在数字经济、数字贸易、数字金融领域的理论创新与范式变革。

数字经济的研究，从学理的角度来看，要站在更高的定位。原来我们以为数字经济、数字贸易只是研究的领域，但真正研究下去你会发现，数字经济的产生对整个经济学的研究范式会发生大的变革。比如回归，我们跟计算机方面的专家做实证，他们是用几十亿的数据做相关性的。他的变量可能是几百个、几千个，但是数据量可能是几千万、几十亿来做的，全部运算出来，给你摆出来，比我们的现行的经济学研究深入、全面多了。所以研究的范式发生了大的改变。这种研究范式的变革可能是底层性的，不但是一个领域的问题，而且是底座的问题。

另外，数字经济的研究也会受到数字的约束，数据资源怎么来获取？目前，主要是两块，一块数据在政府手上，浙江在搞城市大脑，把政府这块的数据汇集到一起。另一块叫平台数据，像阿里、京东这样的平台数据。政府数据、企业数据是否可通过数据清洗以后给学者使用，这个非常重要，直接影响到数字经济的研究深度与水平。

我自己关注的领域可能也跟我们的贸易、开放相关，就是创新，包括开放的创新。从发展来讲，有一个问题就是现在我们讲的中国创新，官方语言是科技的自立自强问题。经济学来讲是怎么样从追赶型、模仿型创新走向自主创新。原来中国的创新最成功的就是模仿创新，但是模仿创新的空间越来越小，所以模仿创新要转向自主创新。这个怎么转，自主创新的道路跟模仿创新的道路完全不一样，所以要开辟自主创新的道路，这确实是要进行深入研究的。在这个方面，可能中国无论是学界，还是政府、产业界，都在探索走出中国的自立自强的新的道路。有一些也慢慢地明确起来，现在对高水平大学提的第一个任务就是大学怎么能为国家的科技创新、自立自强做更大的贡献。这个导向性非常明显，也就是大学的至关重要的功能是面向科技前沿、创新引领。

（作者单位：浙江大学）

加强对结构性问题
和中国特色现象的研究

丁一兵

研究高水平对外开放与国内新发展阶段的高质量发展目标的关系，有两个方面值得进一步深入研究。

第一，对外贸易投资等各方面的经济联系跟国内经济一系列的结构性变化的关系。我国经济已经进入新发展阶段，整个发展的目标、发展的战略都有相应的变化。现在强调高质量发展肯定是跟以往规模扩张式的发展或者强调绝对水平变化的发展有所不同。如果不是强调这些总量规模上的发展或扩张，而是去强调发展的质量，那么比起一些绝对数量性的变量，一些结构性的变量、结构性的指标显然更重要，而且是更有价值的。

目前从结构角度来看无外乎以下这几个方面，首先是生产结构。我们以往讨论贸易投资活动去引领、推动产业升级，包括推动我们的贸易产品结构升级等这些问题，其实最后反映的都是生产结构的变化。如果进一步细化地考察和研究生产结构的变化，这里面就包括微观层面上的企业，尤其是参与贸易企业的生产和出口的变化。关于产品结构的变化，以前我们也做有关质量、技术水平、技术含量等变量的研究，这些方面的考量也可以进一步精细化。讨论技术水平变化如果不能落到很细的产品层面，就不能很好地反映真实的情况。

其次是关于收入结构的问题。贸易、投资等对外经济活动如何通过劳动收入份额等一次分配环节的变量影响共同富裕的前景，也是很值得考察的重要问题。当然，结构性的变量还有很多，生产结构和收入分配结构对于我们来说可能从基本面来讲比较重要。

最后，其实也可以进一步去改进我们对于贸易投资活动的刻画。比如价值链，现有的刻画方式不一定能够很好地刻画出我们在价值链分工中扮演的真实角色。怎样把价值链分工角色和更细层面上的产品层面的贸易活动结合起来刻画，也是一个重要的发展方向。

第二，在当前新发展阶段，要立足中国去考察对外开放、对外经济联系对于我们现在新发展阶段和未来发展目标的影响。可能还要考察一些更具有中国特色的现象、故事。中国经济有很多突出的特点，比如产业政策在经济活动中发挥相对更加重要的作用，这是中国和其他很多经济体比较明显的区别。我们的产业政策措施有多种多样的表现形式，有通过各种规划计划体现的，也有通过发展改革委项目支撑体现的，还可能通过开发区、开放园区及各种各样的国际合作示范区体现。各种不同的产业政策都对资源配置、生产和贸易投资变化发挥非常重要的作用。这可以说是中国特色的现象，也很有必要去做更进一步的考察和更深入的探讨。我们的国有企业或者国有资本，国资能够控制影响的企业，也都在经济中发挥非常独特而重要的作用。它们对我国对外经济关联、经济活动的作用和影响也值得进行进一步考察。

总之，无论是从总结中国经验的角度，还是从对于改革开放已有的成就进行理论总结的角度出发，对于在新发展阶段如何在已经实现规模扩张的情况下去进一步实现结构升级，值得进一步深入研究。

（作者单位：吉林大学经济学院）

重大战略问题
与全球价值链贸易理论

倪红福

我结合从事期刊编辑工作的经验和自己的研究领域，对如何面向国家重大战略问题开展全球价值链贸易理论研究，谈一下自己的感想。

近些年来在宏观和微观层面对全球价值链的测度都取得了突破性的进展，这些新的测度方法日益完善，成为近些年来全球价值链的研究热点。全球价值链理论和方法在贸易领域的推广，现已成为国际贸易研究领域的最新前沿，国际贸易将近1/3的最新论文都与全球价值链相关，甚至有学者称全球价值链贸易研究为"新新新贸易理论"。目前国内国际贸易研究中也有将近1/3是关于价值链、产业链方面的研究。我自己关于全球价值链的研究相对基础一点，着重于测算和建模方面。然而，国内研究更多是从政策层面谈产业链供应链稳定和安全的问题，或者是利用价值链测度指标数据进行相关性的回归分析。由于对价值链指标测算原理的理解不够深入，实证研究中甚至出现指标误用，也带来一些不可解释的回归结果。例如，基于投入产出模型测算的位置指标（上下游度指标）应该与我们现实中认为的生产链的上下游并不完全是一回事，它们具有相关性，而绝对不能等价。学术界关于全球价值链的研究，应该更多地探讨价值链的形成原因，是什么因素造成现阶段全球价值链的分工格局？基于理论模型对全球价值链和生产结构变化做出一些理论性分析和预测。由于贸易方面的数据相对丰富，国内外出现了大量贸易领域的实证研究，但国内有关贸易理论模型方面的研究相对不足。

近期来，由于国内国际双循环、全国统一大市场等问题成为热点，国内权威期刊发表一些利用 EK 模型、全球价值链方法的相关文章。例如，2021 年《经济研究》就发表了一篇利用 EK 模型方面的制度贸易成本的福利效应的文章，这位作者还是一个硕士生，且是独著文章。文章估计了中国区域之间的贸易成本，再用 EK 计算福利效应。这个主题正好与国内国际双循环联系起来，选题比较好，但方法比较基础。这篇文章确实问题点抓得好，与现实的政策热点结合了，且作者把这一整套方法弄懂了，做得细致。从贸易成本估计到贸易成本变化的影响，一条完整的研究链，对作者的知识要求比较高。但是国内有很多研究是只研究了一半，所研究问题宏观上有什么影响，一般没有涉及。学术研究的两条生命线是逻辑和创新。过去的文字方面的论文一般有一个大逻辑框架且分析问题视野广，后来变成数理模型，这些研究的一般理论性比较强，后来的计量实证分析理论性就小了一些。现在国际国内的发文情况，确实是计量实证方面的文章太多了，理论性文章偏少。但是，我觉得在培养研究生方面，还是要多强调理论方法，且要学习多元的方法，这样才能做出一些不同的具有开创性的研究。对于贸易领域，像 EK、生产网络模型，可以做很多全球价值链贸易方面的研究。

近期我做了一个国内国际双循环比重的测算研究。2020 年 4 月 10 日，习近平总书记在中央财经委员会第七次会议上首次提出加快构建以国内大循环为主体、国内国际双循环相互促进的新发展格局。2021 年 11 月 11 日，党的十九届六中全会通过的《中共中央关于党的百年奋斗重大成就和历史经验的决议》将加快构建新发展格局这一战略思想和创新理念作为党对中国特色社会主义建设规律认识深化和理论创新的重大成果。迄今为止，围绕着新发展格局这个事关我国长远发展和长治久安的重大经济现代化战略，学术界、政策界对新发展格局进行了一系列的理论探讨和政策解读。但是，这些对双循环新发展格局的研究大多是基于经济理论的定性分析，对双循环新发展格局的现状未有系统性的定量分析，在理论、实证数据和测算方面的深化研究不多。那么以国内大循环为主体，从定量上是多少？国内相关研究主要从"三驾马车"来分析，实际上中国进出口的贡献不到1%，甚至有的年份为负，现在3%不到。如果从"三驾马车"来看内需比重，以国内大循环为主体在量上已经成立。于是，我们觉得从"三驾马车"的视角有点欠妥，我们从价值链视角进行分解测算，提出了新的价值链分解方法，进而对新发展格局的本质进行了深入讨论。这一研究从我国重大战略出发，进行了深入的学术探讨，将论文写在祖国大地上。测算分析表明：无论是从最终品的国内需求率和中间品的本国供给率来看，还是从全球价值链GDP分解来看，各方面指标都表明中国国内经济循环的依赖程度在90%上下。从国际比较角度来看，依赖于国内循环的GDP占比，中国排在第5位，这些都说明如果单纯基于国内经济循环和国际经济循环的新增经济流量来看，在数量上国内经济循环的主体地位基本确立。但是，并不能由此认为新发展格局已经基本形成。新发展格局的关键内涵是畅通经济循环，本质特征是实现高水平自立自强。"国内大循环为主体"不是仅仅体现为中国经济国内循环流量在整体经济循环量中占比高、中国的GDP增长主要依赖于国内经济循环，而是主要体现为以国内高水平自主创新为主驱动经济循环畅通无阻、以持续扩大国内需求为主不断做大经济流量、以发挥国内大循环为主体促进国内国际双循环畅通。

（作者单位：中国社会科学院经济研究所）

中国发展特征下的
国际经济学研究转变

孙浦阳

　　近几年国内学界对国际贸易、国际投资的关注有所下降，国内循环、区域经济、产业经济成为研究热点。学科交叉与数据创新难度提高是导致这一现象的主要原因。学科交叉是指国际经济学与其他学科的交叉程度正在加大。数据创新难度提高则是由于中国海关数据库与工业企业数据库并没有公开的更新，有关数据的使用高峰期已过，进一步获取新的经验证据难度提高。

　　研究视角由国际经济学转向开放型经济，意味着我国对国际经济学的理解是逐步与开放、经济发展等联系的，而不仅仅局限于传统的国际经济、国际贸易，例如目前有大量研究关注国际经济学与区域经济学的结合。

　　为拓展对外开放的广度和深度，全面提高开放型经济水平，我国对外开放政策重点经历了由货物贸易开放转向外资开放的过程，贸易开放与外资开放也依次成为研究的关注重点。但在 2010 年之后，中国的关税水平已没有进一步下降的空间；我国在下一阶段的开放态势与开放政策偏向是值得关注的；这会影响在国际贸易学最为经典的比较优势理论之后，理论技术的发展方向。与此同时，贸易不再局限于国际贸易，而是已经定位至企业间贸易。借鉴生态网络的概念，无论是国内企业，还是国外企业，在生态网络之中，企业间的联系就是贸易性的。这意味着文献范围是在逐步扩大的，许多非传统意义上的国际贸易文献也可以为研究所用。

关注国际前沿文献，从 Acemoglu、Melitz 到新一代国际贸易领域的中青年学者，其研究重点也都转向了区域间贸易、企业间贸易。其中 Acemoglu 本身也更关注企业间贸易而非国际贸易。这一现象意味着未来国际贸易的学科发展与中国的经济发展之间的联系程度会提高。这是因为由国际贸易向区域间贸易、企业间贸易转变，并不只是学界研究视角的转变，也是与中国实际发展的阶段一致的。在 21 世纪初，对外贸易是拉动我国经济增长的主要动力；但随着我国经济发展水平的提高，在"走出去"之外，国内市场逐步成为关注的重点；产业生产结构变化对经济增长与稳定的作用，在很长一段时间是大家所关心的；那么之后关注的重点可能转向消费结构。生产结构与消费结构并不是传统国际经济学关注的内容，而是属于更广泛的领域；但整体上，研究方向的转变是与我国高水平对外开放一致的。

回到数据方面，数据的时效性对研究而言是重要的。例如与金融相关的上市公司数据是高频更新的，这使得与金融有关的研究快速增多。但对于国际经济有关的研究，受数据的制约，获取新的经验证据的难度提高，实证支持理论假说的难度随之提高。解决这一问题的关键在于构建新的数据库。对于这一点，劳动经济学学科的发展经验是值得借鉴的。CHIP、CFPS 等国内调查数据库已经有了非常成熟的经验。自建数据库是学科发展必须要走的，否则会陷入"卡脖子"的境地，无法做出新的研究。尽管这是一个非常长的周期，构建数据库难，出稿也极难，研究周期随之拉长；但也是目前唯一有效的解决方法。

（作者单位：中国人民大学经济学院）

贸易自由化与技术进步：一个新机制

王立勇

贸易领域的大量已有文献关注了贸易自由化对技术进步或创新的影响。目前，贸易自由化促进技术进步已是文献共识，且已有较多文献从产业层面考察了贸易自由化对技术进步的作用机制。然而，基于产业和企业视角的研究对贸易自由化的研发促进机制还存在一些争议，即文献对贸易自由化是否通过研发促进机制来推动技术进步还未达成共识，该问题值得进一步研究，且具有重要的理论意义和现实意义。

已有较多文献指出，贸易自由化主要通过以下几种机制提升产业或企业生产率。在双边贸易自由化方面，主要有贸易自由化的市场再分配机制、技术选择机制等。目前贸易自由化领域的研究重点转向了讨论进口贸易自由化对生产率提升的作用，提出了一系列影响机制：在产业最终品进口贸易自由化方面，最终品进口关税降低引起的竞争效应促使企业在竞争中提高生产率；进口最终品关税降低引导企业将经营范围从低生产率产品转向高生产率产品，即贸易自由化对生产率的经营范围转移效应。在产业中间品贸易自由化方面，中间品关税降低使企业能够获得更多样化的进口中间品，从而提高生产率。已有研究中关于中国进口贸易自由化的文献认为中国进口贸易自由化对企业不存在显著的研发促进机制，仅强调了进口贸易自由化对企业存在竞争效应和经营范围转移效应、进口贸易自由化的投入品质量提升渠道。鉴于中国工业企业数据库的特点，以及政府对企业研发会给予研发资助，企业不存在低报研发支出的激励的事实，我们有一个合理的猜测是：大多数工业企业是通过技术引入的方式来实现技术进步的，或通过购入具有专利的专利中间品实现技术进步，而不是进行自主研发。与此同时，经济中存在一部分研发性企业，其为市场供给研发专利和专利中间品。

为了厘清中国进口贸易自由化对全要素生产率提升的整体研发促进机制，可进行几个方面拓展：第一，理论模型。已有针对行业和企业生产率的研究多关注企业面临的行业关税减免对企业或行业自主研发投入、生产率的影响，尽管这对于判断贸易自由化对企业生产率的影响有所帮助，但无法从已有结论推断中国整体是否存在研发促进机制。为了更好地刻画贸易自由化对一国研发创新的影响，理论模型需做进一步改进。已有文献的理论模型通常错误地假设企业研发行为仅是为了该企业的技术进步，不考虑企业通过购买专利中间品完成技术转移的可能，这不符合现实。第二，计量模型和数据。部分文献将计量模型的被解释变量设定为企业自身的专利申请或研发支出，将解释变量设为企业或行业的关税减免幅度，这种模型设定将对实证结果的解读带来误导。在存在技术转移的条件下，一个企业的研发决策往往不是对该企业或行业所适用关税的反应，而是取决于市场（其他企业或行业）对其技术的需求，这是现实中普遍存在的现象。因而，即使该企业面临的行业进口关税降低挤出了企业的研发支出，我们仍无法由此推断进口贸易自由化挤出了该企业的研发，更无法推断进口贸易自由化挤出了一国的整体研发。此外，从研发性质来看，研发活动包括基础研究、应用研究和试验开发三种类型；从研发主体来看，研发的执行部门包括企业、研究与开发机构、高等学校与其他。各类研发主体各有侧重，企业的研发投入集中于试验开发，而研究与开发机构和高等院校集中于基础研究和应用研究。已有相关研究的计量模型和数据并未考虑这一点。第三，已有基于产业数据或企业数据的研究成果难以形成易行的关税政策建议。事实上，一个行业的中间品可能是另一个行业的最终产品，局限于产业或企业层面讨论问题将给实际的关税政策执行和效果评估带来困难，政策制定者难以从行业研究中得到明确的政策启示。

循着以上思路，我们团队尝试做了一系列研究。首先，我们挖掘了一些典型化事实，提供了一些经验证据。具体而言，我们借助合成控制法初步探讨贸易自由化对研发创新活动的影响和可能的作用机制，给出初步的经验事实和证据。合成控制法成功识别了贸易自由化对本国创新研发活动的两种效应：贸易自由化促进了中国的研发创新活动，贸易自由化提高了中国对外国技术的利用率。并且，贸易自由化的研发促进机制在规模上影响很大。这一结论呈现出出乎意料的结果——贸易自由化显著促进了本国的整体研发，即我们借助宏观加总数据得到了与已有文献利用中国工业企业数据完全不同的结论。由此可见，已有文献低估了贸易自由化对国内研发创新活动的促进效应。与此同时，我们借助向量自回归模型对进口贸易自由化和出口贸易自由化的研发促进效应进行分解，且探讨了进口贸易自由化对研发创新活动的异质性效应。这些经验证据基本验证了我们的猜想：贸易自由化极有可能通过提高企业的专利中间品购买量间接促进本国研发及技术进步，已有文献低估了贸易自由化对研发创新活动的促进效应。其次，为了更全面地刻画中国进口贸易自由化的影响机制，我们构建了理论模型，对理论模型的一个重要的处理方式是将研发部门设置为非生产性部门，同时考虑技术转移，从宏观整体层面进行研究。理论模型再次证实贸易自由化对创新增长存在两种影响渠道：一是贸易自由化对本国研发的促进效应；二是贸易自由化提高了中国对外国技术的利用率。贸易自由化的研发促进机制显著大于对外国技术的利用这一渠道，这说明研发促进机制不可忽略。与此同时，我们定量测算了中国贸易自由化的研发促进机制对中国创新提升的贡献度。中国的贸易自由化进程通过研发促进机制提高了生产率增长，对同期生产率增长提升的解释程度达到21%，即贸易自由化的研发促进机制对中国生产率增长有较大贡献。

（作者单位：中央财经大学国际经济与贸易学院）

高度重视大宗商品
进口价格过快上涨

魏 浩

近些年来，中国大宗商品进口价格过快上涨问题十分凸显，引起了政府的高度重视。具体来看，在2020年7月至2021年7月期间，首先，中国能源产品的进口价格均大幅上涨，但具体走势存在一定差异。2021年7月，原油、煤和天然气的平均进口价格分别上涨85.1%、45.6%和23.3%。其次，中国矿产品的进口价格同样呈现出上涨趋势，但涨幅差异明显。铁矿砂、铜矿砂的进口价格连续12个月保持上涨，到2021年7月，铁矿砂、铜矿砂的平均进口价格分别上涨95.6%和58.2%。再次，中国金属产品的进口价格均呈现出上涨趋势，但走势出现分化。2021年7月，钢材、铜材和铝材的进口价格分别上涨103.3%、60.6%和46.4%。最后，中国农产品的进口价格震荡上行，且走势同样出现了一定程度的分化。2021年7月，玉米和天然橡胶的平均进口价格分别上涨37.4%、36.9%，大豆和小麦分别上涨53.7%和14.0%。

党中央、国务院高度重视这一现象，连续在重要会议上聚焦大宗商品价格过快上涨及其对国内经济产生的影响相关议题。2021年5月12日的国务院常务会议要求"要跟踪分析国内外形势和市场变化，做好市场调节，应对大宗商品价格过快上涨及其连带影响"。5月19日的国务院常务会议指出"要高度重视大宗商品价格攀升带来的不利影响……保障大宗商品供给，遏制其价格不合理上涨"。7月30日的中央政治局会议更是指出要"做好大宗商品保供稳价工作"。事实上，早在2020年11月，习近平总书记在浦东开发开放30周年庆祝大会上就提到要"提升重要大宗商品的价格影响力，更好服务和引领实体经济发展"。

针对大宗商品进口价格过快上涨现象，我们认为既有长期因素，也有短期因素。其中，长期因素主要有：

第一，我国对大宗商品的进口需求持续增加。由于受国内资源能源条件的限制，中国部分能源、矿产资源和农产品无法自给自足，必须依赖进口来满足相应需求。从2001年到2020年，我国铁矿石进口量增加了11.7倍，原油进口量增加了8倍，大豆进口量增加了6.2倍；2020年，我国石油进口依存度超过70%，铁矿石进口依存度超过80%，大豆进口依存度超过80%。较高的进口依存度，较大的进口规模，在面对少数卖家特别是卖家联盟时，中国在进口大宗商品时缺乏议价能力。

第二，我国进口企业的产业集中度较低。虽然中国大宗商品的进口量普遍较大，但是对于部分大宗商品而言，进口行业的集中度较低，行业内进口企业的数量较多，平均进口规模较小，进口企业之间缺乏有效的沟通机制，没有建立有效的采购联盟。以铁矿石为例，2019年，中国前4家钢铁企业的集中度仅为22.12%，前10家钢铁企业的产业集中度仅为36.82%，22家千万吨级以上钢铁企业的集中度仅为52.38%。而全球铁矿石供应主要集中在力拓、必和必拓与淡水河谷三家跨国集团，其产量占全球供应总量的比例则超过70%。买方分散而卖方垄断，这就导致了我国的进口定价权比较缺失。

第三，我国大宗商品期货市场发展滞后。当前，对于大部分大宗商品而言，能辐射全球且被普遍认可和接受的期货价格是现货贸易的定价基准。第二次世界大战结束后，以农产品、有色金属和原油为代表的大部分大宗商品的价格形成机制逐渐由垄断厂商定价、供需关系形成的市场化定价转变为以期货价格为基准的定价模式。在这个过程中，英国和美国凭借其庞大的经济体量、坚实的产业支撑、开放的经济环境、发达的现货市场与成熟的期货市场，形成了包括芝加哥期货交易所（CBOT）、纽约商品交易所（NYMEX）和伦敦金属交易所（LME）等一系列大宗商品全球定价中心，从而掌握了国际定价权，也在国际大宗商品价格形成的过程中拥有了相当程度的话语权。

第四，人民币国际化程度较低。一般来说，进口国货币的国际化程度越高，采用该国货币对大宗商品进行定价的能力就越强，采用进口国货币对大宗商品进行定价和计价能显著促进该国货币国际化程度的提升，从而形成一种互动增强的正反馈关系。从中国的现实来看，2008年国际金融危机以来，中国不断发展的对外贸易和投资、高额的外汇储备以及本币持续的升值压力，促使人民币的国际化进程走上快车道。但是，在世界各种主要货币中，人民币的国际化程度依然较低。2019年，在全球场外外汇交易中，人民币交易额占比仅为4%，排名世界第8。2021年7月，人民币在国际支付中的占比仅为2.19%。

新冠肺炎疫情暴发以来，本轮国际大宗商品价格上涨主要由全球阶段性供求错配、流动性持续宽松、海上运输不畅通等短期因素推动。具体来看：

第一，大宗商品需求端呈延续复苏态势。自2020年下半年以来，中国经济持续稳定恢复，并且稳中加固，稳中向好，从而拉动对大宗商品的需求持续回升。全球其他主要经济体在2020年下半年也开始逐步推进复工复产，主要经济体政府持续出台大规模的经济刺激方案，也使得市场普遍预期总需求趋于旺盛。全球其他主要经济体对大宗商品的需求也有所增加。

第二，大宗商品供给端复苏受到制约。虽然全球整体新冠肺炎疫情已处于消退期，但各国的恢复程度却存在显著差异，作为世界主要消费市场的欧美国家恢复较快，而作为大宗商品主要产地的发展中国家恢复较慢。巴西、秘鲁、俄罗斯等大宗原材料主要来源国的疫苗普及较慢，新增确诊人数屡创新高，铜、铁矿石、石油等重要工业原料的开采和运输受到极大限制，生产供应恢复缓慢，难以及时满足不断上升的需求，从而助推大宗商品等原材料的国际价格持续上涨。

第三，全球流动性持续宽松。自从新冠肺炎疫情暴发以来，除中国以外，主要经济体的央行均开始实施或继续延续超宽松的货币政策，增加巨额的基础货币供给，为市场注入大量流动性。极宽松的货币政策所带来的流动性泛滥成为大宗商品价格上涨的重要推手。

第四，全球海上运输不畅通。海运的不畅通以及相应运价的上涨在一定程度上推高了我国大宗商品的进口成本。反映钢材、矿砂、谷物等散装物料海上运费行情变化的波罗的海干散货指数（BDI），从2020年12月24日的1366点上涨至2021年7月30日的3292点，涨幅约为141%。

大宗商品进口价格的过快上涨可能会造成国内宏观经济波动加剧、推高国内物价、影响金融稳定、增大企业经营压力等不利影响。因此，政府、行业协会和企业应该从长期和短期两个方面共同进行积极应对。具体来看：首先，从短期来看，政府需要加强市场监管，对大宗商品的供求进行双向调节，并利用好减税降费手段和直达货币政策工具来帮助企业应对原材料价格上涨造成的经营困难；行业协会需要在政府和企业之间做好联络工作，进一步加强行业自律管理和相关信息的监测研判；企业则需要积极参与期货市场，利用期货来对冲原材料价格波动所带来的风险。其次，从长期来看，政府需要着力降低大宗商品的对外依赖程度，加快建设国际化的期货市场，持续推动人民币的国际化进程，不断拓宽大宗商品的进口来源渠道；行业协会需要牵头建立采购联盟，积极推动行业内企业的兼并重组；企业需要不断加强自身的供应链管理以及研发创新。

（作者单位：北京师范大学经济与工商管理学院）

创新发展与数字中国建设

数字经济学的学科建设重点

郑新业

经济学研究的目的是为了指导资源的有效配置，给政府和企业决策提供一些指导。但在数字经济时代，目前经济学研究给政府和企业的指导愈发有限，这说明数字经济的学科建设非常必要，传统知识的现代化和新兴知识的突出化十分重要。对于政府而言，决策者们过去将重心放在工业建设上，大多在工业建设方面掌握了足够丰富的理论知识与实践经验。但随着我国经济进入新发展阶段，产业发展的服务化和数字化特征日益突出，政府决策者对经济发展规律的知识出现了缺口，以往总结的经济规律和实践经验在应对数字经济发展的方面稍显不足。对于企业而言，经济学研究通常将重点放在顶尖的 1% 头部企业上，忽略了冰山底下 99% 的企业。比如在讨论我国企业的数字化进展时，由于头部企业表现优异，就给大众带来一定的错觉，误认为我国企业的数字化转型十分成功，但现实并非如此，小企业在数字化转型方面仍存在一定的困难，进展仍十分缓慢。因此，数字经济的学科建设的重点应该放在对重大事实的梳理、重大关系的识别以及重要参数的估计上，研究新问题、探讨新现象、提炼新特征、总结新规律和提出新方案。这样才能全面地、真实地、客观地刻画我国经济发展现状，厘清经济发展存在的问题，与时俱进地指导政府工作和企业决策。具体来说，数字经济的学科建设要将重点放在以下几个方面。

首先，数字经济学科的学生培养。要培养出对企业和政府有价值的人，能够真正在岗位上运用所学经济学知识指导工作的人，而不是只会运用晦涩难懂的文字来展现其经济学素养的人。那么，这就需要加强学生对知识图谱的不断更新，突出其知识体系的现代化。这也是应对数字经济发展大趋势和人工智能的不断进化所必需的，否则经济学科培养的学生就可能面临被人工智能所替代的危险。

其次，数字经济学科的研究重点。经济学研究最终还是需要回归到基本经济学上来，供给侧的生产函数、成本函数和企业间竞争行为等，需求侧的价格弹性、收入弹性、交叉弹性和价格运动轨迹等，这些都是微观经济学中最基本的概念，但同时这又是现实工作中非常难估计的参数。例如，在供给侧，我们在与滴滴研究院等几个企业合作估计生产函数时，就发现了这项工作进行起来十分困难。但如果不把这些基本参数估计出来，那又会影响企业后续一系列的决策。在需求侧，估计需求价格弹性时，我们发现了信号不平等、流量不平等、认知能力不平等这些问题，而这些对准确估计价格弹性带来了很大的挑战。例如，在新冠肺炎疫情冲击下，面对线上教学，穷人或者缺乏网络信号，或者缺乏网络设备，或者不会操作，这类资源不对称问题十分普遍，也导致学习资本积累对穷人的冲击远大于对富人的冲击。西方在这方面较为领先，但我们并未像过去40年那样去系统性地引进西方先进之处，而只是在引言部分或者文献综述部分较为分散地讨论。因此，回归基本经济学问题，打好数字经济时代的经济学术基础，才能让学科建设真正帮助政府和企业做决策，而这也需要经济学工作者们的通力合作。

最后，数字经济学科的分工合作。数字经济同传统经济学一样，也有许多的分支研究，比如供给侧研究、需求侧研究、市场失灵研究和市场均衡研究等，这就需要学者们人尽其才，术业专攻。比如，北京西城区过去大力发展工业，依靠低廉的劳动力、政府补贴和基础设施等来吸引企业；现在腾笼换鸟，想要招商引资数字企业，但发现过去的招儿行不通了。这就需要专门的学术研究来支撑这类现实问题，给予科学指导。因此除了顶层 1% 的问题之外,还要多关心学界基本问题,让数字经济学研究回归本位,从需求供给出发,服务市场经济发展,为企业和政府提供切实可行的政策建议。

(作者单位:中国人民大学应用经济学院)

工业互联网建设
和制造业数字化转型

蔡跃洲

2021年10月18日,习近平总书记在主持十九届中央政治局第34次集体学习时指出:"数字经济发展速度之快、辐射范围之广、影响程度之深前所未有,正在成为重组全球要素资源、重塑全球经济结构、改变全球竞争格局的关键力量",并要求"充分发挥海量数据和丰富应用场景优势,促进数字经济与实体经济深度融合,赋能传统产业转型升级"。习近平总书记的讲话不仅将数字经济的重要性提到前所未有的高度,也为"十四五"时期发展数字经济指出了重点方向。而加快工业互联网建设和制造业数字化转型,正是实现"数字技术与实体经济深度融合,赋能传统产业转型升级"的重要途径。

2018年前后,我国数字经济发展开始由消费互联网阶段逐步进入到工业互联网阶段,数字化发展也相应地由原先的生活消费领域向生产制造领域拓展。互联网的发展从20世纪90年代的信息互联网开始,到消费互联网再到当下的工业互联网,经历了三代。从以往经验来看,信息互联网和消费互联网在资本的追逐下都经历过爆发式增长,甚至形成巨大的科技泡沫,最终都演变为"寡头垄断、赢者通吃"的格局。因此,在工业互联网概念提出并迅速成为热点后,社会各界对其难免会有类似信息互联网、消费互联网的期许,希望工业互联网的发展也能迎来一波爆发式增长，诞生几个新的超级平台。然而，从制造业数字化转型的特点和（制造业）企业平台建设、接入及应用实践中的各种挑战来看，工业互联网大概率不会也不应复制信息互联网和消费互联网的成长模式。

第一，制造业数字化转型和工业互联网平台建设面临着来自技术方面的障碍。在消费和服务领域，业务场景主要是汇集商品、卖家、买家相关信息，然后进行交易撮合，实现数字化转换的难度相对较低。而工业生产过程通常较为复杂且具有行业特性，实现数字化转换需要IT技术与不同行业操作技术（OT）的深度融合，技术难度大幅增加。从很多企业的实践来看，真正做到生产过程的数字化转型，往往需要长时间的沉淀和磨合。

第二，复合型数字技能人才是制约制造业数字化转型的重要因素。加快制造业数字化转型，推进工业互联网平台建设，要求实现信息技术（IT）与制造过程操作技术（OT）的有效融合。不同行业的制造工艺千差万别，IT人员不可能深入了解每一个行业，而OT人员如果缺乏IT方面的知识背景，又很难以IT人员易于理解的方式提出数字化建设需求。2012年以后，消费互联网领域平台经济的爆发式增长，大幅抬高了IT人员的薪资水平，传统制造业在待遇上毫无竞争力；而且IT人员进入传统制造业后也未必能够与OT人员真正融合。从部分制造业数字化转型领先企业的经验来看，发挥关键作用的技术人才往往不是来自IT部门，而是那些工艺和创新部门自学IT技能的专业技术人才。而这种"IT + OT"复合人才的培育成长过程漫长，往往满足不了企业快速发展的需要。

第三，资金也是企业数字化转型的制约因素。根据中国社会科学院数量经济与技术经济研究所数字经济前沿课题组在新冠肺炎疫情期间开展的一项制造业数字化建设问卷调查发现，国内企业数字化建设程度的差异性很大，未开展数字化建设的企业占据相当比重，很重要的原因在于资金约束。对于制造业企业来说，数字化改造需要投入巨大资金，而很多中小企业都在盈亏平衡点附近徘徊。未完成数字化改造，企业就无法接入工业互联网平台，也就无法围绕工业互联网平台创新产业组织模式构建新的产业生态。

第四，企业数字化建设水平差异巨大制约了工业互联网建设进度。工业互联网平台本质上是以制造业企业为主体，覆盖产业链上下游及终端客户的新型产业生态组织方式；制造业企业内部信息化建设和数字化转型是构建工业互联网的基础，制造业数字化转型的技术复杂性和循序渐进特征决定了工业互联网的建设不可能一蹴而就。而且，工业互联网平台要真正覆盖产业链上下游企业及配套产品服务商，也需要这些主体具备一定的数字化水平。从某种意义上讲，基于工业互联网平台的产业生态能否协同运转，很大程度上取决于数字化建设较为滞后的那部分主体。目前，我国制造业数字化建设水平参差不齐，处于工业 2.0、工业 3.0，甚至是工业 1.0、工业 4.0 并存的状态。

此外，数字化应用场景不足、底层芯片和工业软件"卡脖子"、网络安全与数据保护等也都构成了制造业企业推进数字化转型、建设工业互联网平台的现实约束。

面对上述约束和挑战，下一步推进制造业数字化转型和工业互联网建设，需充分发挥我们在制造业领域特有的优势，即整体规模优势和产业集群优势，基于这两个优势和我们有为政府的制度优势开展模式创新。近两年来，我们在调研当中发现好几个创造性推动制造业数字化转型和工业互联网建设的成功案例。其中，位于浙江省新昌市的陀曼精密机械有限公司（以下简称"陀曼"或"陀曼公司"）便是因地制宜、发挥优势、创新模式的一个典型。

浙江陀曼精密机械有限公司原本是一家生产轴承加工设备的制造业企业，在制造业数字化转型过程中，一方面在自己生产的加工设备上预先装有传感器及数据接口，为设备联网创造基本条件；另一方面建设轴承生产工业互联网平台，将有意愿企业的设备运行数据接入到云平台。对于轴承加工企业既有的老旧设备，或从其他厂商处购置的设备，陀曼也可以对其实施改造，加装传感器及数据接口。在设备制造及数字化改造基础上，陀曼公司分阶段、分模块推动其数字化软件系统（SPC）建设，搭建并不断完善针对"轴承制造企业"的专业互联网平台。该 SPC 系统早期的 1.0 版本便具备产能、设备状态监测等 5 个基本功能模块；在此后的 2.0、3.0 版本中又不断新增模块，到 4.0 版本时已有超过 120 个功能模块（工业 APP）。经过硬件和软件平台两个方面的准备，所有购买陀曼机械设备的企业和原有设备经陀曼数字化改造的企业，连接工业互联网平台都不存在技术上的障碍，企业只需开通一个账户便可接入。

2017 年 7 月，浙江省委、省政府提出"全面改造提升传统制造业行动计划"。在新昌市政府的大力推动和扶持下，陀曼智造牵头开展企业数字化制造应用改造的"百企提升"活动，大力推广其工业互联网平台及相应服务，打造出"数字化制造、平台化服务"的新昌模式。陀曼自身也从轴承生产设备供应商华丽转身为（中小）企业智能制造解决方案服务提供商。陀曼服务推广及新昌模式形成的主要措施包括：其一，新昌市政府出资 500 万元，陀曼公司拿出 500 万元的优惠额度，共同成立一个（中小企业）数字化改造免费体验基金，开展"百企改造"；其二，初期每个企业数字化改造的基本费用大约为 20 万元，全部由基金负担，接入平台后直接享受 5 个基础模块的免费服务；其三，陀曼公司只对接入企业提出的深度服务模块进行收费。接入企业生产数据上传云端后，能够完成实时分析预警，事前预防，过程监控，非常受用户欢迎。目前，陀曼公司的 SPC 已接入 1200 多家企业，有 8000 多活跃用户。其中，新昌市 221 家轴承生产企业均接入平台。客户企业 95% 为中小微企业，仅 5% 为大型企业，真正实现了赋能中小微制造企业，为客户提供全方位智能制造解决方案。

新昌陀曼模式取得显著成效的主要原因有以下几点：其一，新昌乃至浙江各地中小企业众多、特色产业集聚的特点构成了产业生态基础；其二，企业自身在轴承制造领域拥有 20 多年的行业经验积累；其三，政府在宣传推广方面发挥了非常重要的促进作用，通常一家企业完成数字化改造后，政府会召集其他企业开现场会。虽然该模式在其他地区未必能够直接复制，但其将本地产业集聚、自身技术特色和政府强力支持有效结合，因地制宜、创新数字化转型模式的做法值得借鉴。

（作者单位：中国社会科学院数量经济与技术经济研究所）

人工智能商业模式创新与公共政策

杜 创

我分享一下个人最近关于人工智能算法推荐中的商业模式创新及其相关公共政策问题的研究。

市场经济要解决的基本问题之一是，如何促进供给方与需求方有效匹配。在产品相对同质的情况下，竞争性价格机制使每一种产品的供给量等于需求量，实现帕累托效率，即不可能在不使其他人境况变差的情况下改善某个经济主体的福利。然而对于特殊性质的产品，简单的价格机制并不一定能保证帕累托效率，市场机制表现为更复杂、更精巧的结构。

以信息服务市场为例，它有一些显著特征。第一，产品差异性。每一篇新闻报道提供的信息都有差异，不可能假设每一篇信息报道内容都存在一个竞争性市场。第二，信息不对称。消费者阅读新闻报道，要获取的是信息本身，这些信息在阅读之前并不知晓，因此对产品质量如何、是否符合自身需要都难以确知。第三，公共产品性质。新闻报道一旦生成，技术上即不具有排他性。一位读者阅读某篇新闻报道并不排斥其他人阅读，理论上来说，同一张报纸（物理意义上的）可以被无数人阅读，而且其边际成本可以视为0。第四，在互联网信息服务市场上，还有一些新特征，如大规模信息匹配。即使限于新闻资讯，网上信息篇数也达百万以上量级，如何快速让消费者读到最需要、最感兴趣的信息？第五，动态性。信息是实时更新的，如何让匹配算法实时反映信息内容和消费场景的变化？进一步的，如何借助匹配算法赋能内容生产者创新，使其提供的信息服务更切合消费者需要？

信息流智能推荐是信息服务市场一种创新性的商业模式。它根据人工智能机器学习算法，主动将消费者可能最感兴趣的内容以信息流的方式在手机应用程序中呈现出来。信息流（文本、视频等）排序结合了内容、用户特征、环境特征等，系统界面具有"千人千面"的特点。字节跳动公司旗下的新闻应用程序"今日头条"和短视频应用"抖音"，以及快手科技公司旗下的短视频应用"快手"等，都是这种信息流智能推荐的典型产品。

我们调研了字节跳动及其相关企业（如广告商及其竞争对手快手、腾讯等），基于这个案例研究算法驱动的平台创新规律发现，算法驱动的信息流智能推荐平台（如今日头条）与传统的信息服务平台相比，既有共性也有创新性特征。共性是都可以视作"多边市场"，具有三个基本特征。一是作为多产品（服务）提供者，至少连接着内容生产者、消费者、广告商者三边；二是平台各边用户之间存在交叉网络外部性；三是平台对各边用户有定价能力，并依据交叉外部性制定最优的价格结构。然而，与传统信息服务平台相比，信息流智能推荐平台在人工智能算法驱动下呈现出全面创新、持续创新的格局，即以商业模式创新为主导和基本模式，同时包括了产品创新、流程创新和定位创新，而平台是推动创新的主要架构。

算法驱动的平台创新就其基本模式而言是商业模式创新：平台只负责信息分发，不直接生产信息内容；而在算法驱动下，实现了系统界面的"千人千面"，促进了市场供需双方的有效匹配。尤其是广告竞价系统，信息流智能推荐平台相对于搜索引擎的创新在于实现了广告与常规内容混排，可以根据更加细分的用户标签，进行个性化智能广告推荐；并且基于机器学习方法，对点击率（CTR）的预估更加准确。

在商业模式创新的基础上，算法驱动的平台创新还包括几种拓展模式。

第一，基于内部平台，持续推动产品系列创新。以字节跳动为例，在内部平台创新模式上呈现出几条规律。一是产品系列创新具有相同模式：基于智能化推荐核心技术，只是应用到不同场景。二是在产品商业化策略上，往往遵循从定位创新到产品创新的顺序。首先，在同一母产品内部做服务模式拓展和定位创新（如作为已有产品的一个频道或多边市场中新的"边"）；其次，基于已有的多边市场平台积累数据、开发数据新用途，条件成熟时再将其打造为独立产品。

第二，不仅用算法驱动内生生产者、广告商、消费者之间的匹配，而且将算法驱动深入到内容生产过程、广告制作过程，即通过产业平台，推动生态系统中的内容生产者、广告商实现"互补性创新"。

第三，平台竞争与创新。在字节跳动案例基础上，我们进一步研究了算法驱动平台之间的竞争及其如何影响创新。国内短视频行业呈现抖音与快手"双寡头"格局，而且抖音相对彻底的算法主导与快手"算法＋社交推荐"模式存在差异。我们发现，这种差异可以视作竞争环境下策略性选择的结果。当平台存在交叉网络外部性时，要突破"临界容量"才能生存下来，这意味着行业结构往往是寡头式的，仅有少数几家大企业竞争。而在寡头市场结构下，企业间的竞争会导致产品差异化，差异化体现在算法的偏向性上。

总体来说，我觉得中国的数字经济发展到今天这一步，保持一个开放的互联互通生态，会衍生出非常多的创新来，因为我们的数据已经积累到非常大的程度。当然，互联互通也涉及利益补偿机制，否则企业就没有收集信息的激励了，这里面有很复杂的权衡问题。

（作者单位：中国社会科学院经济研究所）

数字经济赋能经济高质量发展

龚 强

数字经济已经成为继农业经济、工业经济之后的又一主要经济形态，其发展速度之快、辐射范围之广、影响程度之深前所未有。习近平总书记多次指出，我国要把握数字化发展新机遇，拓展经济发展新空间，推动我国数字经济健康发展。在国家政策的大力支持下，我国数字经济产业迅速发展，2020年我国数字经济核心产业占GDP的比重达到8%左右，为经济社会持续健康发展提供了强大动力。作为一个经济学者，我也非常关注数字经济赋能我国经济高质量发展的相关问题。在我看来，现在数字经济服务的对象包括两个方面，一是面向用户，二是面向企业。

对于面向用户的情况，数字经济的创新类似于实用型的创新，是相对容易的。例如，拥有一个好的算法以及底层技术，就可以在不同场景与环境中进行尝试，对于底层逻辑相似的就可能成功，这种创新迭代非常迅速，同时成功的概率也有保障。中国整个用户市场的需求在各个方面都非常巨大，这也使面向用户的创新十分重要。面向用户的一个最重要的创新就是电商平台。正因为有了电商平台，数字经济非常有利于"专精特新"企业的发展。如果企业靠自己做市场，市场份额就会较小，知名度不高，这样是很难发展壮大的。但是，如果有电商平台，企业就可以借助平台把好的产品推荐给用户，尽管单个市场的需求不大，但是这些产品特色鲜明，全球不同区域的市场需求加起来就非常可观了。在电商平台的帮助下，这些"专精特新"企业乃至行业才有可能发展起来。

对于面向企业的情况，现在出现了很多的数字化产业配套服务，比如我最近非常关注的数字供应链金融。数字供应链金融是在数字技术与实体经济不断深化融合的背景下产生的创新，是对传统银行信贷的重要补充。在实践中，数字供应链金融有应收账款融资、存货质押融资、预付账款融资等一些业务模式，通过这些模式实现供应链营运资金的优化。数字供应链金融的创新具有两个方面的优势，一方面是融资优势，另一方面是管理层面优势。

首先是融资优势。现金流对于一个企业来说是至关重要的，企业最怕的就是在生产过程中资金链断裂，不能如期交付产品。这对企业而言不仅是产品生产不出来的损失，更多的是对企业整个声誉的损失。在此次新冠肺炎疫情的影响下，产业链的韧性显得尤为重要，如果产业链不具有韧性，别人不信任你，那最后产业链就会转移到其他地方。而中国产业链的优势之一就是具有一定的韧性。但是产业链的韧性需要资金的支持，这就产生了融资问题。

传统的供应链金融是以核心企业为中心，如果核心企业没有问题，又因为核心企业对其上下游企业比较了解，在核心企业做担保的条件下，金融机构愿意将资金贷给上下游企业进行生产活动。但是传统供应链金融也有其局限性：一方面，传统的供应链金融通常以核心企业为中心，一般而言，只有与核心企业有直接贸易关系的企业才能得到银行的贷款支持，核心企业的优质信用很难向其他企业去穿透延展，对供应链末端中小企业的增信效果并不理想。另一方面，金融机构难以识别特定信息的真实性，容易出现监管盲区。这也是近些年来频繁出现应收账款"萝卜章"、虚假抵押等企业骗贷乱象的一个重要原因。

为了解决这些问题，近些年来很多金融机构和头部企业都在积极拥抱数字技术，尝试用数字化手段来提升供应链金融的风控能力，逐渐探索数字供应链金融模式。相较于传统的供应链金融，数字供应链金融通过物联网、大数据、区块链等技术的运用，能够实现从物理终端实时采集信息、信息一旦上链就不可篡改、各参与方均可参与核验和共享信息。银行的风控逻辑从原来的控制单一企业或单边交易关系风险，转变成控制供应链的整体风险。银行只要确保商流、物流、资金流、信息流的"四流"合一，就能保障资金回流形成闭环，也即达到风控目标。即使银行发现"四流"不合一，也能及时发现漏洞，对风险早识别、早发现、早预警、早处置。这些数字化手段能够帮助银行在提高放贷效率的同时降低信贷风险，进而从供给端降低企业融资成本，这对于支持供应链上的中小企业融资是大有裨益的。

其次，除了融资优势，数字供应链金融还有一个可能被忽视但非常重要的优势，也就是企业数字化带来的管理能力的提升。头部企业的数字化转型走在前列，但中小企业普遍面临"不敢转型""不会转型"的问题，而数字供应链金融可以充当这些中小企业数字化转型的一个抓手。企业通过接入数字供应链金融系统，打通供应链各参与方原本存在的信息孤岛，能够提高企业对供应链运营状态的洞察力。这一方面能帮助企业优化内部管理效率，比如管理层通过高效的投资提高企业绩效，使管理层可以获取公允报酬，减少攫取控制权私利、浪费企业资源等代理成本。另一方面，可以提高供应链的敏捷性和韧性。例如，"反向定制"的产销模式就是通过数字化赋能来提高供应链敏捷性的一个很好的例子。敏捷性的价值在供应链面临外部冲击的情况下体现得更为显著。当行业出现危机时，数字化能够帮助供应链各个企业快速响应并给出上下游协同化的解决方案，提高固链补链效率，也就是提高产业链、供应链的韧性和抗风险能力。因此，从这个角度来看，数字供应链金融帮助银行回归到服务实体经济的角色，不仅体现于提高金融资源的配置效率，更重要的是，它还能提升实体产业的数字化、现代化水平，助推经济实现高质量发展。

（作者单位：中南财经大学文澜学院）

后　　记

中国社会科学院经济研究所"2021年度经济研究·高层论坛暨经济学动态·大型研讨会"于2021年10月23日在北京召开，会议主题为"新阶段·新理念·新格局——迈向新征程的中国经济"。《经济学动态》编辑部沿袭往年传统，在会议发言的基础上整理形成《中国社会科学院经济研究所·学术研讨会观点集（2021）》一书。

参与本书整理与编辑工作的编辑部成员包括：胡家勇、李仁贵、谭易、陈建青、刘新波、何伟、刘洪愧、孙志超。在本书编辑过程中，先后得到《经济研究》编辑部同人以及经济研究所同事的协助和支持。其中，武鹏参与部分稿件的编辑工作，王砚峰、金成武参与部分专家的联络工作。最后，感谢与会专家学者的热情参与，感谢中国社会科学出版社王曦主任的辛勤付出，感谢经济研究所领导的关心和支持。

《经济学动态》编辑部